KB246561

기초부터 소품 만들기까지,
덴마크 전통 흰실 자수의 모든 것

HEDEBO

도안 & 견본집

211

warau-embroidery
SEIKO NAKANO

배혜영 옮김

Green Home

Prologue

『HEDEBO 도안 & 견본집 211』을 선택해 주셔서 감사합니다.

혜데보 자수는 흰색 천에 흰색 실로 섬세한 무늬를 표현하는, 덴마크의 전통 자수입니다. 대부분 버튼홀 스티치로 완성되는 혜데보 자수의 표현력은 그야말로 무한해서, 한 땀 한 땀 바늘을 움직이면 나타나는 아름다운 무늬가 마치 마법처럼 느껴지기도 합니다.

자수에 사용하는 「코튼 어브로더」는 매끄러운 실로 스티치가 도톰하고 화사하게 완성되며, 「보켄스」의 리넨 실은 소박한 멋과 섬세한 표현이 장점입니다. 이 책에 나오는 인기 있는 도일리와 알파벳 이니셜 자수에는, 어느 쪽 실로도 수놓을 수 있도록 양쪽의 실 번호를 모두 표시하였습니다. 또한 초보자부터 상급자까지 즐길 수 있도록 다양한 도안을 실었습니다.

팽팽하게 펴진 하얀 천에 바늘을 찔러 넣고 실을 당기는 소리를 들으며 손을 움직이다 보면, 머릿속에 뒤섞여 있던 수많은 생각들이 정리되고 마음도 평온해집니다. 부디 느긋한 마음으로, 시간을 들여서 완성하는 자수의 온기와 아름다움을 느끼면서, 즐겁게 수를 놓으시길 바랍니다.
그리고 자신을 치유하기 위한 소중한 라이프워크 중 하나로, 이 혜데보 자수를 선택해 주신다면 더없이 기쁘겠습니다.

끝으로 이 책이 나오는 데 도움을 준 모든 분들께 진심으로 감사를 드립니다.

warau-embroidery SEIKO NAKANO

Contents

헤데보 자수

헤데보 자수는 덴마크에서 탄생한 전통적인 화이트 워크(흰색 천과 흰색 실을 사용하는 자수)다. 대부분의 스티치는 헤데보의 버튼홀 스티치를 기본으로 하며, 시대의 흐름과 함께 7가지 기법으로 발전해 왔다. 여기서는 이 7가지 기법에 대해 간단히 소개한다.

텔레쉬닝(Tællesyning)

헤데보 자수 중 가장 오래되었고, 헤데보 자수의 기초가 되는 기법이다. 덴마크의 「헤덴」이라고 불리는 지역의 농가 여성들이 발전시켰으며, 천의 올을 세면서 러닝 스티치로 기하학적인 무늬와 식물 무늬를 수놓는다. 무늬가 천 위로 도드라져 보이는 것이 특징이다.

드라그베르크(Dragværk)

1770년 무렵부터 1800년대 초에 걸쳐서 텔레쉬닝에서 파생된 기법으로, 씨실과 날실을 번갈아 뽑아서 생긴 빈틈에 스티치를 한다. 비침무늬 느낌을 주는 디자인이 특징이며, 이 기법에 의해 섬세한 표현을 할 수 있게 되었다.

루데쉬닝(Rudesyning)

19세기 초에 확립된 헤데보 자수를 대표하는 기법 중 하나다. 천에 정사각형 구멍을 내서, 창문 같은 무늬를 만든다. 창의 크기를 바꾸거나 스티치의 밀도를 조절하여, 다채로운 느낌을 표현한다.

비드쉼(Hvidsøm)

18세기 후반 상류 계급에서 헤데보 자수가 유행하며 발전한 기법이다. 새틴 스티치나 체인 스티치로 식물 모티브 등을 수놓아, 입체감과 음영을 표현한다. 헤데보 자수의 장식성을 높이기 위해 사용된다.

발뒤링(Baldyring)

헤데보 자수 중에서는 비교적 새로운 기법으로, 덴마크의 도시 지역 여성들 사이에서 인기가 높다. 천의 씨실과 날실을 일부 뽑아낸 뒤, 남은 실을 보강하여 무늬를 감친다. 이탈리아 레티첼라 자수의 영향을 강하게 받아 발전하였다.

우드클립스헤데보(Udklipshedebo)

헤데보 자수가 전성기를 맞이한 시기에 만들어진 기법으로, 1855~1870년 무렵에 크게 발전하였다. 천의 일부를 자르고 그 주위를 버튼홀 스티치로 감쳐서, 레이스 같은 무늬를 만든다. 섬세하고 화려한 디자인이 특징이며, 1950년대까지 사회 여러 계층에서 널리 사용되어 헤데보 자수의 다양성을 넓혔다.

쉬에데 블론데르(Syede Blonder)

헤데보 자수를 더욱 세련되게 만들기 위한 기법으로 발전하였다. 바늘과 실만으로 레이스 무늬를 만드는 기법으로, 니들 레이스라고 부르기도 한다. 테두리나 장식에 사용되는 경우가 많으며, 헤데보 자수를 섬세하고 우아하게 만들어준다.

비드쉼

발뒤링

우드클립스헤데보

쉬에데 블론데르

이 책에 대하여

이 책에서는 현대에도 즐길 수 있는, 특별한 무늬를 만드는 4가지 헤데보 기법을 소개한다. 천의 올을 뽑는 기법인 드론워크를 사용하는 비드쇱과 발뒤링, 천을 잘라내는 우드클립스헤데보, 테두리를 장식하는 쉬에데 블론데르의 3가지 파트로 나누어, 각각 도안과 자수 견본, 수놓는 방법으로 구성하였다. 책 끝부분에는 여러 가지 소품 만드는 방법도 수록하였다.

페이지

도안만 있는 페이지와 자수 견본이 함께 있는 페이지가 있으며, 참고할 수 있도록 사용한 천과 실에 대한 정보도 수록하였다. 물론 책에서 사용한 천과 실이 아닌, 다른 천과 실로 수를 놓아도 관계없다. 〈컷워크 헤데보〉의 경우 코스터나 도일리로 만든 자수 견본을 실었다. 또한 각 파트의 마지막에 수록된 수놓는 방법의 경우, 여기서는 알아보기 쉽게 색실을 사용하였지만 실제로 수를 놓을 때는 흰색 실을 사용한다.

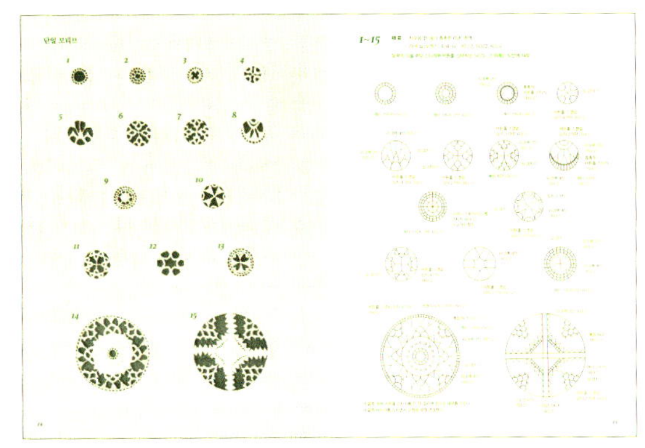

실

실은 어브로더 실이나 스웨덴 보켄스의 리넨 실을 사용하였다. 수를 놓을 때는 섞지 말고 1종류만 사용하는 것이 좋다. 어느 쪽을 사용해도 관계없지만 각각 질감이 다르다. 어브로더의 #25와 보켄스의 50/2는 실의 굵기, BLANC과 4/4-bl은 색을 나타낸다. 도안에 「50/2 또는 #25」처럼 함께 표시된 경우가 있는데, 앞쪽이 보켄스의 리넨 실, 뒤쪽이 어브로더 실이다.

도안

도안은 p.12 〈도안 옮기는 방법〉을 참조하여 천에 옮겨서 사용한다. 래더 스티치나 버튼홀 스티치의 개수는 대략적인 기준이며, 수놓는 사람의 감각이나 바느질의 강약에 따라 달라질 수 있다. 도안을 조합하여 오리지널 도안을 만들거나 변형하여 즐겨보자.

리크랙
버튼홀 스티치로 삼각형을 만든다. 2단, 3단, 4단 등 단수가 늘어날수록 커진다. 리크랙 피코를 만들 때는 1단.

버튼홀 스캘럽
실을 걸쳐서 심지를 만들고 버튼홀 스티치로 감싼다. 2단, 3단으로 겹쳐도 좋다. 그런 경우에는 윗단의 심지는 모두 3가닥이고, 다른 단은 도안에 표시하였다.

촘촘한 버튼홀 스티치
래더 스티치의 위 등에 촘촘히 수를 놓아 볼륨을 살린다.

래더 스티치
버튼홀 스티치를 느슨하게 감친 것. 1단, 2단 등으로 겹치면 복잡해진다.

실 걸치기
리크랙이나 버튼홀 스캘럽 사이에 실을 걸친다. 간단하면서도 좋은 악센트가 된다.

다닝 스티치
실 2가닥을 걸치고 8자 모양으로 번갈아 떠서 감친다.

피코
삼각형은 1단 리크랙 피코, 원형은 매듭 피코. 버튼홀 스캘럽 중간에 만든다.

헤데보 링
헤데보 스틱으로 만드는 링. 테두리 장식에 자주 쓰이는데, 무늬 내부의 베이스가 되기도 한다.

p.142 참조

p.151참조

도구와 재료

헤데보 자수에 필요한 도구와 재료를 소개한다.

a. 헤데보 스틱_ 헤데보 링을 만들 때 사용한다.

b. 송곳_ 아일릿 스티치 등에 사용한다. 재봉한 천의 모서리를 정리할 때도 편리하다.

c. 가위_ 수를 놓을 때는 주로 실을 자르기 위해 끝이 날카롭고 날이 잘 드는 가위를 사용한다. 파우치 등을 만들 때는 재단 가위도 사용한다.

d. 자수틀_ 다양한 크기가 있지만 주로 10㎝ 자수틀을 사용한다. 쓰기 편한 크기를 고르면 된다.

e. 시침핀과 자수바늘_ 시침핀은 소품을 만들 때 사용한다. 자수바늘은 p.11을 참조한다.

f. 핀 쿠션_ 마음에 드는 것으로 준비한다.

g. 셀로판지, 수예용 복사지_ 도안을 옮길 때 사용한다.

h. 수예용 마커_ 도안을 옮기거나 그릴 때 사용한다. 물로 지울 수 있는 타입이다.

i. 트레이서_ 천 위에 수예용 복사지와 도안, 셀로판지를 얹고, 도안을 따라 그려서 옮길 때 사용한다.

j. 자수실과 색실_ 색실은 실을 고정하거나 시침질할 때 사용한다. 재봉실 등을 사용해도 괜찮다. 자수실은 p.11을 참조한다.

k. 리넨_ 평직 리넨. 컷워크 헤데보는 올을 세지 않으므로 올이 촘촘한 리넨, 발뒤링과 비드쉼은 1㎝에 12~14올 정도의 리넨을 사용한다.

l. 원형자_ 컷워크 헤데보에서 윤곽을 그릴 때 사용한다.

바늘

왼쪽은 끝이 뾰족한 바늘, 오른쪽은 끝이 둥근 바늘이다. 둥근 바늘은 윤곽 안쪽을 감칠 때 등에 사용하며, 올을 가르지 않으므로 쉽게 실을 뜰 수 있다. 뾰족한 바늘은 프리 스티치나 천에 윤곽을 수놓을 때 사용한다.

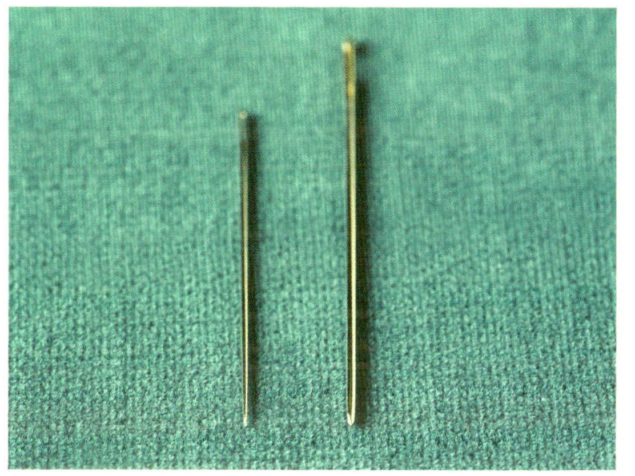

실

왼쪽은 어브로더라는 꼬임 수가 적은 코튼 실로, 1가닥으로 사용한다. 굵기는 #16·20·25·30이 있다. 오른쪽은 리넨 100% 실이다. 이 책에서는 DMC의 어브로더를 사용했지만, 앵커(ANCHOR) 등 원하는 실을 사용해도 좋다. 리넨 실은 스웨덴 보켄스(BOCKENS)의 실을 사용한다.

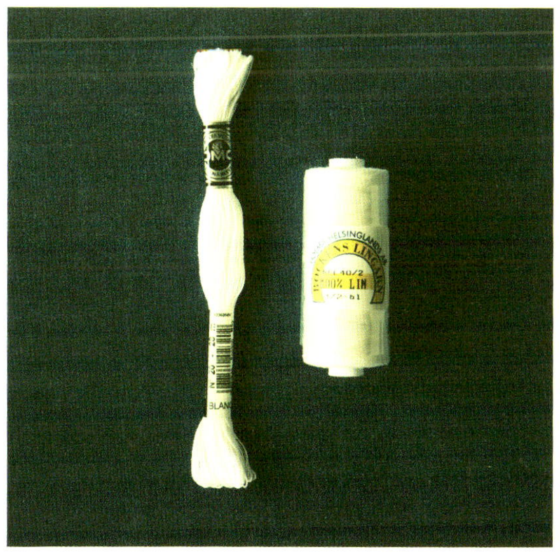

천

왼쪽은 올을 셀 때 사용하는 천, 오른쪽은 천을 자를 때 사용하는 천이다. 짜임의 밀도가 다르다.

리넨 실

왼쪽은 오프화이트, 오른쪽은 화이트. 리넨 실뿐 아니라 어브로더에도 여러 종류의 흰색 실이 있다.

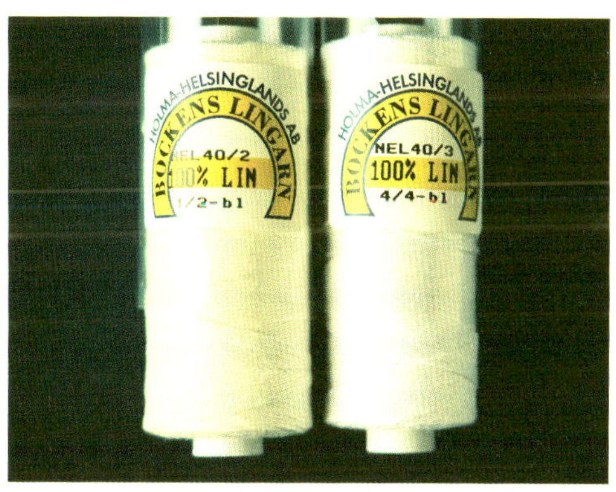

왼쪽은 40/3으로 3가닥 연사, 오른쪽은 40/2로 2가닥 연사이므로 조금 가늘다. 천의 짜임이나 완성 이미지에 맞는 굵기의 실을 사용한다.

❖ 도안 옮기는 방법

라이트 테이블

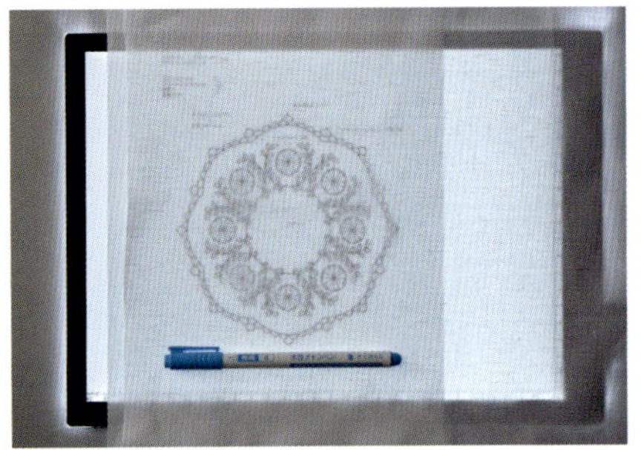

라이트 테이블 위에 도안과 천을 순서대로 겹친 뒤, 빛에 비치는 도안을 수예용 마커로 천에 옮긴다.

수예용 복사지

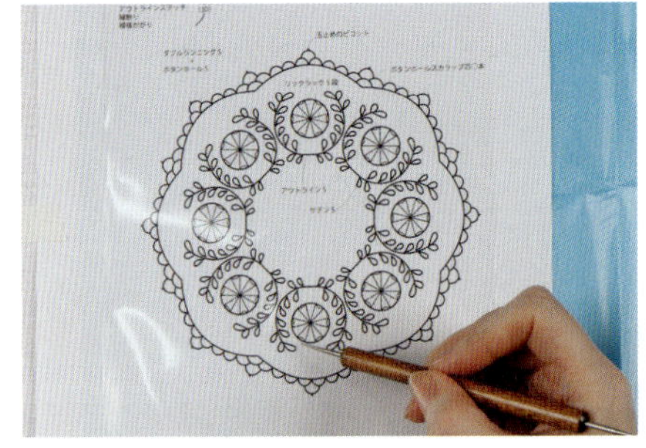

천, 수예용 복사지, 도안, 셀로판지를 순서대로 겹쳐놓고, 트레이서로 도안을 따라 그린다. 셀로판지는 도안이 찢어지는 것을 막기 위해 겹친다.

❖ 실 정리 방법

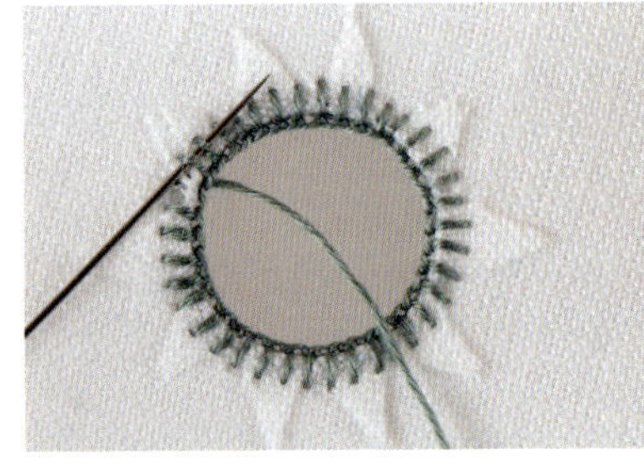

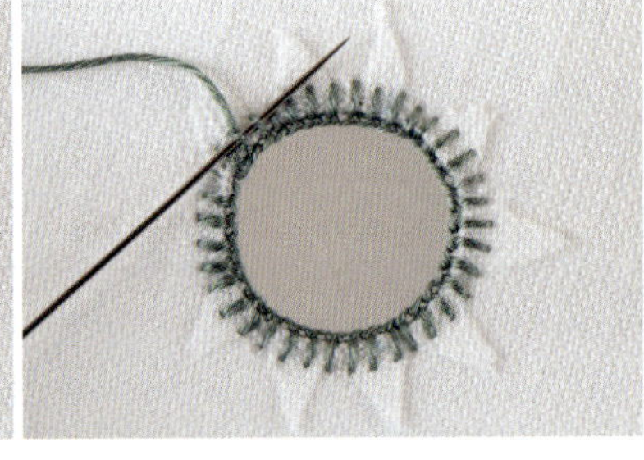

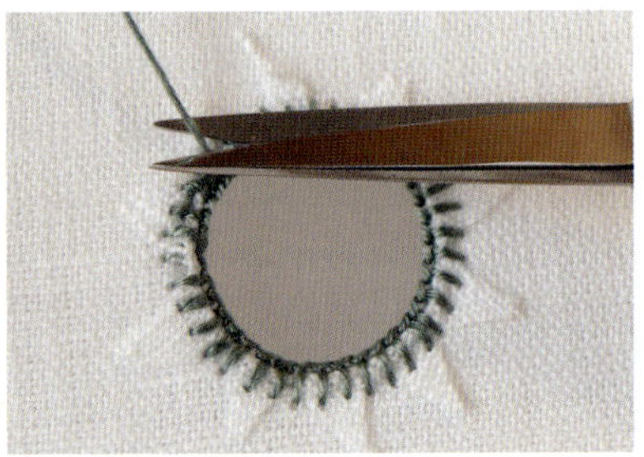

1 수를 다 놓은 뒤 바늘을 안쪽으로 빼내, 스티치의 실을 2땀 떠서 통과시킨다.

2 2번째 땀으로 되돌아가서 2땀을 뜬다. 1땀을 박음질한 듯한 모양이 된다.

3 이 작업을 1번 더 반복하여, 단단히 고정한다. 실을 바짝 자른다.

❖ 새로운 실로 바꾸는 방법

1 안쪽 스티치의 실 4가닥 정도에 바늘을 통과시킨 뒤, 1땀을 박음질하듯이 되돌아가서 2땀에 통과시킨다.

2 다시 1땀을 박음질하듯이 되돌아가서, 2땀에 통과시킨다.

3 겉으로 바늘을 빼내서 수를 놓기 시작한다.

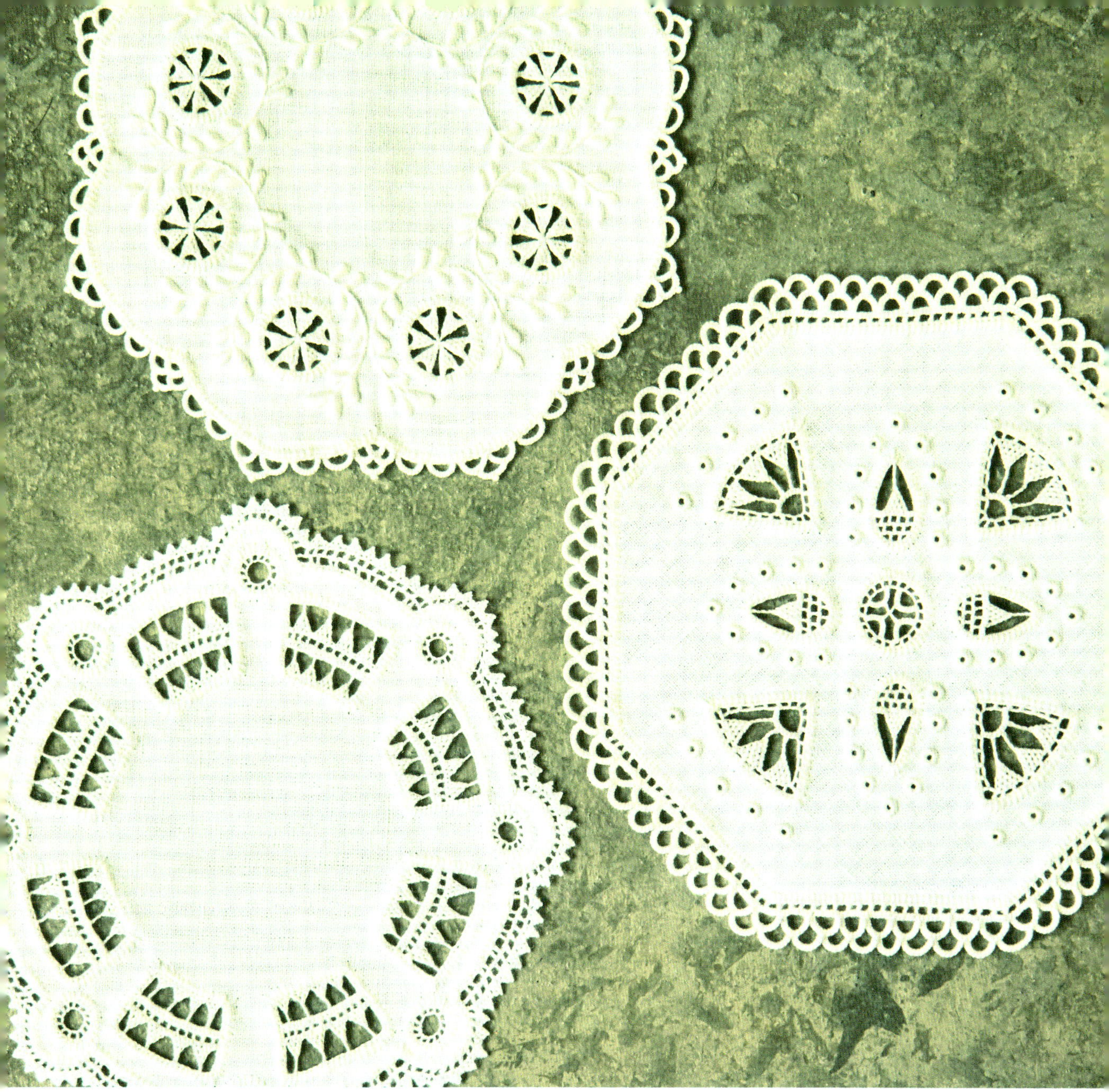

Cut work Hedebo

컷워크 헤데보

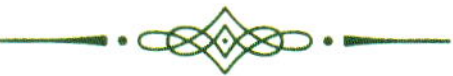

도안 모양대로 천을 자르고 주위를 감치는 컷워크 기법 중, 「우드클립스헤데보」를 소개한다. 천을 자르고 버튼홀 스티치를 한 내부에 무늬를 수놓는다. 새틴 스티치나 아우트라인 스티치 등의 프리 스티치 도안과 조합하는 경우가 많으며, 특유의 사랑스러운 느낌이 있다. 원형이나 삼각형 등 기하학 무늬를 조합하여 도안을 표현한다.

재 료 │ 자수용 천(올이 촘촘한 리넨, 흰색)
리넨 실(보켄스) 4/4-bl 40/2, 50/2, 60/2

윤곽의 더블 러닝 스티치와 버튼홀 스티치는 50/2, 그 외에는 도안에 지정

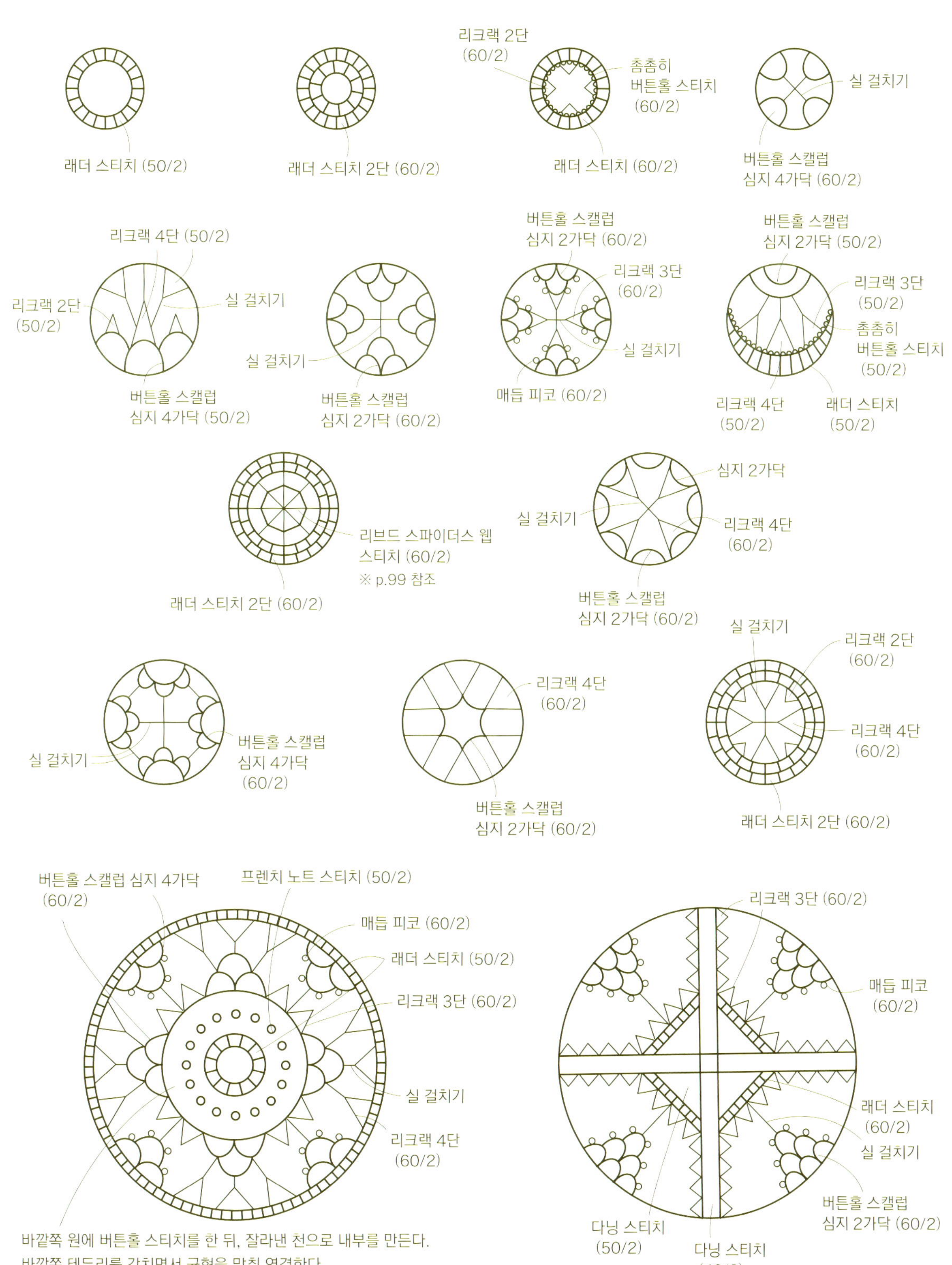

바깥쪽 원에 버튼홀 스티치를 한 뒤, 잘라낸 천으로 내부를 만든다.
바깥쪽 테두리를 감치면서 균형을 맞춰 연결한다.

재 료 │ 자수용 천(올이 촘촘한 리넨, 흰색)
리넨 실(보켄스) 4/4-bl 또는 1/2-bl　50/2, 60/2
윤곽의 더블 러닝 스티치와 버튼홀 스티치는 50/2, 그 외에는 60/2

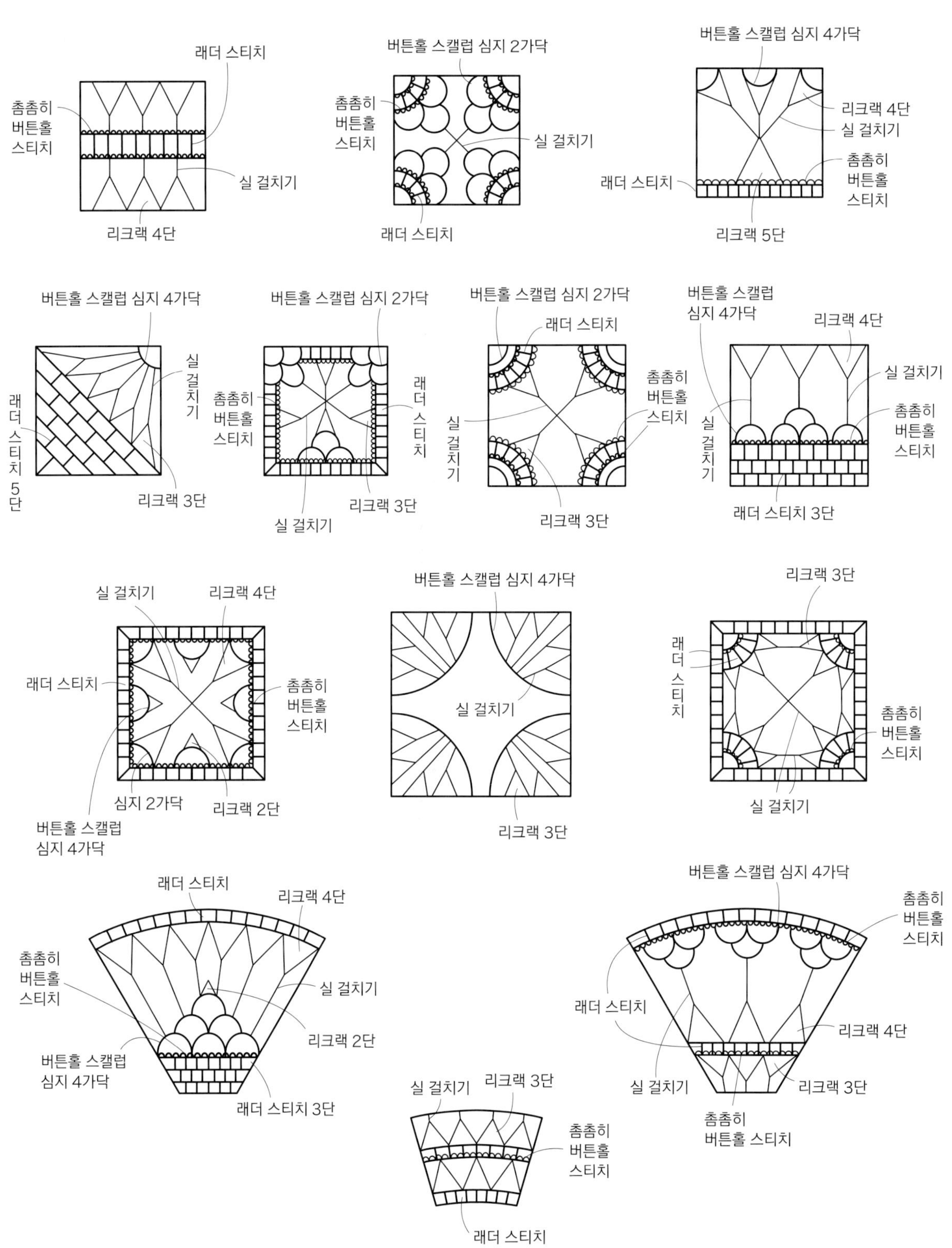

재 료 │ 자수용 천(올이 촘촘한 리넨, 흰색)
리넨 실(보켄스) 4/4-bl 또는 1/2-bl 50/2, 60/2
윤곽의 더블 러닝 스티치와 버튼홀 스티치는 50/2, 그 외에는 60/2

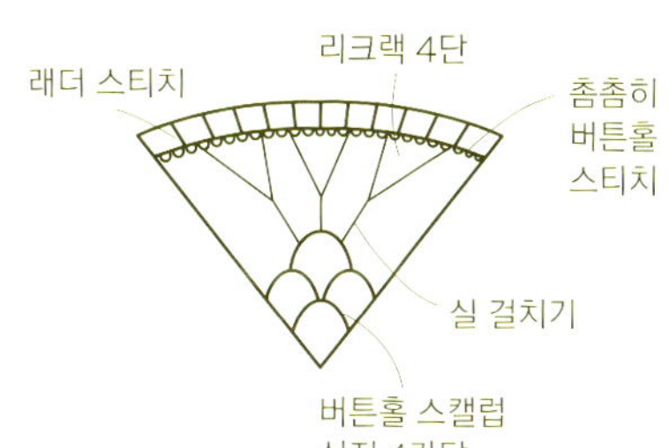

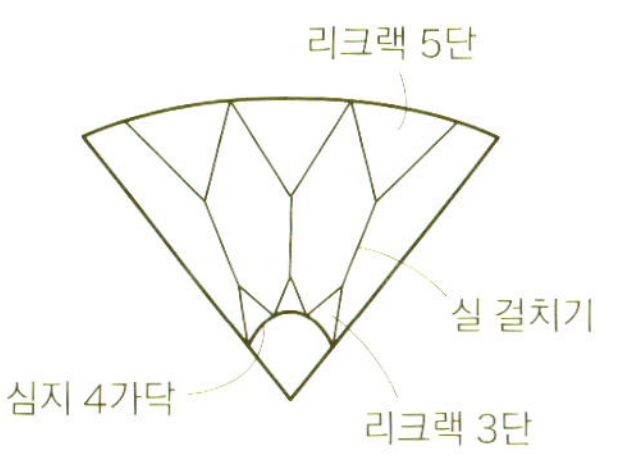

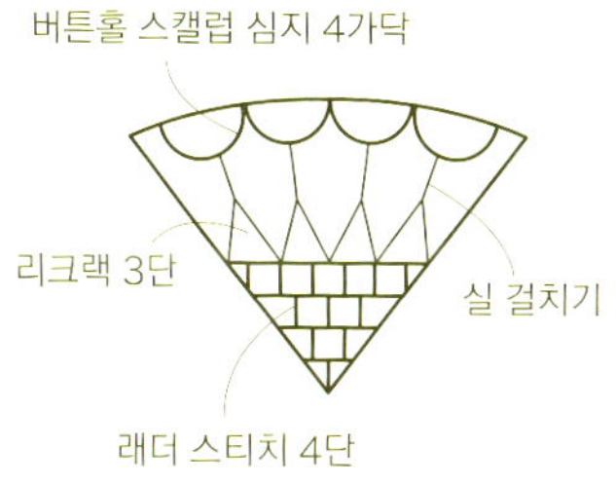

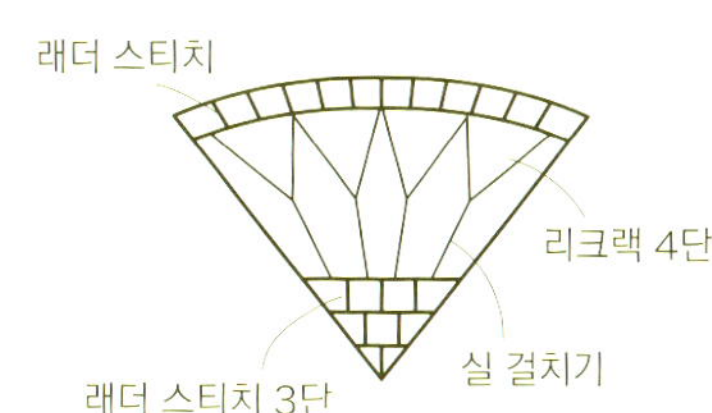

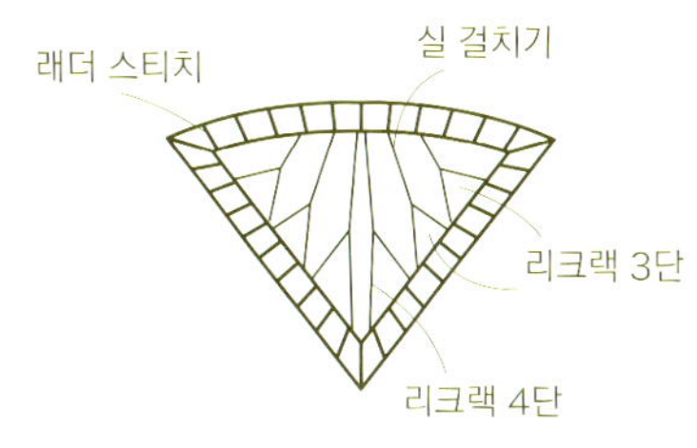

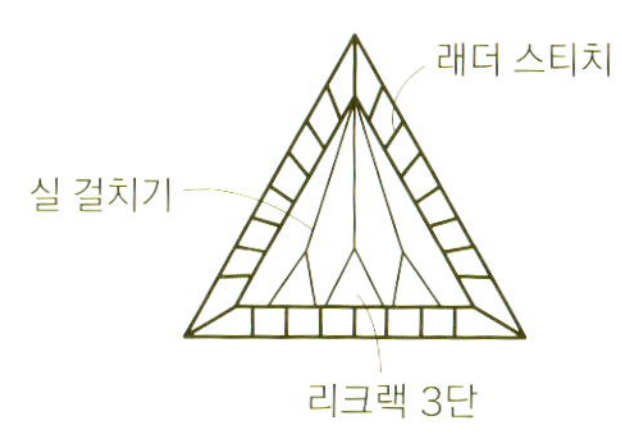

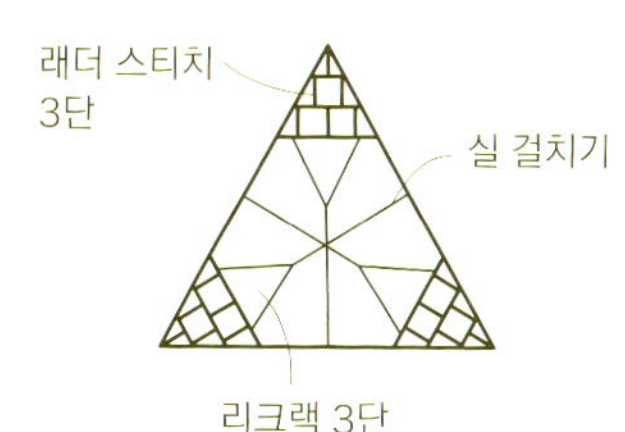

38~50

재 료 | 자수용 천(올이 촘촘한 리넨, 흰색)
리넨 실(보켄스) 4/4-bl 50/2, 60/2

윤곽의 더블 러닝 스티치와 버튼홀 스티치는 50/2, 그 외에는 도안에 지정

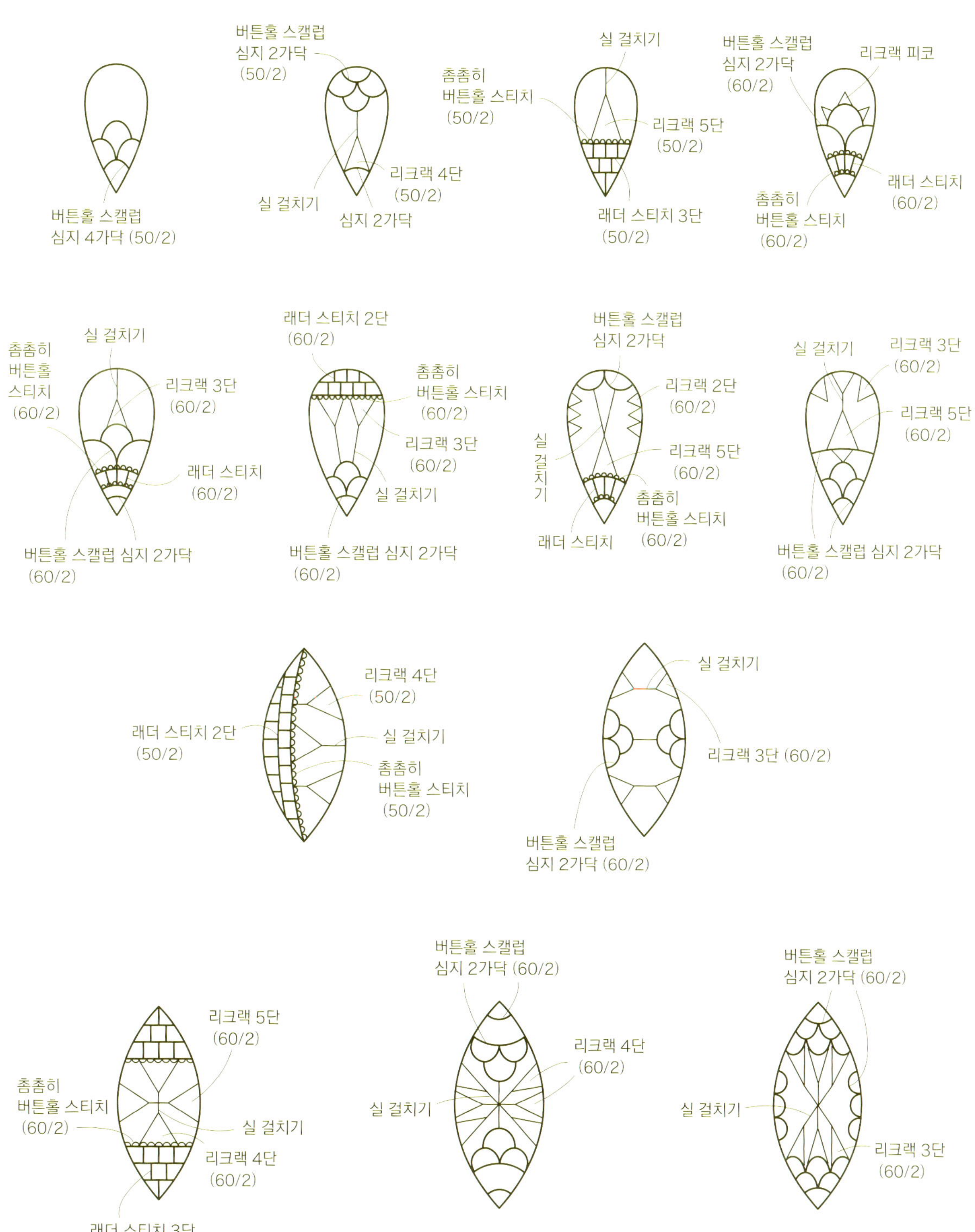

51~63

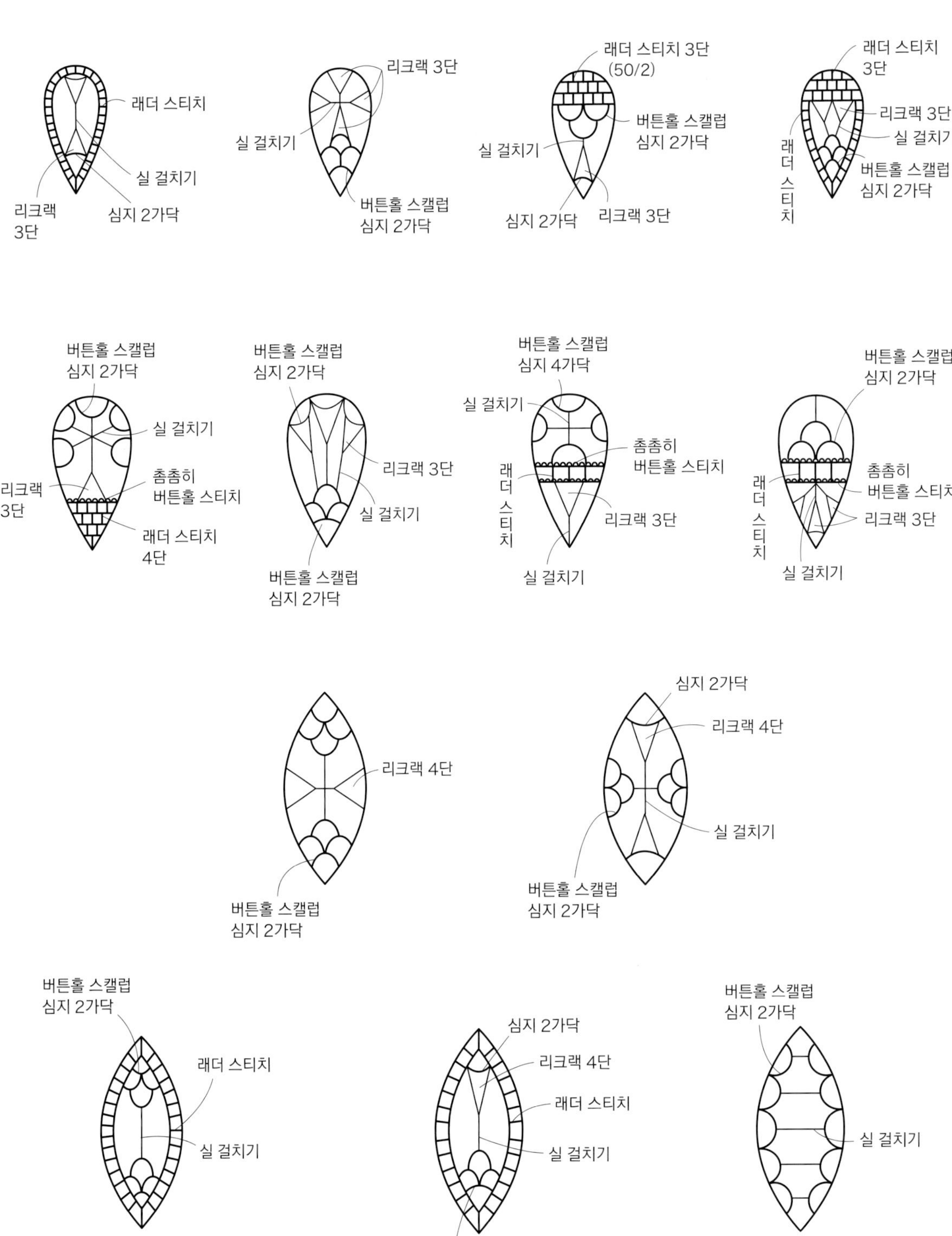

64~70

재료 | 자수용 천(올이 촘촘한 리넨, 흰색)

리넨 실(보켄스) 4/4-bl 또는 1/2-bl 50/2, 60/2

윤곽의 더블 러닝 스티치와 버튼홀 스티치는 50/2, 그 외에는 60/2

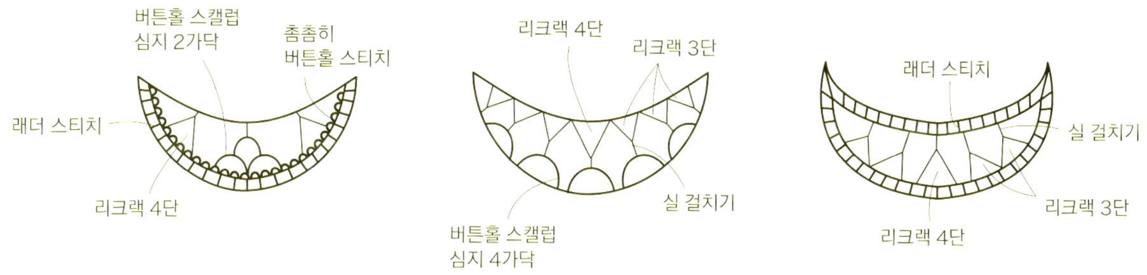

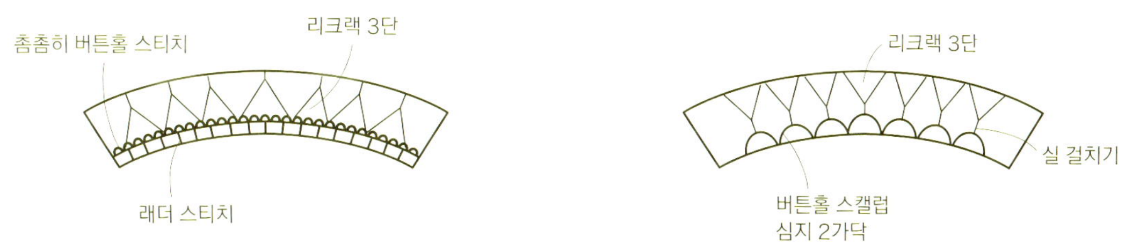

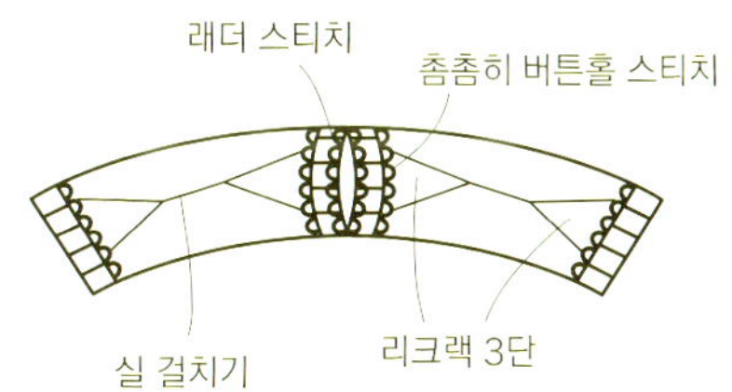

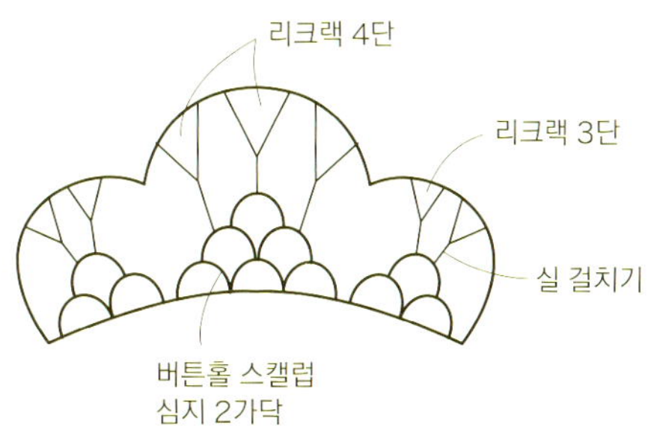

71

재 료 │ 자수용 천(올이 촘촘한 리넨, 흰색) 15×15㎝
리넨 실 또는 어브로더 실(사진은 리넨 실)
리넨 실(보켄스) 4/4-bl 50/2, 60/2
어브로더(DMC) BLANC #20, 25, 30

윤곽의 더블 러닝 스티치는 50/2 또는 #20, 버튼홀 스티치는 50/2 또는 #25
그 외에는 도안에 지정

완 성 치 수 │ 10×10㎝

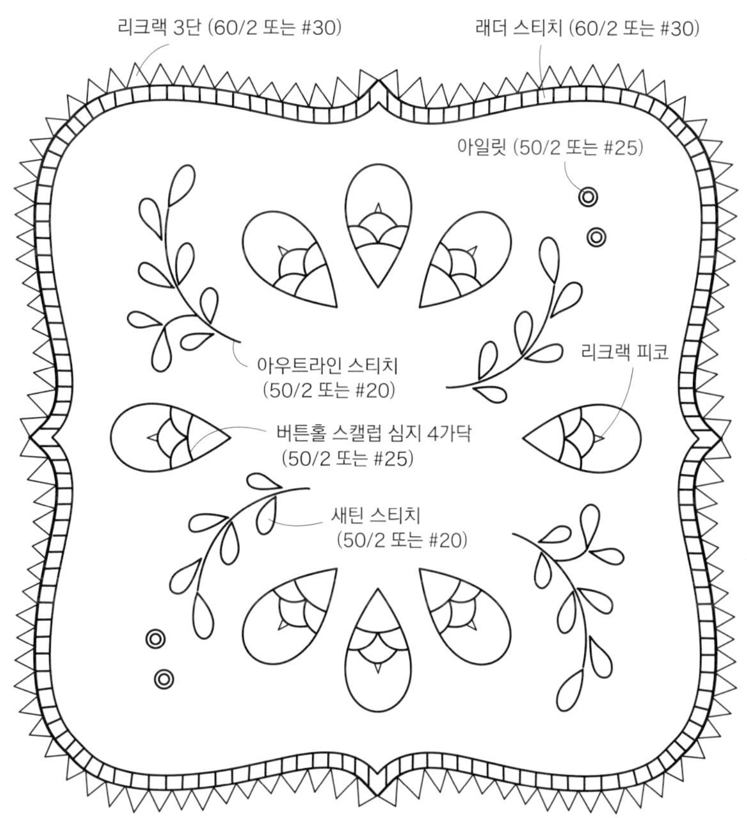

재 료 │ 자수용 천(올이 촘촘한 리넨, 흰색) 15×15cm
리넨 실 또는 어브로더 실(사진은 리넨 실)
리넨 실(보켄스) 4/4-bl   50/2, 60/2
어브로더(DMC) BLANC   #20, 25

윤곽의 더블 러닝 스티치와 버튼홀 스티치는 50/2 또는 #25
그 외에는 도안에 지정

완 성 치 수 │ 10×10cm

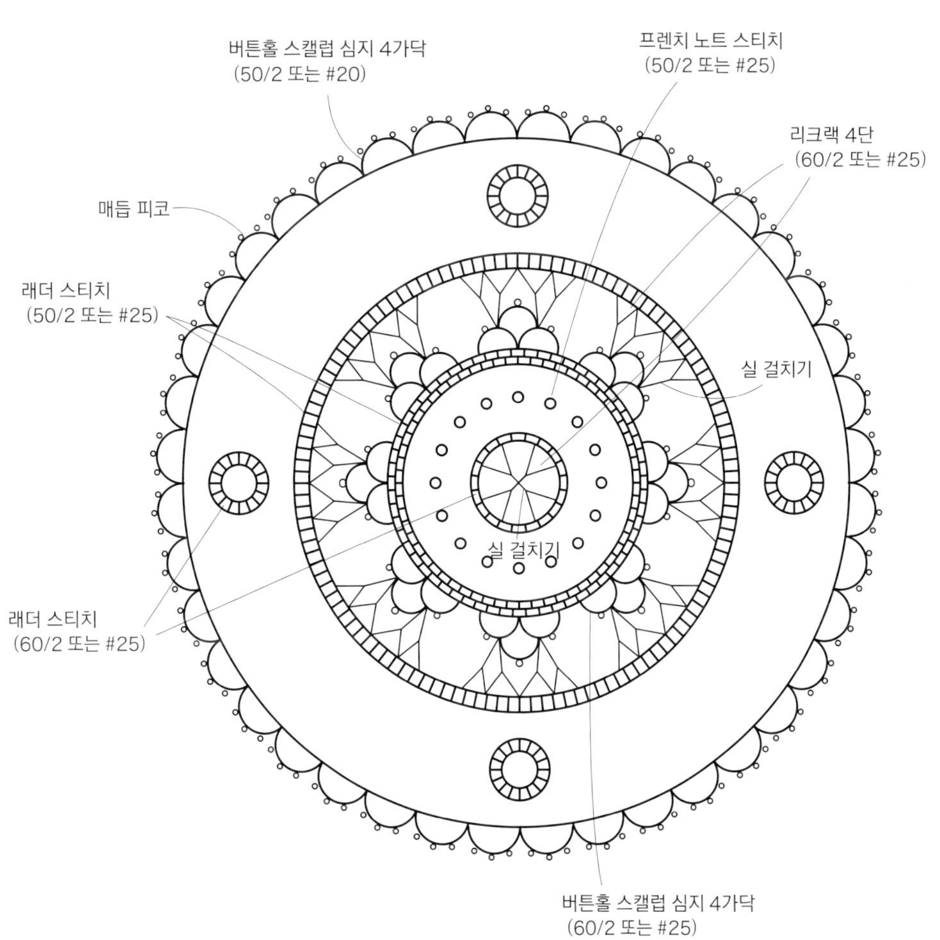

재 료 │ 자수용 천(올이 촘촘한 리넨, 흰색) 15×15㎝
리넨 실 또는 어브로더 실(사진은 리넨 실)
리넨 실(보켄스) 4/4-bl 50/2, 60/2
어브로더(DMC) BLANC #25, 30

윤곽의 더블 러닝 스티치와 버튼홀 스티치는 50/2 또는 #25
그 외에는 도안에 지정

완 성 치 수 │ 10×10㎝

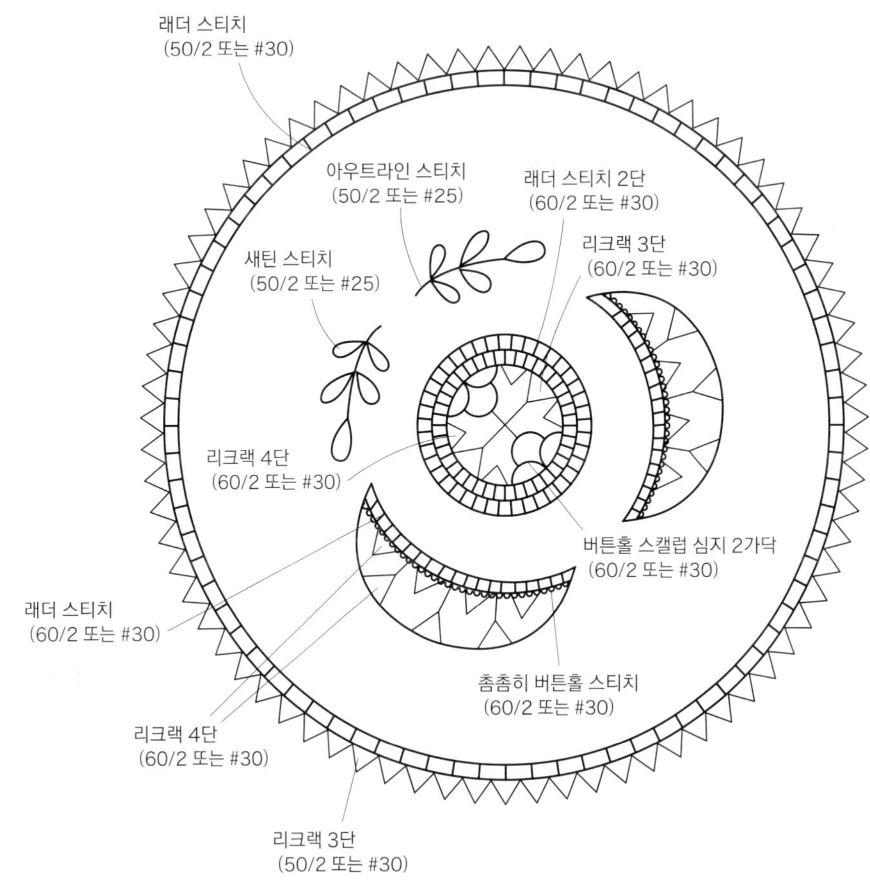

재료 │ 자수용 천(올이 촘촘한 리넨, 흰색) 15×15㎝
리넨 실 또는 어브로더 실(사진은 어브로더 실)
리넨 실(보켄스) 4/4-bl 또는 1/2-bl 50/2, 60/2
어브로더(DMC) BLANC #25, 30

윤곽의 더블 러닝 스티치와 버튼홀 스티치는 60/2 또는 #25
그 외에는 도안에 지정

완 성 치 수 │ 10×10㎝

75

재 료 │ 자수용 천(올이 촘촘한 리넨, 흰색) 15×15㎝
리넨 실 또는 어브로더 실(사진은 어브로더 실)
리넨 실(보켄스) 4/4-bl 또는 1/2-bl　50/2, 60/2
어브로더(DMC) BLANC　#25, 30

윤곽의 더블 러닝 스티치와 버튼홀 스티치는 60/2 또는 #25
그 외에는 도안에 지정

완 성　치 수 │ 10×10㎝

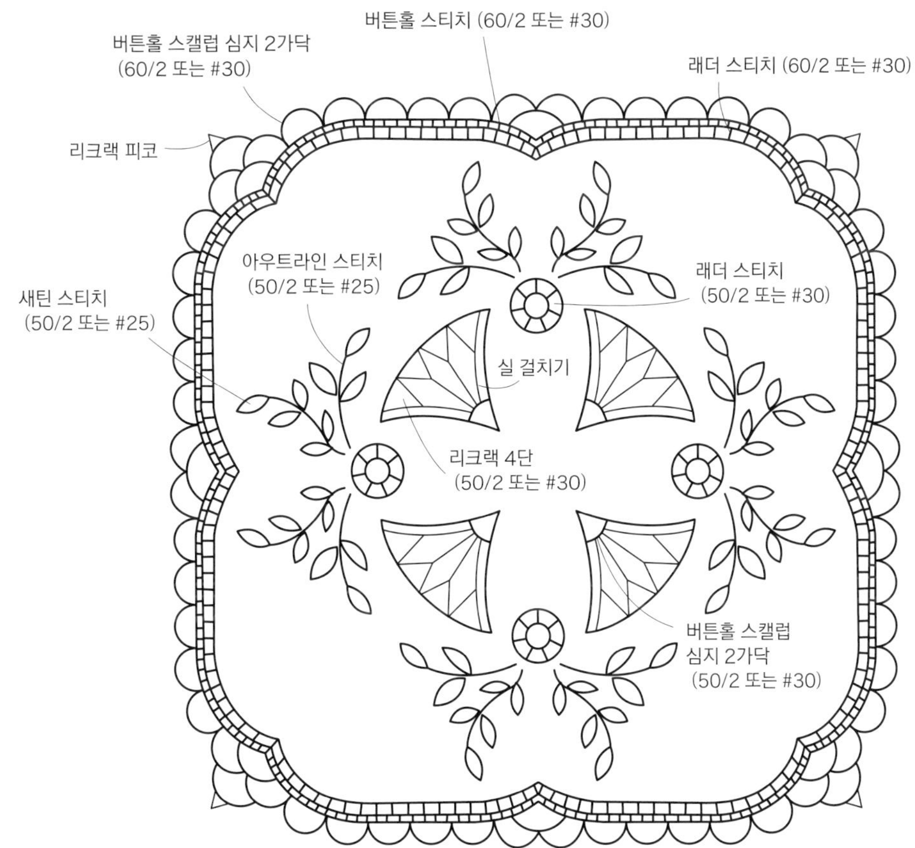

재 료 │ 자수용 천(올이 촘촘한 리넨, 흰색) 15×15㎝
리넨 실 또는 어브로더 실(사진은 리넨 실)
리넨 실(보켄스) 4/4-bl 50/2, 60/2
어브로더(DMC) BLANC #20, 25

윤곽의 더블 러닝 스티치와 버튼홀 스티치는 50/2 또는 #20
그 외에는 도안에 지정

완 성 치 수 │ 9.5×9.5㎝

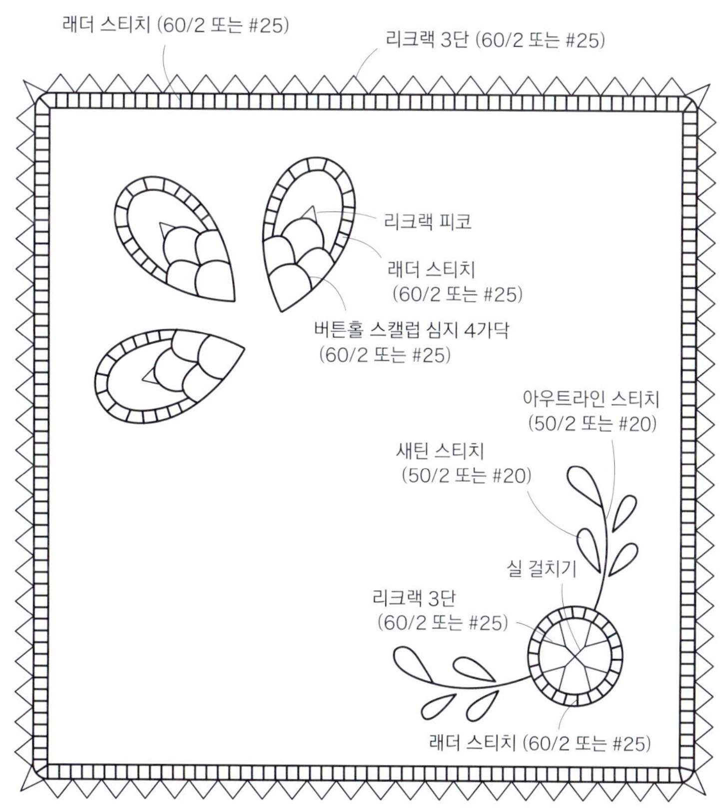

가장자리에 수를 놓는 방법

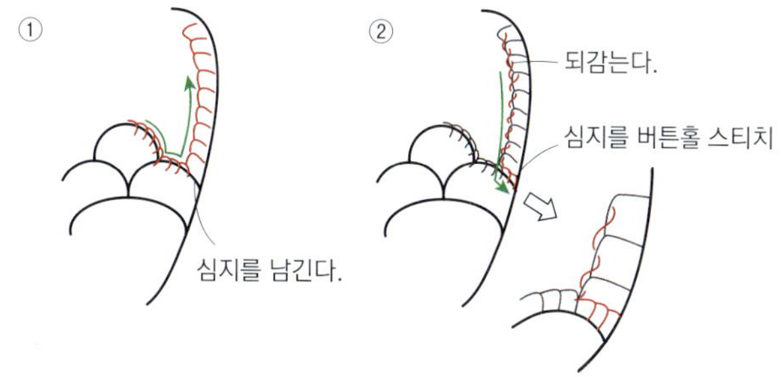

재 료 │ 자수용 천(올이 촘촘한 리넨, 흰색) 15×15㎝
리넨 실 또는 어브로더 실(사진은 리넨 실)
리넨 실(보켄스) 4/4-bl 50/2, 60/2
어브로더(DMC) BLANC #20, 25, 30

윤곽의 더블 러닝 스티치와 버튼홀 스티치는 50/2 또는 #25
그 외에는 도안에 지정

완 성 치 수 │ 9.5×9.5㎝

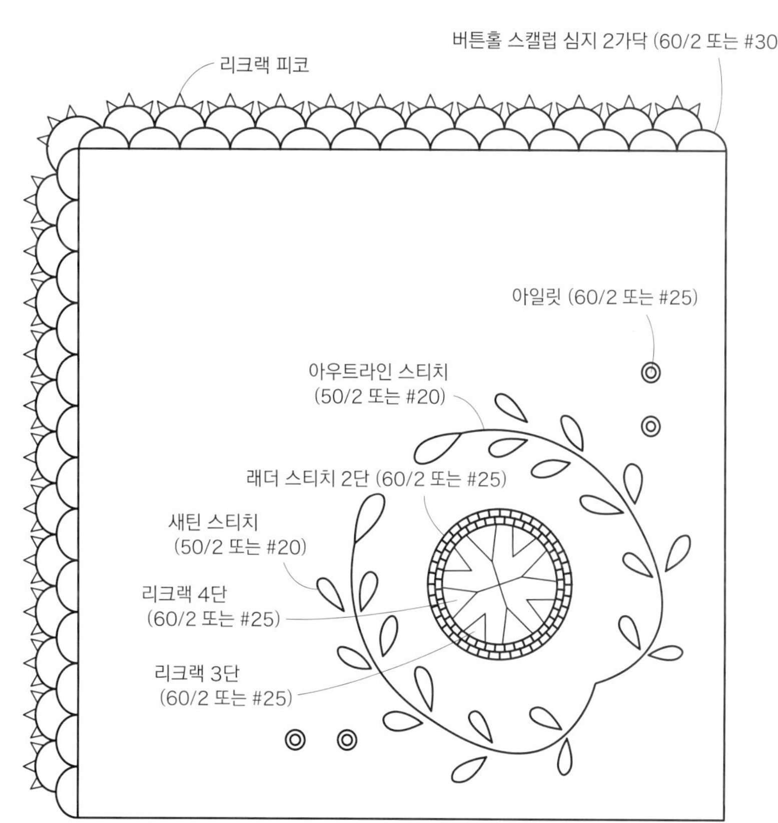

재 료 │ 자수용 천(올이 촘촘한 리넨, 흰색) 15×15㎝
리넨 실 또는 어브로더 실(사진은 어브로더 실)
리넨 실(보켄스) 4/4-bl 또는 1/2-bl 50/2, 60/2
어브로더(DMC) BLANC #25, 30

윤곽의 더블 러닝 스티치와 버튼홀 스티치는 50/2 또는 #25
그 외에는 도안에 지정

완 성 치 수 │ 10×10㎝

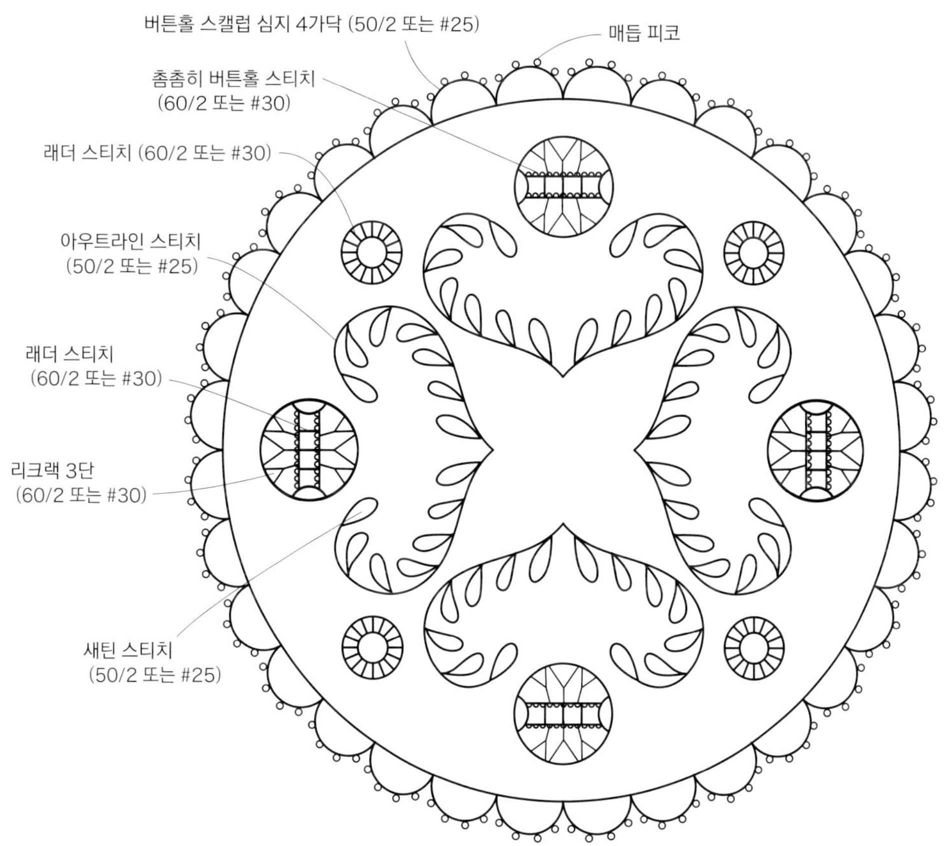

p.14 참조

p.14 참조

p.42 참조

79

79

재 료 │ 자수용 천(올이 좀좀한 리넨, 흰색) 20×20㎝
리넨 실 또는 어브로더 실(사진은 리넨 실)
리넨 실(보켄스) 4/4-bl 50/2, 60/2
어브로더(DMC) BLANC #25

윤곽의 더블 러닝 스티치와 버튼홀 스티치는 50/2 또는 #25
그 외에는 도안에 지정

완 성 치 수 │ 13×13㎝

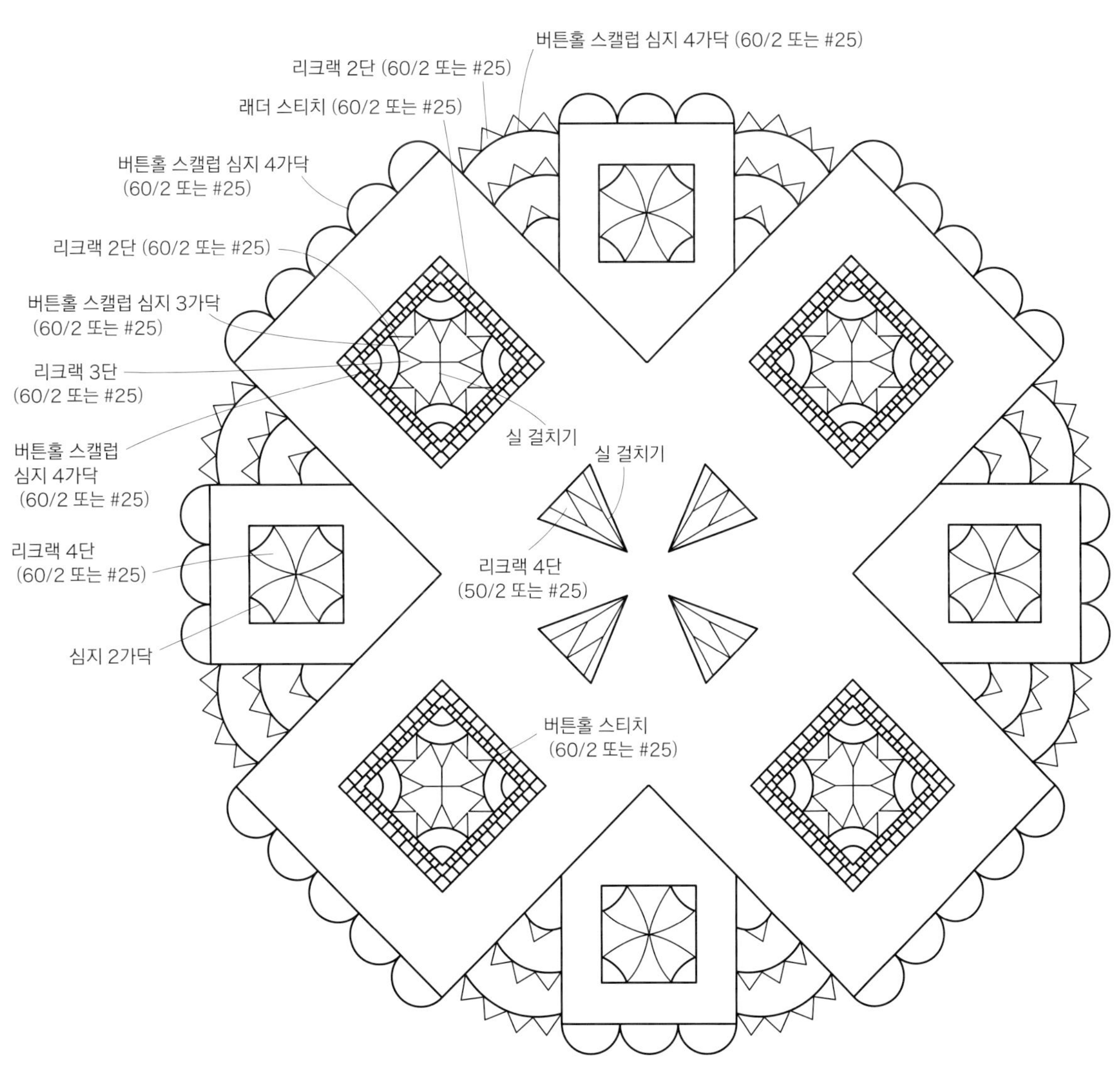

재 료 │ 자수용 천(올이 촘촘한 리넨, 흰색) 20×20㎝
리넨 실 또는 어브로더 실(사진은 리넨 실)
리넨 실(보켄스) 4/4-bl 50/2, 60/2
어브로더(DMC) BLANC #25, 30

윤곽의 더블 러닝 스티치와 버튼홀 스티치는 50/2 또는 #25
그 외에는 도안에 지정

완 성 치 수 │ 13×13㎝

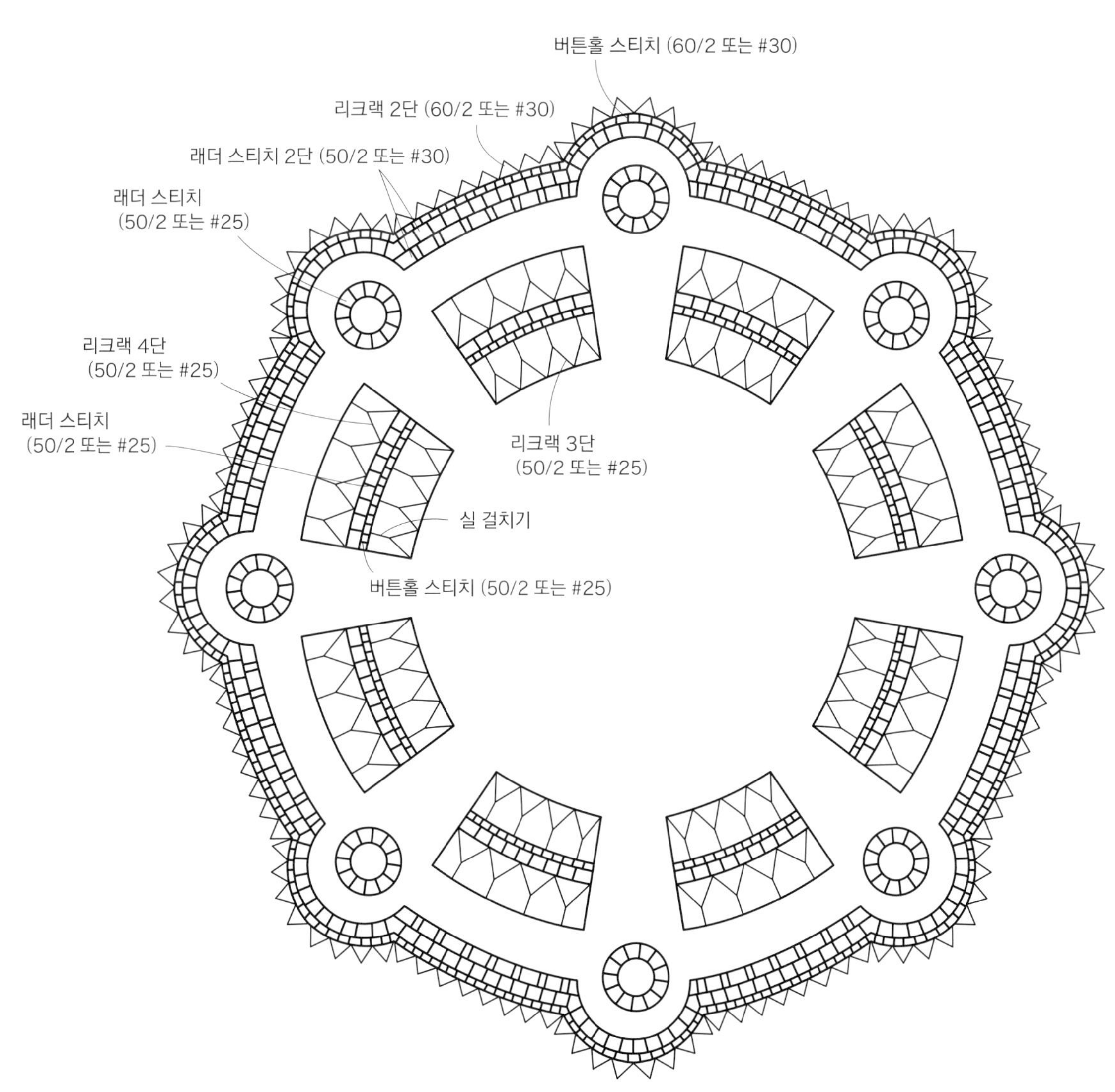

재 료 │ 자수용 천(올이 촘촘한 리넨, 흰색) 20×20㎝

리넨 실 또는 어브로더 실

리넨 실(보켄스) 4/4-bl 또는 1/2-bl　50/2, 60/2

어브로더(DMC) BLANC　#25, 30

윤곽의 더블 러닝 스티치와 버튼홀 스티치는 50/2 또는 #25
그 외에는 도안에 지정

완 성　치 수 │ 13×13㎝

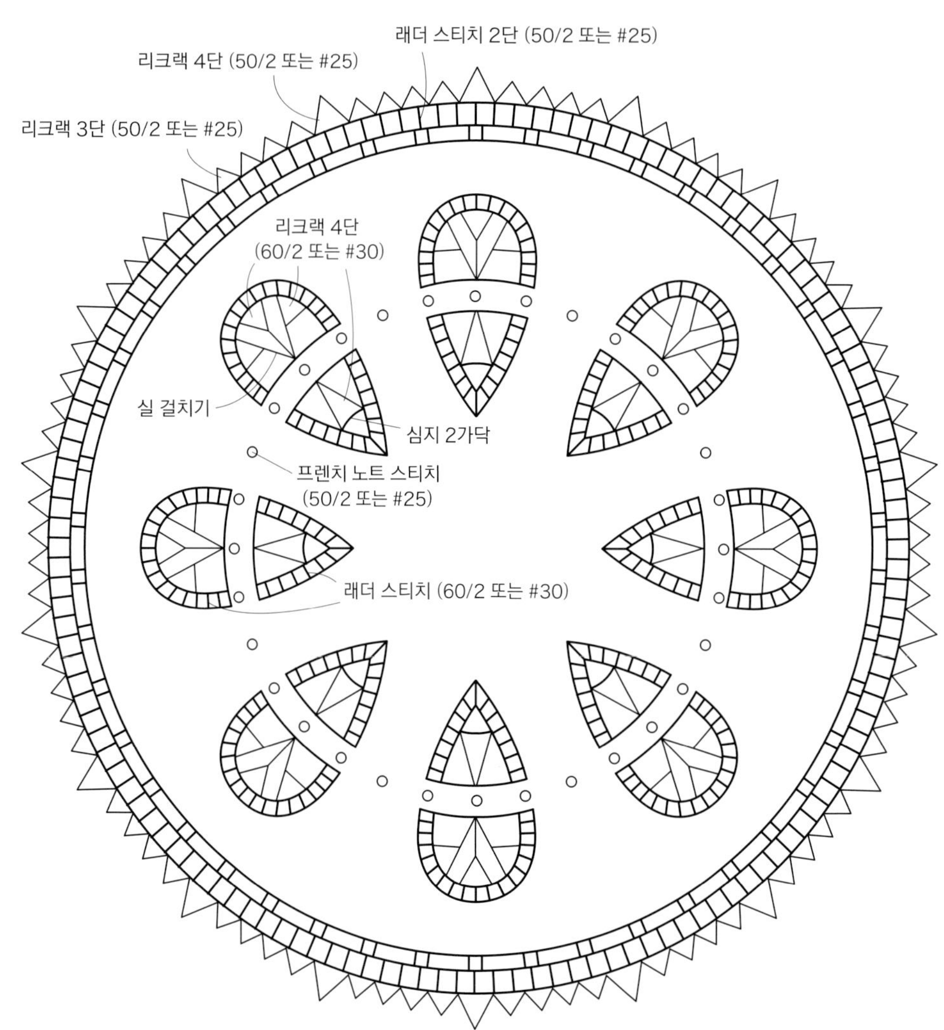

재 료 │ 자수용 천(올이 촘촘한 리넨, 흰색) 20×20㎝
리넨 실 또는 어브로더 실
리넨 실(보켄스) 4/4-bl 또는 1/2-bl   50/2, 60/2
어브로더(DMC) BLANC   #25, 30

윤곽의 더블 러닝 스티치와 버튼홀 스티치는 50/2 또는 #25
그 외에는 도안에 지정

완 성 치 수 │ 13×13㎝

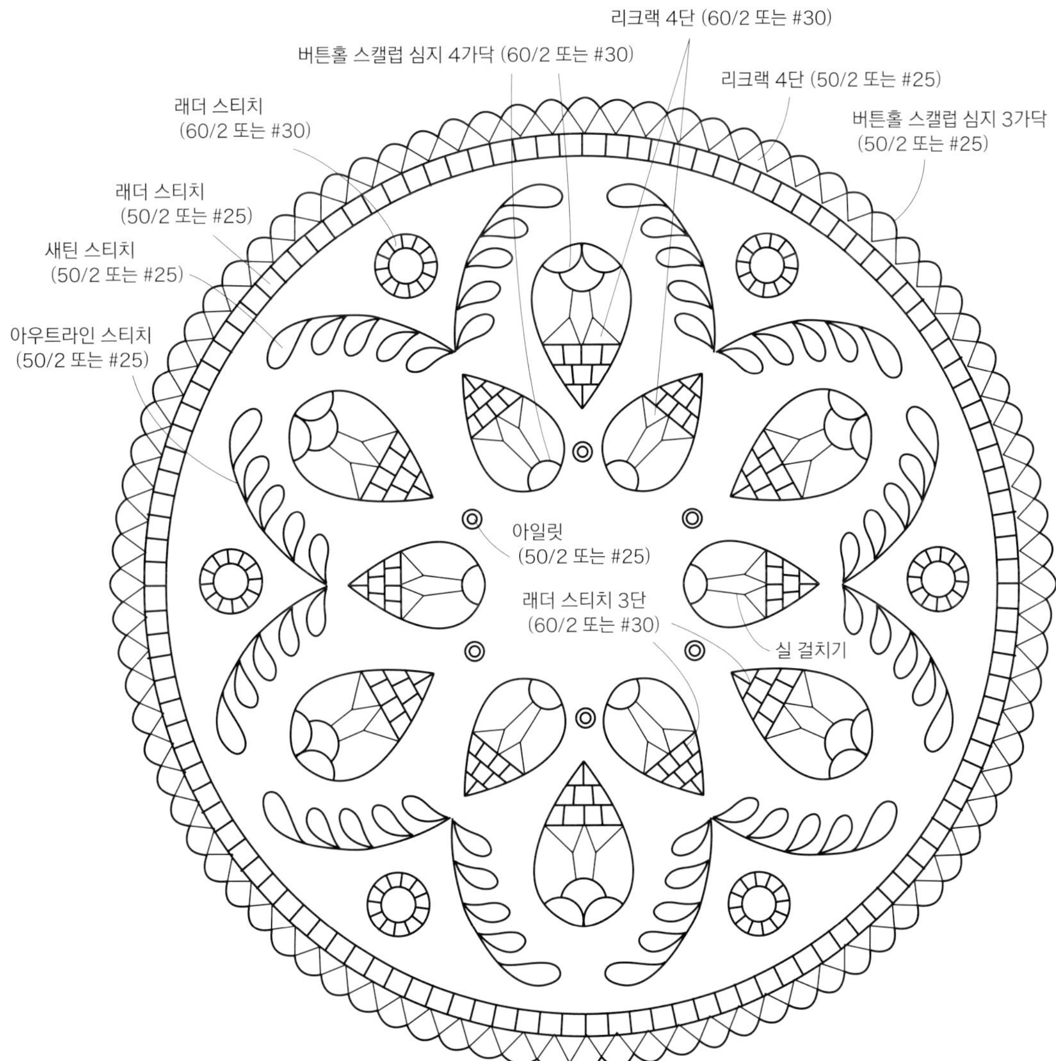

83 | **재료** | 자수용 천(올이 촘촘한 리넨, 흰색) 20×20㎝

리넨 실 또는 어브로더 실(사진은 어브로더 실)

리넨 실(보켄스) 4/4-bl 또는 1/2-bl 50/2, 60/2

어브로더(DMC) BLANC #25, 30

윤곽의 더블 러닝 스티치와 버튼홀 스티치는 50/2 또는 #25
그 외에는 도안에 지정

완성 치수 | 13×13㎝

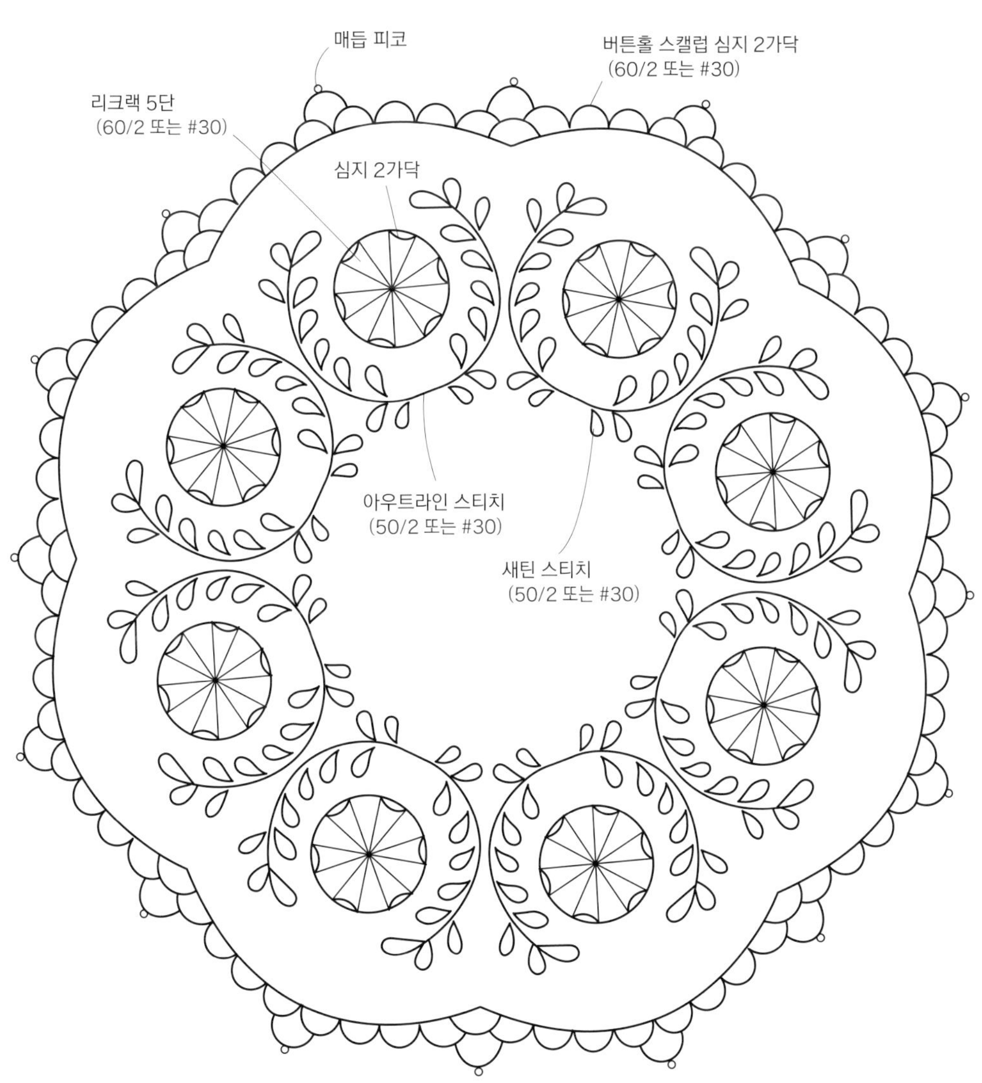

재 료 | 자수용 천(올이 촘촘한 리넨, 흰색) 20×20㎝
리넨 실 또는 어브로더 실
리넨 실(보켄스) 4/4-bl 또는 1/2-bl   50/2, 60/2
어브로더(DMC) BLANC #25, 30

윤곽의 더블 러닝 스티치와 버튼홀 스티치는 50/2 또는 #25
그 외에는 도안에 지정

완 성 치 수 | 13×13㎝

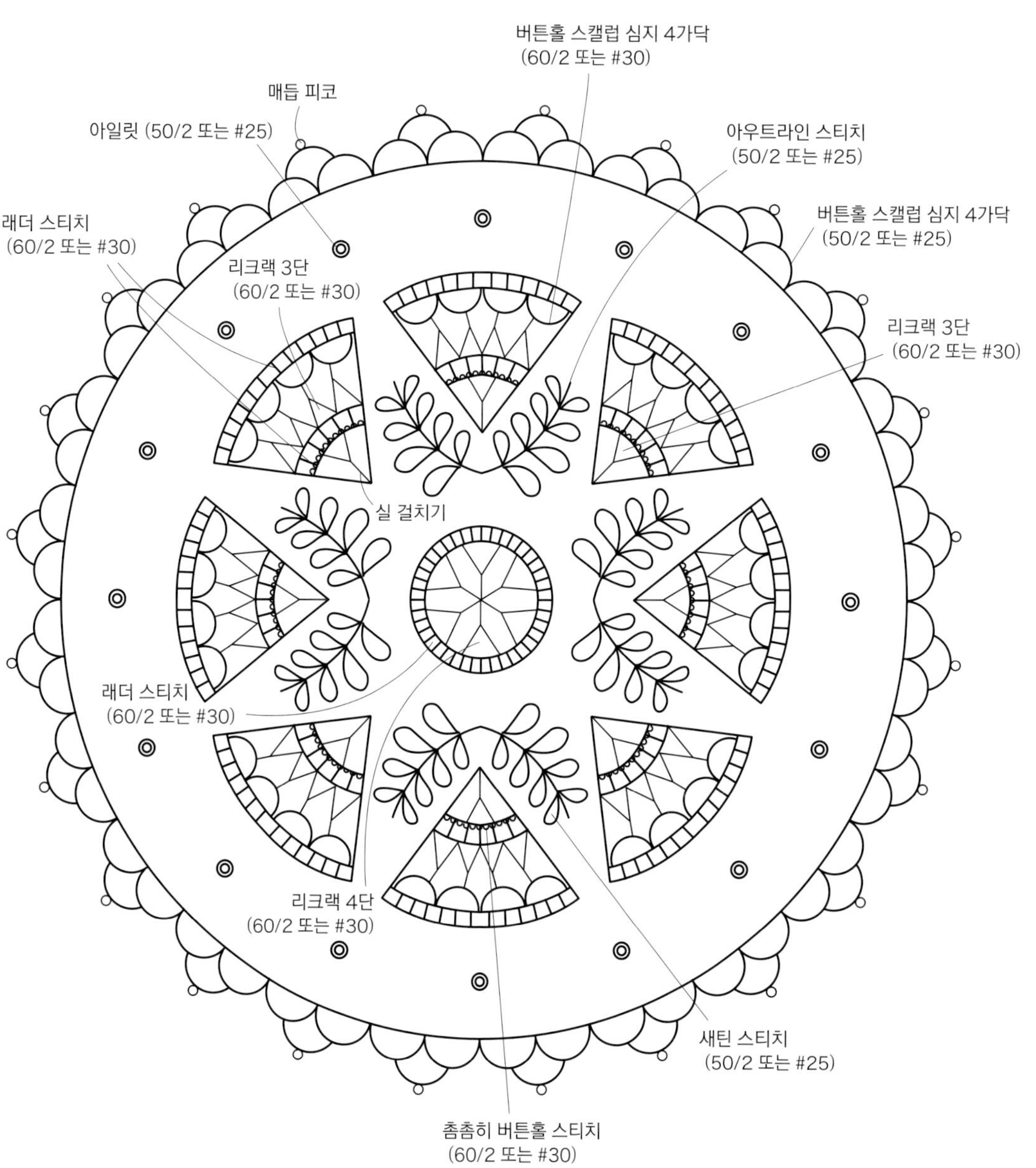

재 료 │ 자수용 천(올이 촘촘한 리넨, 흰색) 20×20㎝
리넨 실 또는 어브로더 실
리넨 실(보켄스) 4/4-bl 또는 1/2-bl 50/2, 60/2
어브로더(DMC) BLANC #25, 30

윤곽의 더블 러닝 스티치와 버튼홀 스티치는 50/2 또는 #25
그 외에는 도안에 지정

완 성 치 수 │ 13×13㎝

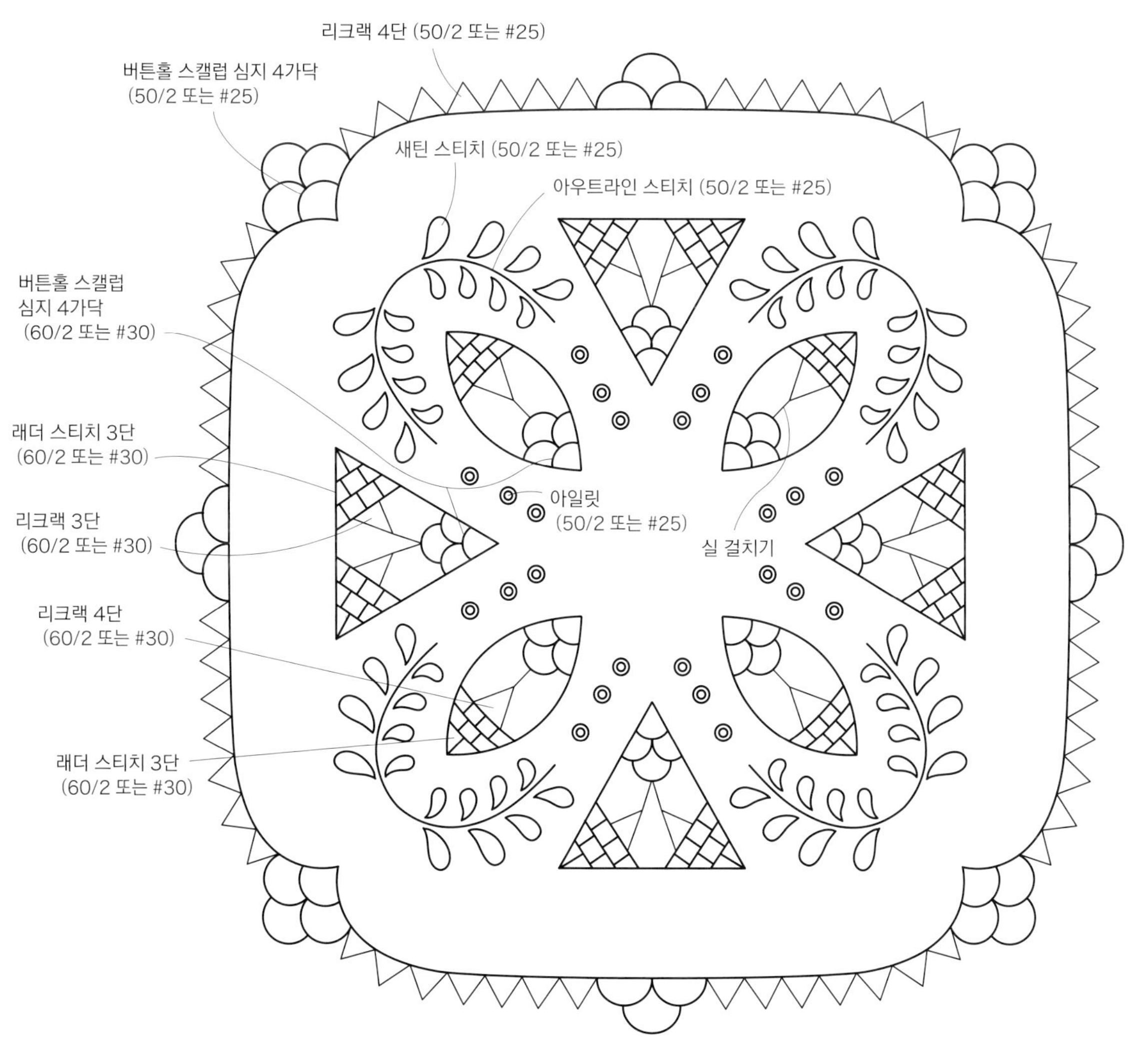

86

재 료 │ 자수용 천(올이 촘촘한 리넨, 흰색) 20×20㎝
리넨 실 또는 어브로더 실(사진은 어브로더 실)
리넨 실(보켄스) 4/4-bl 또는 1/2-bl 50/2, 60/2
어브로더(DMC) BLANC #25, 30

윤곽의 더블 러닝 스티치와 버튼홀 스티치는 50/2 또는 #25
그 외에는 도안에 지정

완 성 치 수 │ 13×13㎝

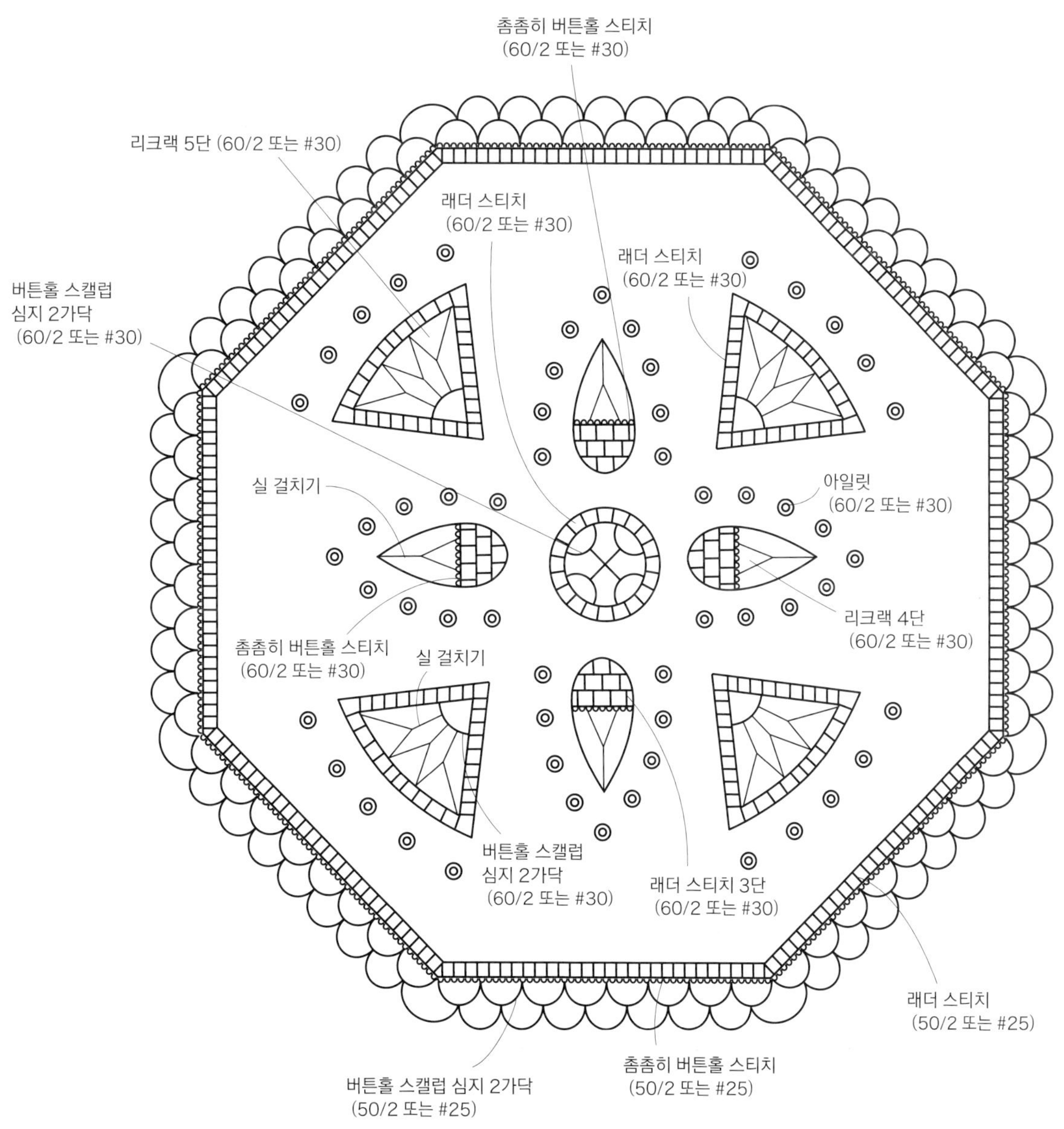

p.54 참조
p.46 참조

p.50 참조

87

재 료 │ 자수용 천(올이 촘촘한 리넨, 흰색) 20×20㎝

리넨 실 또는 어브로더 실(사진은 리넨 실)

리넨 실(보켄스) 4/4-bl　50/2, 60/2

어브로더(DMC) BLANC　#25, 30

윤곽의 더블 러닝 스티치와 버튼홀 스티치는 50/2 또는 #25

그 외에는 도안에 지정

완 성　치 수 │ 15×16㎝

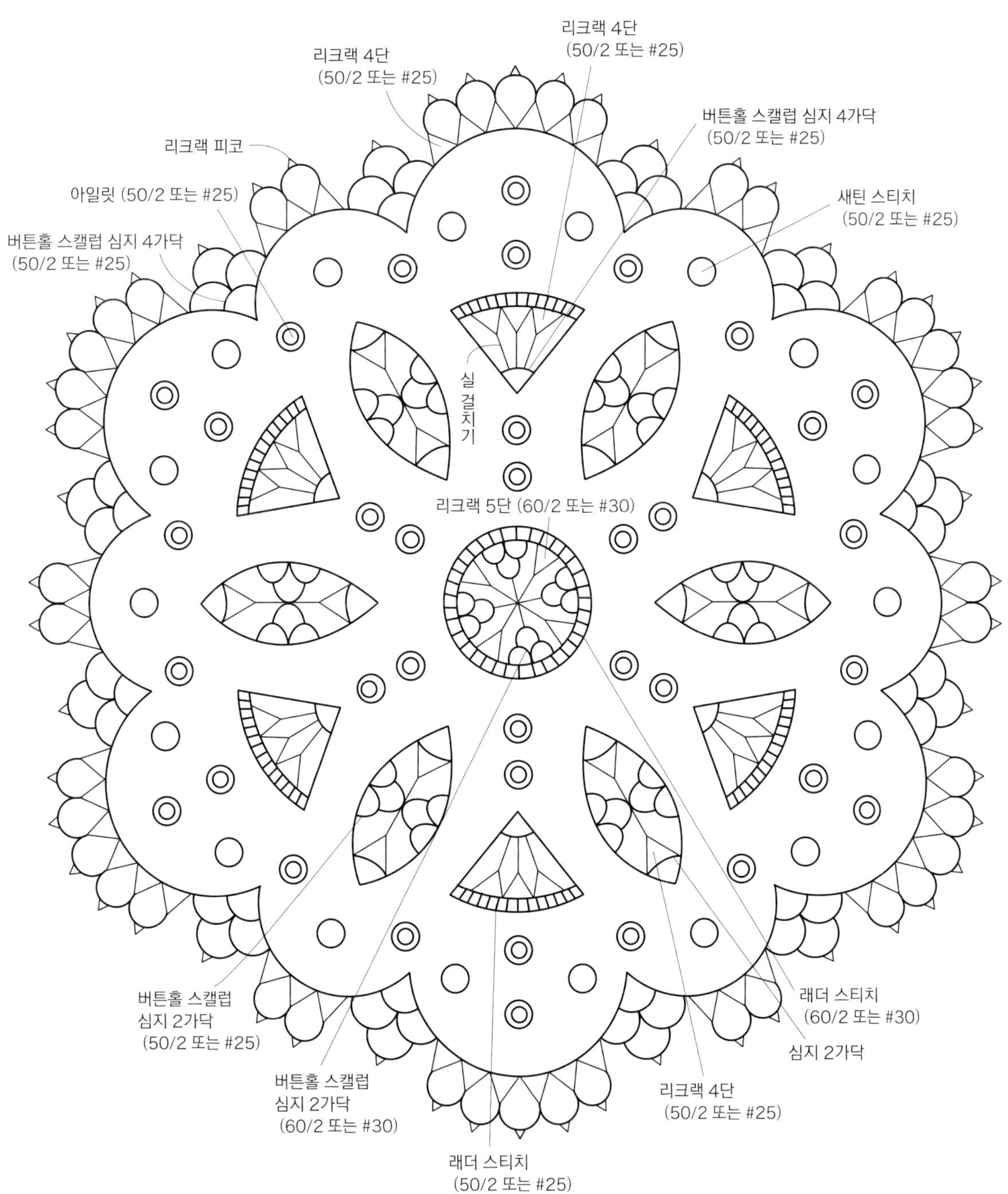

재 료 │ 자수용 천 (올이 촘촘한 리넨, 흰색) 25×25㎝

리넨 실 또는 어브로더 실

리넨 실(보켄스) 4/4-bl 또는 1/2-bl　50/2, 60/2

어브로더(DMC) BLANC　#20, 25, 30

윤곽의 더블 러닝 스티치와 버튼홀 스티치는 50/2 또는 #25

그 외에는 도안에 지정

완 성 치 수 │ 15×15㎝

재 료 │ 자수용 천(올이 촘촘한 리넨, 흰색) 25×25㎝
리넨 실 또는 어브로더 실
리넨 실(보켄스) 4/4-bl 또는 1/2-bl 50/2
어브로더(DMC) BLANC #20, 25

윤곽의 더블 러닝 스티치와 버튼홀 스티치는 50/2 또는 #25
그 외에는 도안에 지정

완 성 치 수 │ 15×15㎝

버튼홀 스캘럽 심지 2가닥
(50/2 또는 #20)

리크랙 3단 (50/2 또는 #25)

래더 스티치 4단
(50/2 또는 #25)

버튼홀 스캘럽 심지 4가닥
(50/2 또는 #25)

아웃라인 스티치
(50/2 또는 #25)

실 걸치기

버튼홀 스캘럽
심지 2가닥
(50/2 또는 #25)

래더 스티치
(50/2 또는 #25)

새틴 스티치
(50/2 또는 #25)

리크랙 3단
(50/2 또는 #25)

재 료 │ 자수용 천(올이 촘촘한 리넨, 흰색) 25×25㎝
리넨 실 또는 어브로더 실
리넨 실(보켄스) 4/4-bl 또는 1/2-bl   50/2, 60/2
어브로더(DMC) BLANC   #25, 30

윤곽의 더블 러닝 스티치와 버튼홀 스티치는 50/2 또는 #25
그 외에는 도안에 지정

완 성 치 수 │ 15×15㎝

91

재료 | 자수용 천(올이 촘촘한 리넨, 흰색) 25×25㎝
리넨 실 또는 어브로더 실
리넨 실(보켄스) 4/4-bl 또는 1/2-bl 40/2, 50/2
어브로더(DMC) BLANC #20, 25

윤곽의 더블 러닝 스티치와 버튼홀 스티치는 50/2 또는 #25
그 외에는 도안에 지정

완성 치수 | 15×15㎝

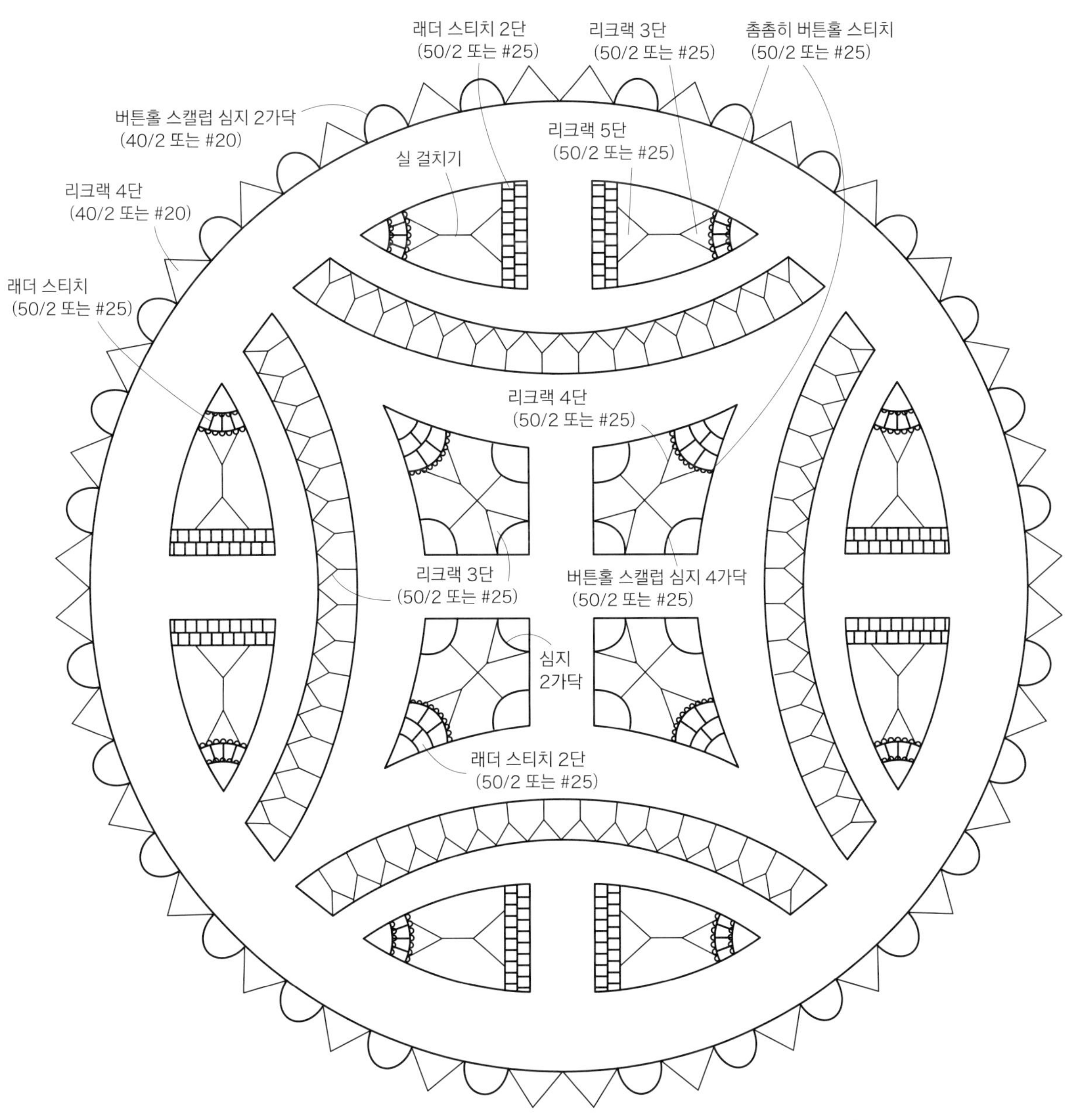

재 료 │ 자수용 천(올이 촘촘한 리넨, 흰색) 25×25㎝
리넨 실 또는 어브로더 실(사진은 어브로더 실)
리넨 실(보켄스) 4/4-bl 또는 1/2-bl 50/2, 60/2
어브로더(DMC) BLANC #25, 30

윤곽의 더블 러닝 스티치와 버튼홀 스티치는 50/2 또는 #25
그 외에는 도안에 지정

완 성 치 수 │ 15×15㎝

재 료 │ 자수용 천(올이 촘촘한 리넨, 흰색) 25×25㎝

리넨 실 또는 어브로더 실

리넨 실(보켄스) 4/4-bl 또는 1/2-bl　40/2, 50/2

어브로더(DMC) BLANC　#25

윤곽의 더블 러닝 스티치와 버튼홀 스티치는 50/2 또는 #25
그 외에는 도안에 지정

완 성　치 수 │ 15×15㎝

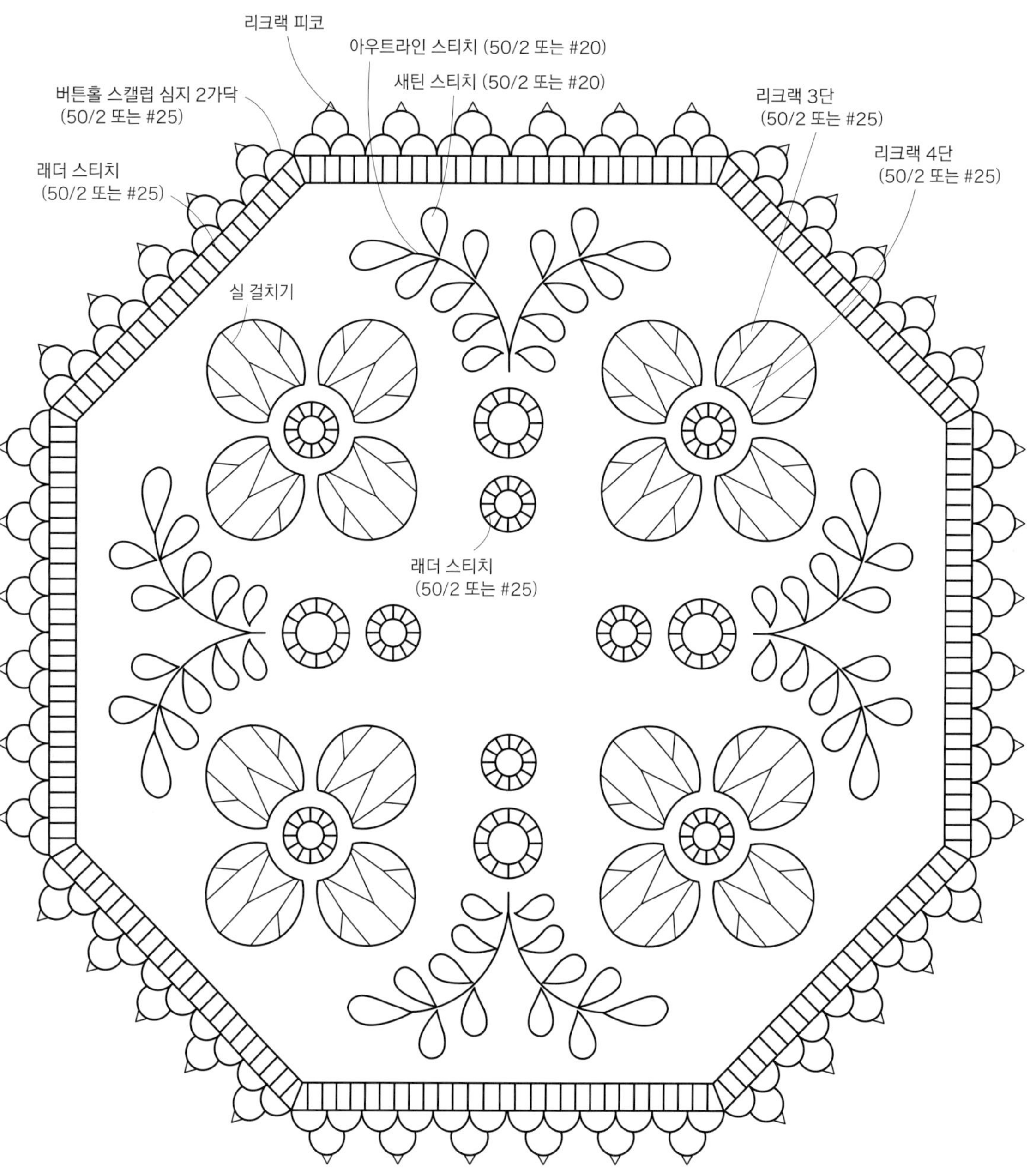

재 료 │ 자수용 천(올이 촘촘한 리넨, 흰색) 25 × 25㎝
리넨 실 또는 어브로더 실
리넨 실(보켄스) 4/4-bl 또는 1/2-bl　50/2
어브로더(DMC) BLANC　#25

윤곽의 더블 러닝 스티치와 버튼홀 스티치는 50/2 또는 #25
그 외에는 도안에 지정

완 성　치 수 │ 15 × 15㎝

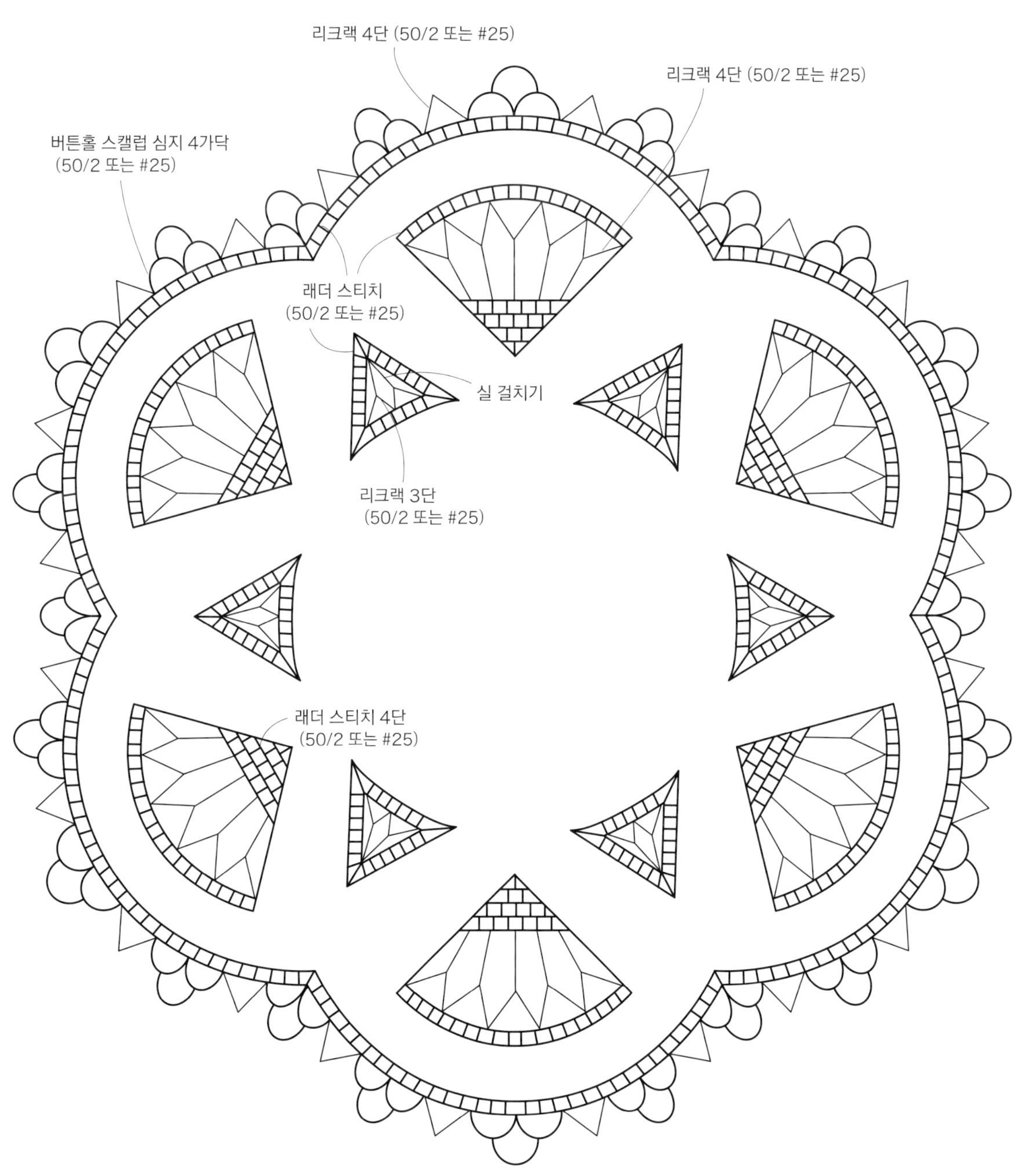

재 료 │ 자수용 천(올이 촘촘한 리넨, 흰색) 25×25㎝
리넨 실 또는 어브로더 실
리넨 실(보켄스) 4/4-bl 또는 1/2-bl　50/2
어브로더(DMC) BLANC　#25

윤곽의 더블 러닝 스티치와 버튼홀 스티치는 50/2 또는 #25
그 외에는 도안에 지정

완 성　치 수 │ 15×15㎝

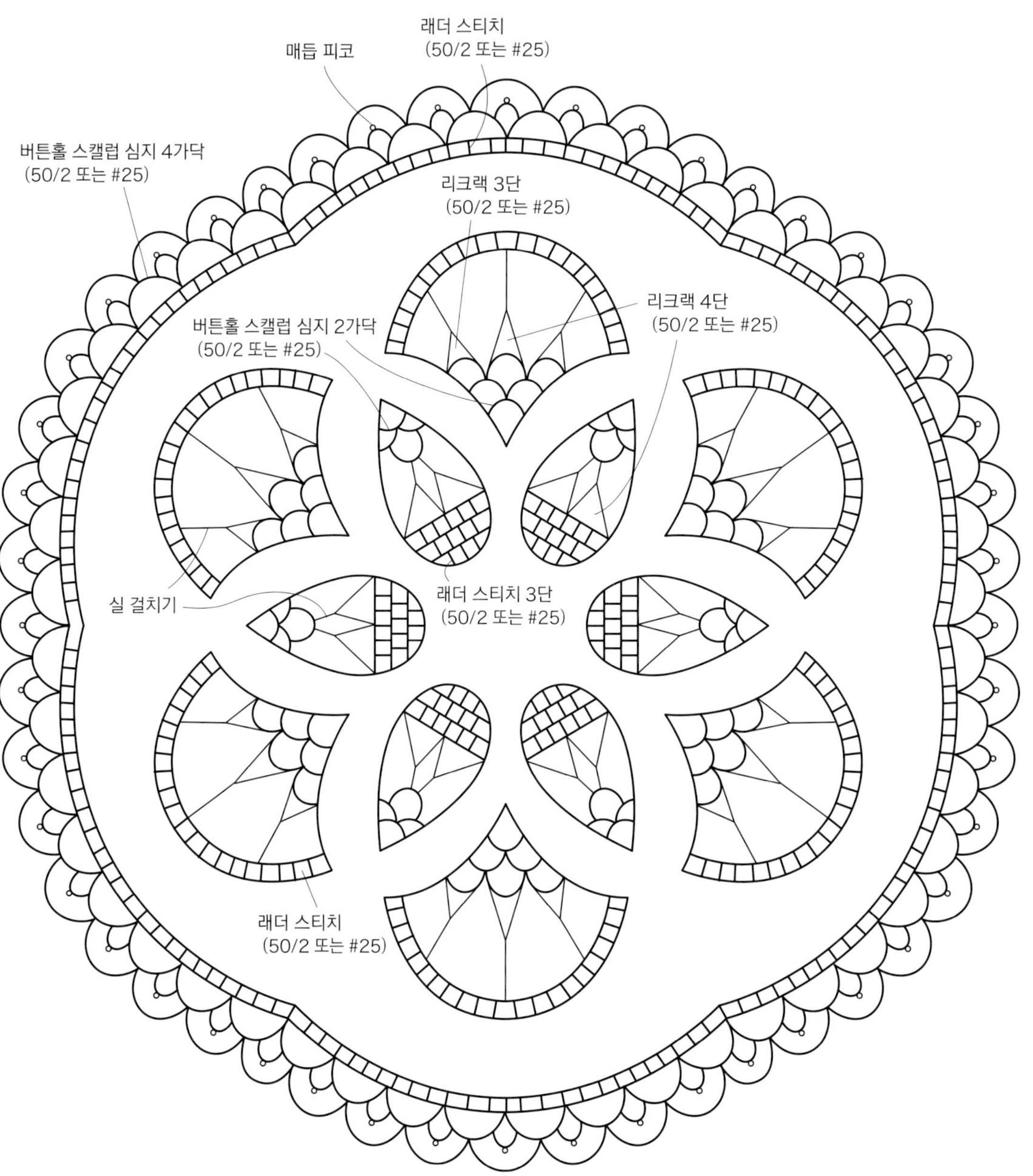

재 료 │ 자수용 천(올이 촘촘한 리넨, 흰색) 25×25㎝
리넨 실 또는 어브로더 실
리넨 실(보켄스) 4/4-bl 또는 1/2-bl 50/2
어브로더(DMC) BLANC #20, 25

윤곽의 더블 러닝 스티치와 버튼홀 스티치는 50/2 또는 #20
그 외에는 도안에 지정

완 성 치 수 │ 14×15㎝

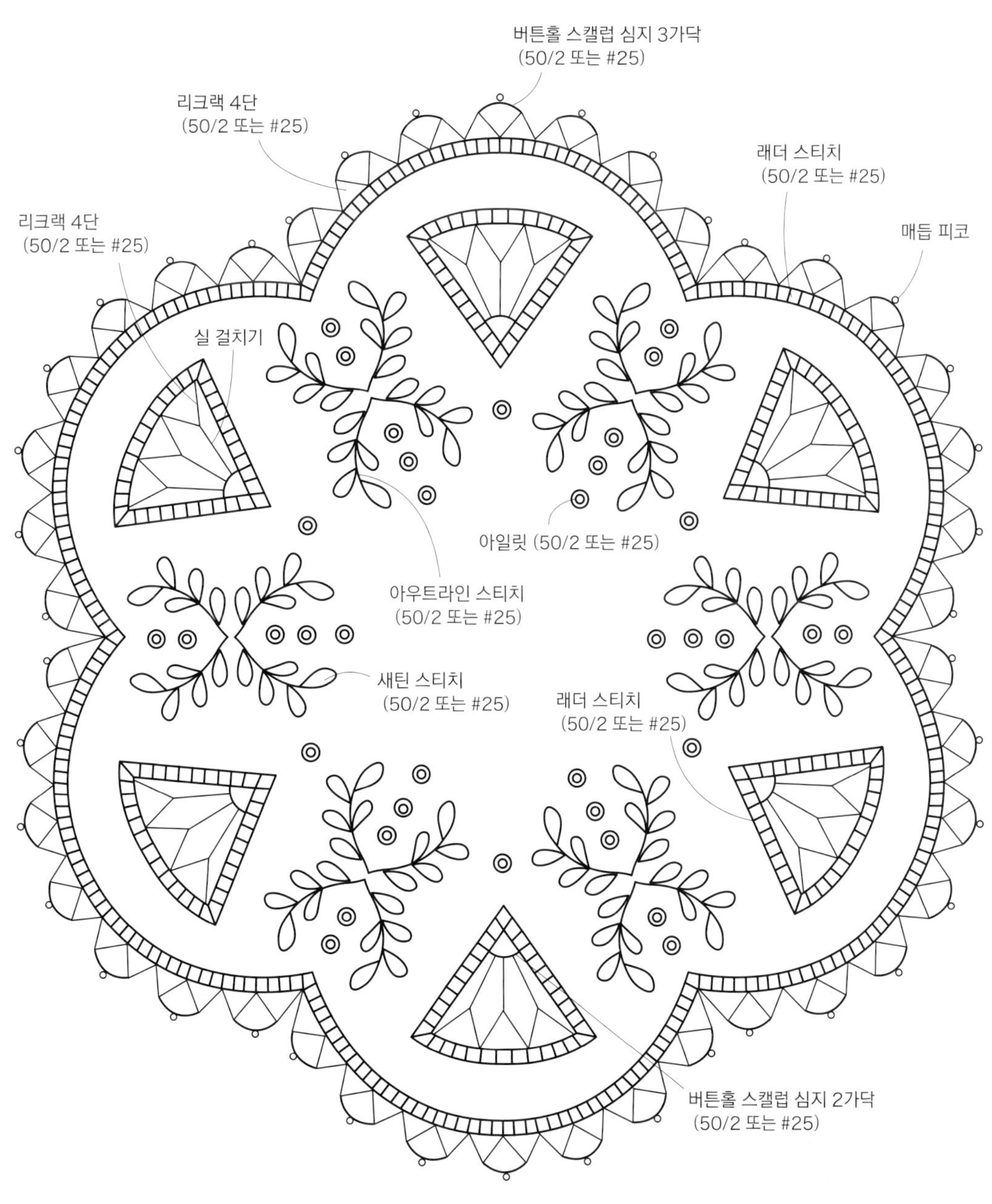

p.60 참조

p.68 참조

97

98

99

재료 (알파벳 공통) │ 자수용 천(올이 촘촘한 리넨, 흰색)

리넨 실 또는 어브로더 실(사진의 ABC는 리넨 실, RST는 어브로더 실)

리넨 실(보켄스) 4/4-bl   40/3, 50/2, 60/2

어브로더(DMC) BLANC   #16, 25, 30

윤곽의 더블 러닝 스티치와 버튼홀 스티치는 50/2 또는 #25

도안에 지정한 것 외에는 60/2 또는 #30

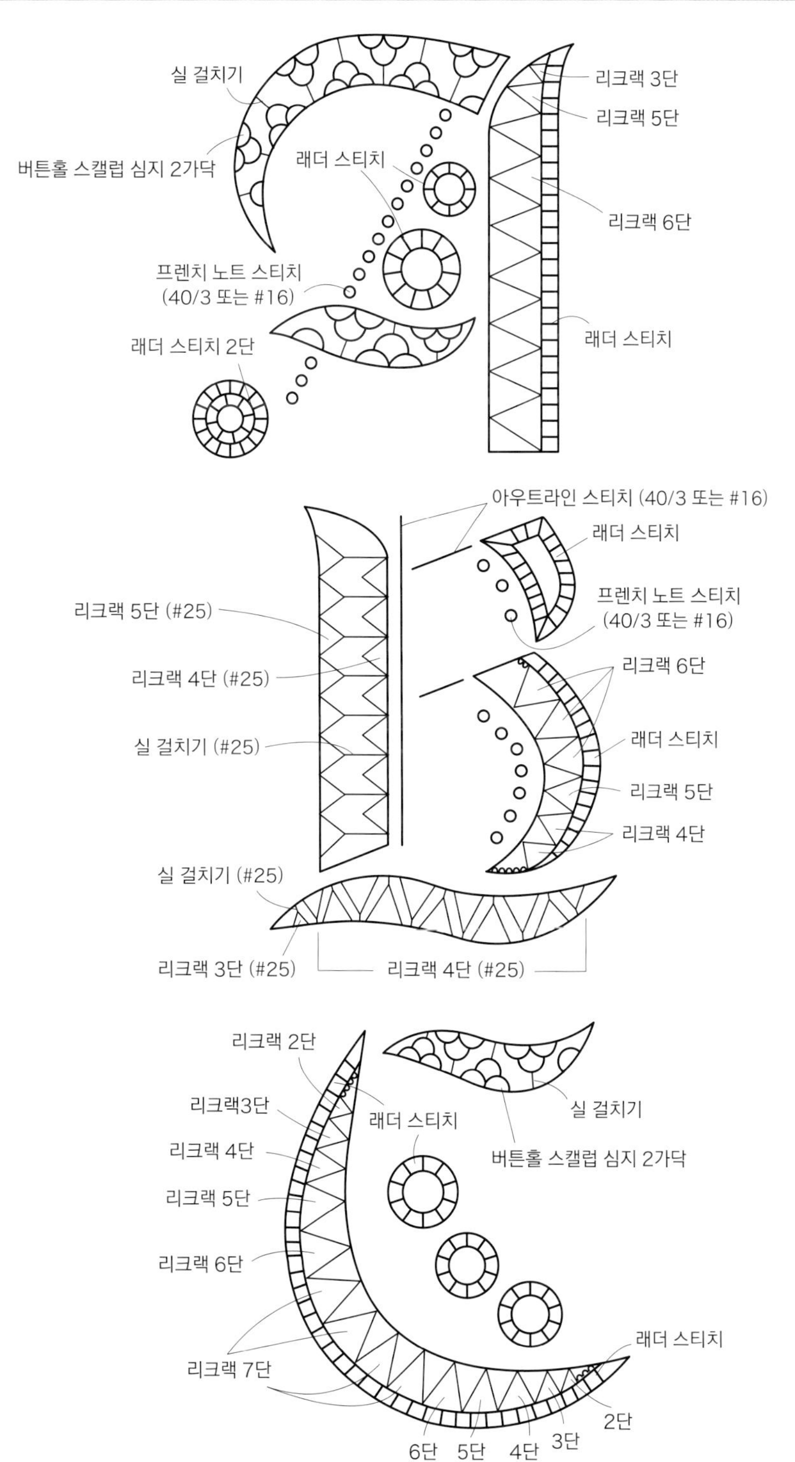

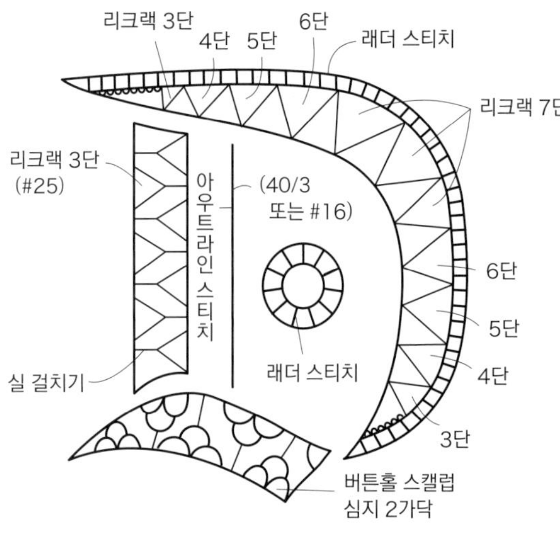

리크랙 3단
4단
5단
6단
래더 스티치
리크랙 7단
리크랙 3단 (#25)
아우트라인 스티치
(40/3 또는 #16)
실 걸치기
래더 스티치
6단
5단
4단
3단
버튼홀 스캘럽 심지 2가닥

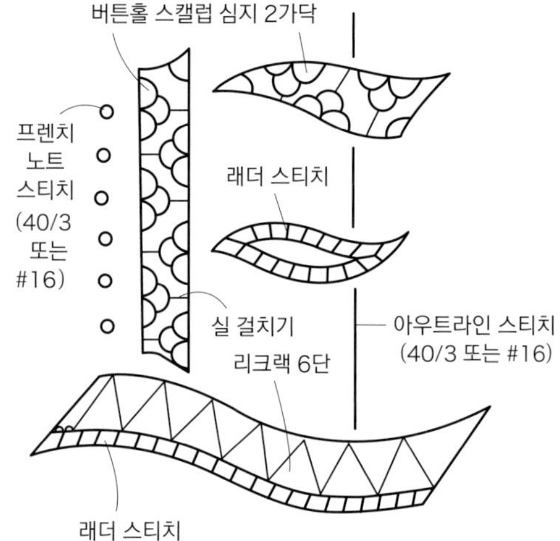

버튼홀 스캘럽 심지 2가닥
래더 스티치
프렌치 노트 스티치 (40/3 또는 #16)
실 걸치기
리크랙 6단
아우트라인 스티치 (40/3 또는 #16)
래더 스티치

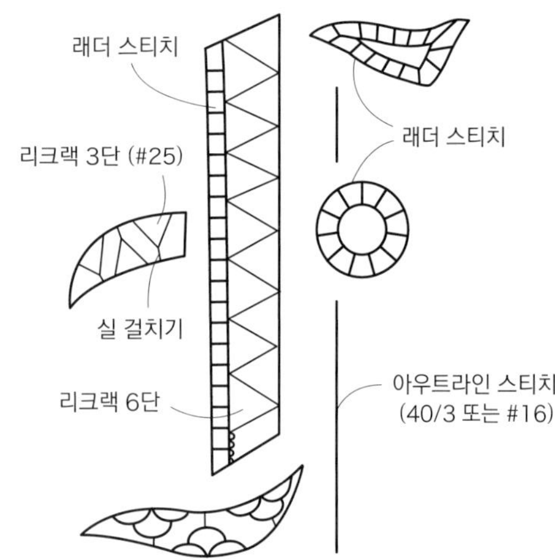

래더 스티치
리크랙 3단 (#25)
래더 스티치
실 걸치기
리크랙 6단
아우트라인 스티치 (40/3 또는 #16)

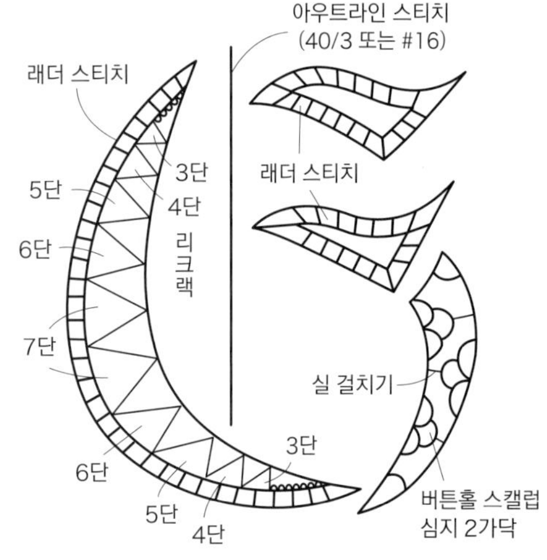

아우트라인 스티치 (40/3 또는 #16)
래더 스티치
5단
6단
7단
6단
5단
3단 4단 리크랙
래더 스티치
실 걸치기
3단
4단
버튼홀 스캘럽 심지 2가닥

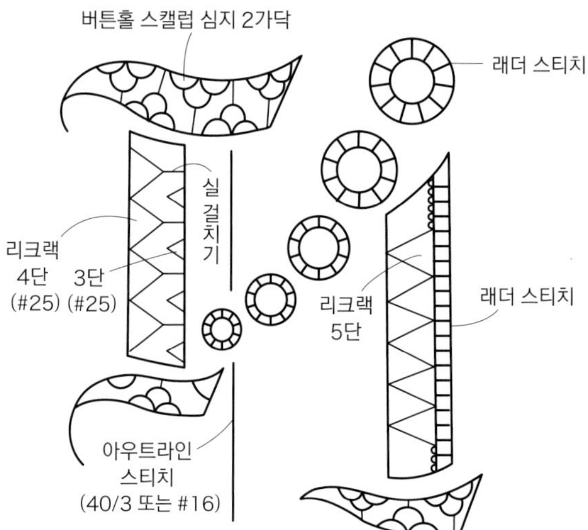

버튼홀 스캘럽 심지 2가닥
래더 스티치
리크랙 4단 (#25) 3단 (#25)
실 걸치기
리크랙 5단
래더 스티치
아우트라인 스티치 (40/3 또는 #16)

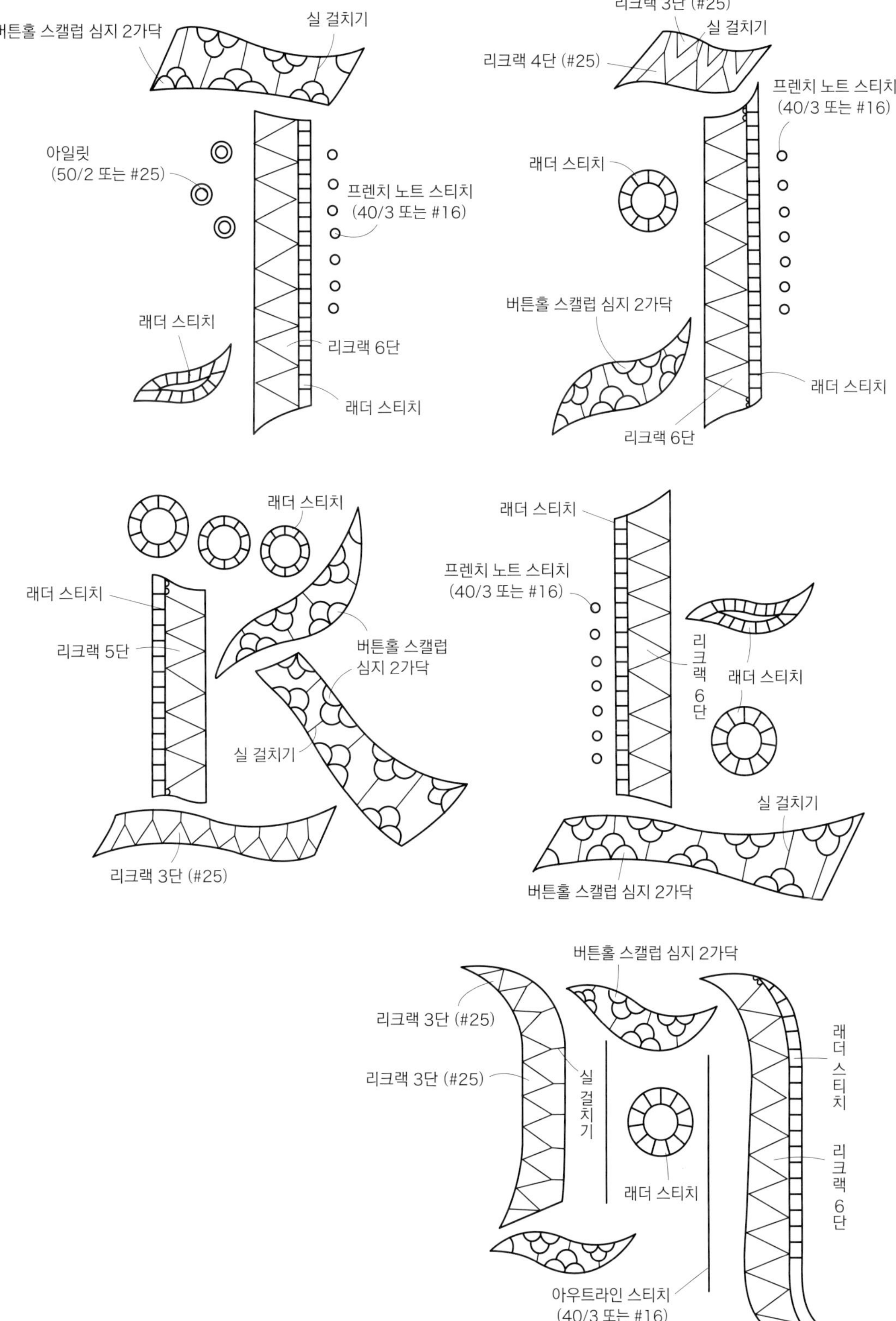

버튼홀 스캘럽 심지 2가닥
실 걸치기
아일릿
(50/2 또는 #25)
프렌치 노트 스티치
(40/3 또는 #16)
래더 스티치
리크랙 6단
래더 스티치
리크랙 3단 (#25)
실 걸치기
리크랙 4단 (#25)
프렌치 노트 스티치
(40/3 또는 #16)
래더 스티치
버튼홀 스캘럽 심지 2가닥
래더 스티치
리크랙 6단
래더 스티치
리크랙 5단
래더 스티치
버튼홀 스캘럽
심지 2가닥
실 걸치기
리크랙 3단 (#25)
래더 스티치
프렌치 노트 스티치
(40/3 또는 #16)
리크랙 6단
래더 스티치
실 걸치기
버튼홀 스캘럽 심지 2가닥
버튼홀 스캘럽 심지 2가닥
리크랙 3단 (#25)
리크랙 3단 (#25)
실 걸치기
래더 스티치
래더 스티치
리크랙 6단
아웃라인 스티치
(40/3 또는 #16)

※ 나머지 알파벳은 p.174에 수록.

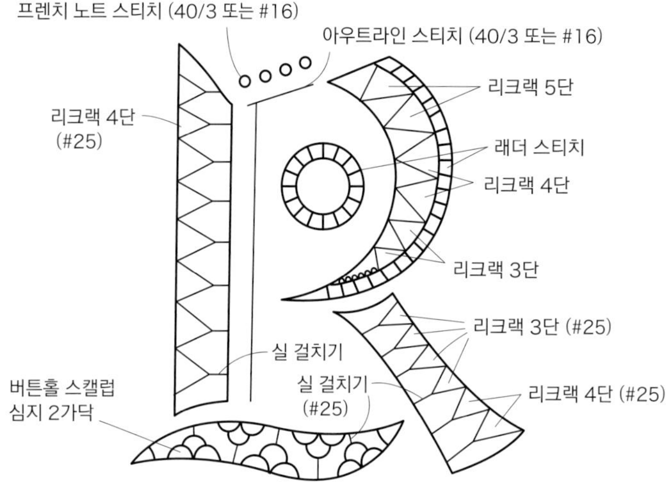

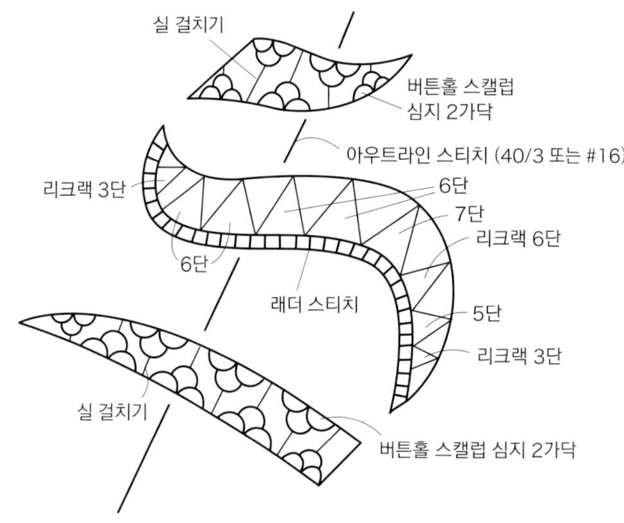

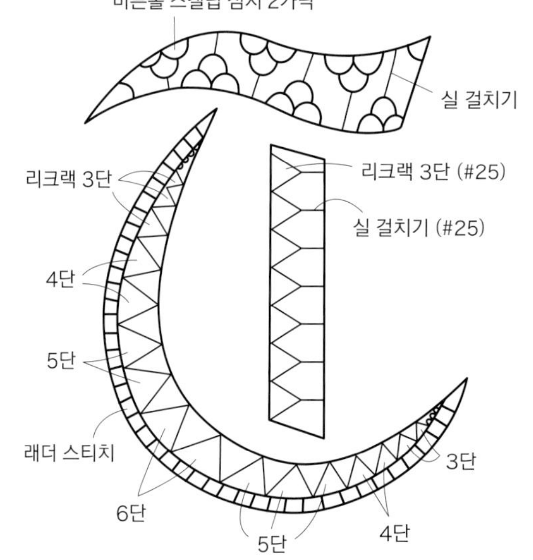

114

115

116

I23~I24

재 료 │ 자수용 천(올이 촘촘한 리넨, 흰색)
리넨 실(보켄스) 4/4-bl 또는 1/2-bl 50/2, 60/2
윤곽의 더블 러닝 스티치와 버튼홀 스티치는 50/2
그 외에는 60/2

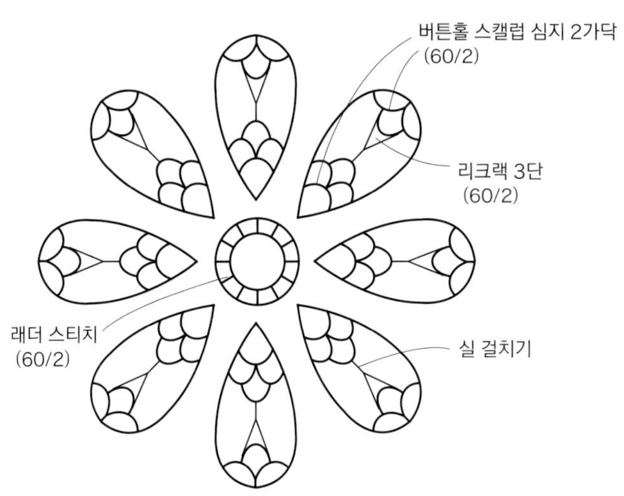

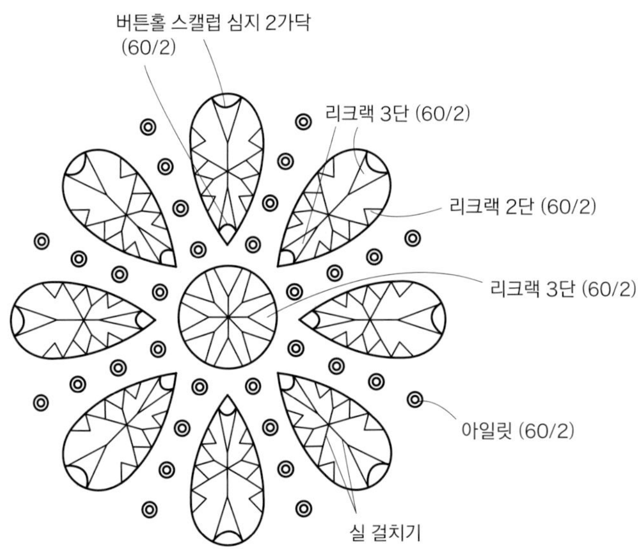

I25~I26

재 료 │ 자수용 천(올이 촘촘한 리넨, 흰색)
리넨 실(보켄스) 4/4-bl 또는 1/2-bl 50/2, 60/2

윤곽의 더블 러닝 스티치와 버튼홀 스티치는 50/2
그 외에는 60/2

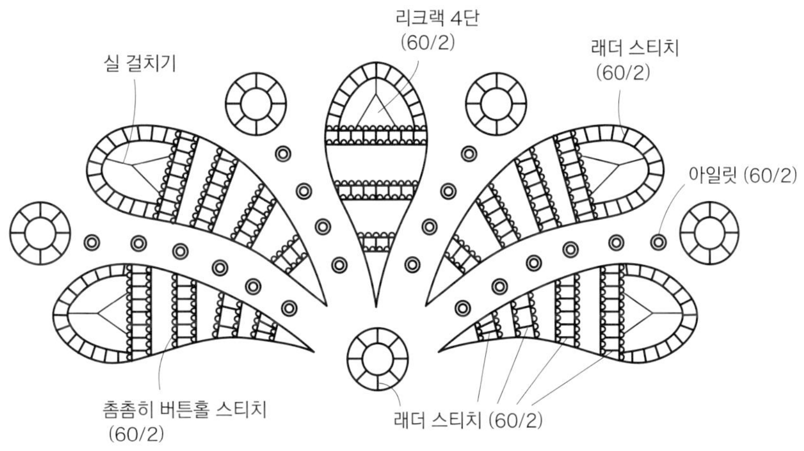

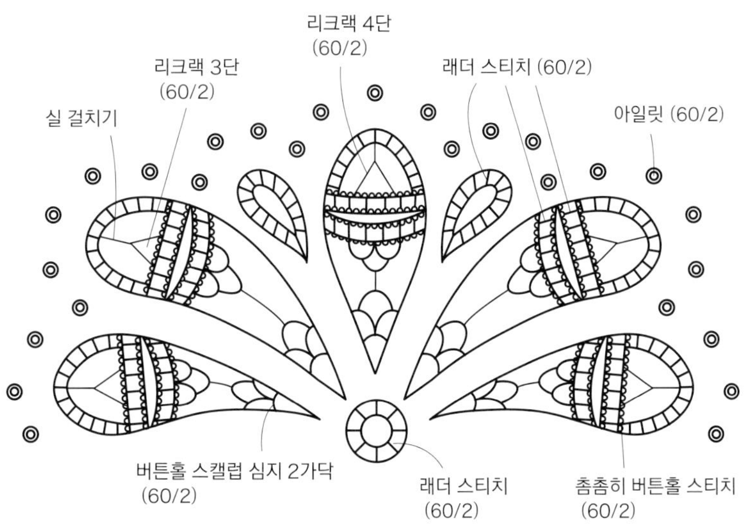

재 료 | 자수용 천(올이 촘촘한 리넨, 흰색)
리넨 실(보켄스) 4/4-bl 또는 1/2-bl 50/2, 60/2

윤곽의 더블 러닝 스티치와 버튼홀 스티치는 50/2
그 외에는 60/2

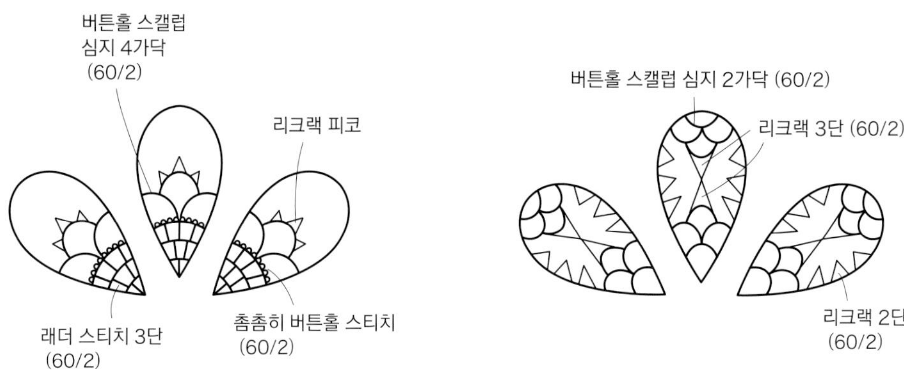

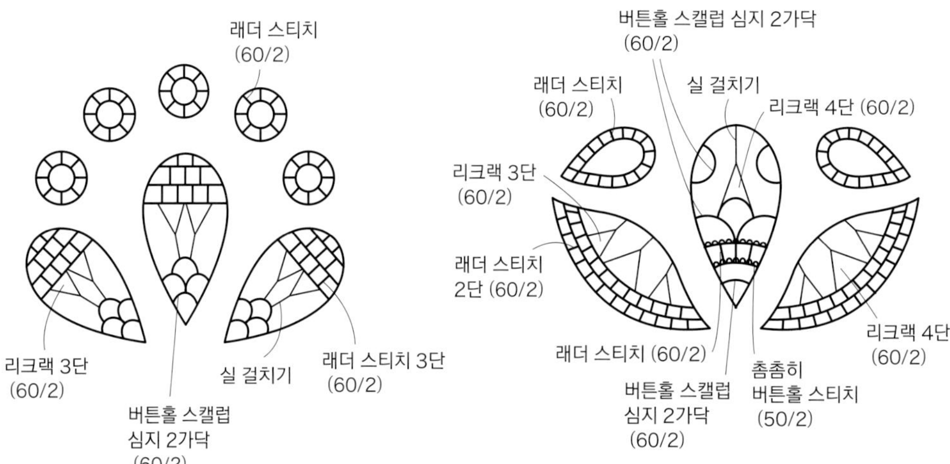

131~132

재 료 │ 자수용 천(올이 촘촘한 리넨, 흰색)

리넨 실(보켄스) 4/4-bl 또는 1/2-bl 50/2, 60/2

윤곽의 더블 러닝 스티치와 버튼홀 스티치는 50/2

그 외에는 60/2

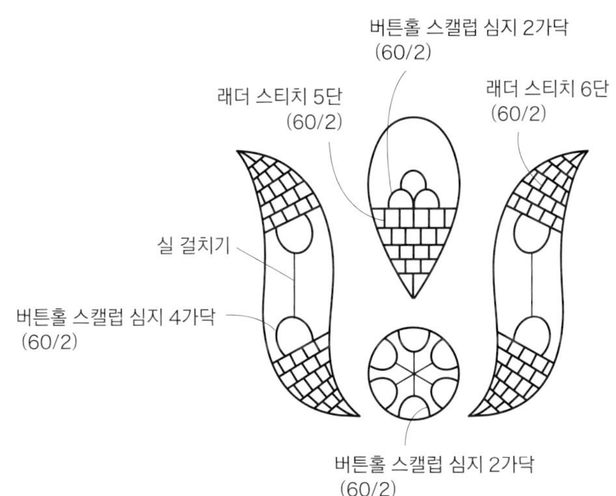

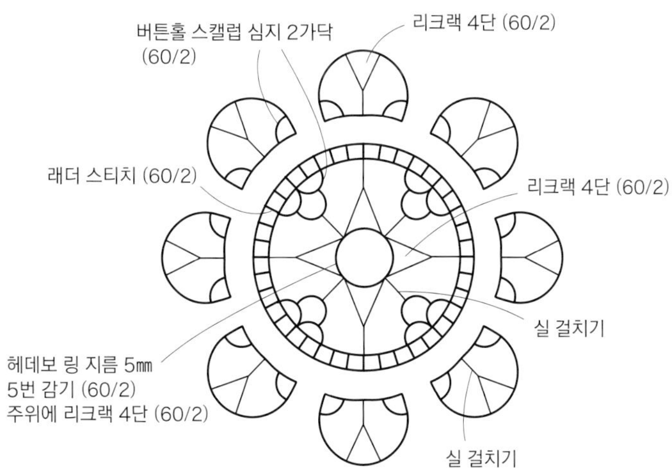

133
134

133~134

재료 | 자수용 천(올이 촘촘한 리넨, 흰색)
리넨 실(보켄스) 4/4-bl 50/2, 60/2

윤곽의 더블 러닝 스티치와 버튼홀 스티치는 50/2
그 외에는 도안에 지정

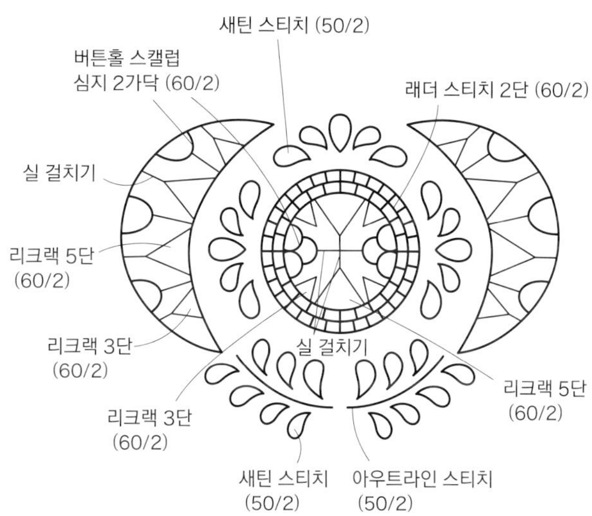

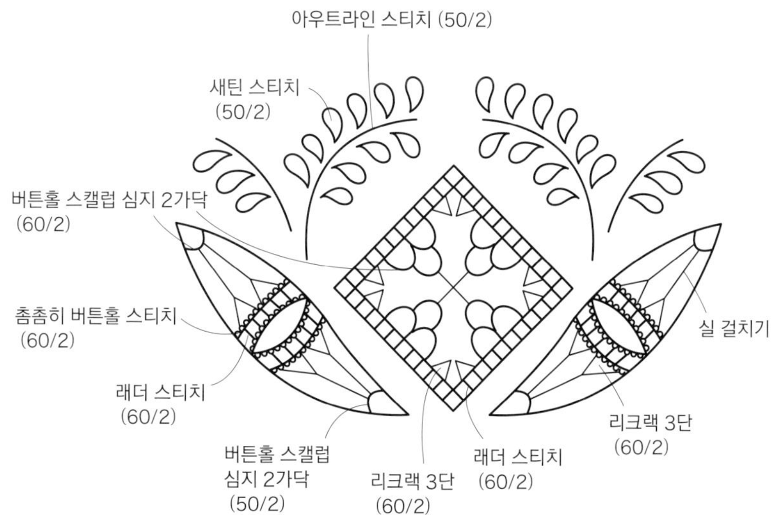

I35~I36

재 료 | 자수용 천(올이 촘촘한 리넨, 흰색)
리넨 실(보켄스) 4/4-bl 또는 1/2-bl 50/2, 60/2

윤곽의 더블 러닝 스티치와 버튼홀 스티치는 50/2
그 외에는 도안에 지정

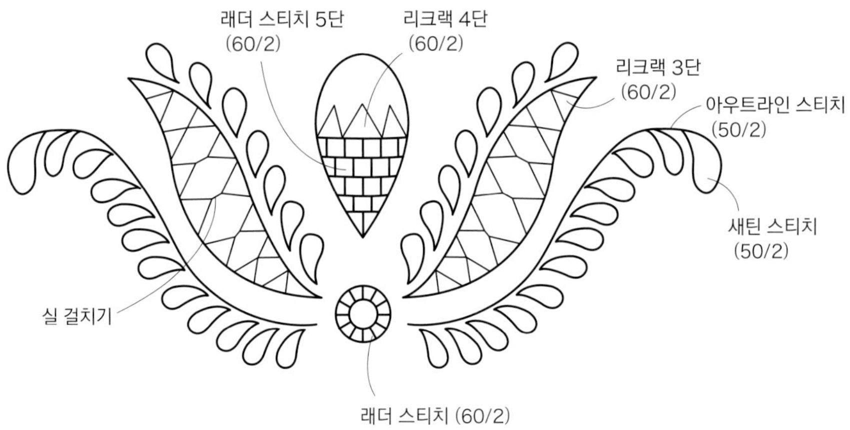

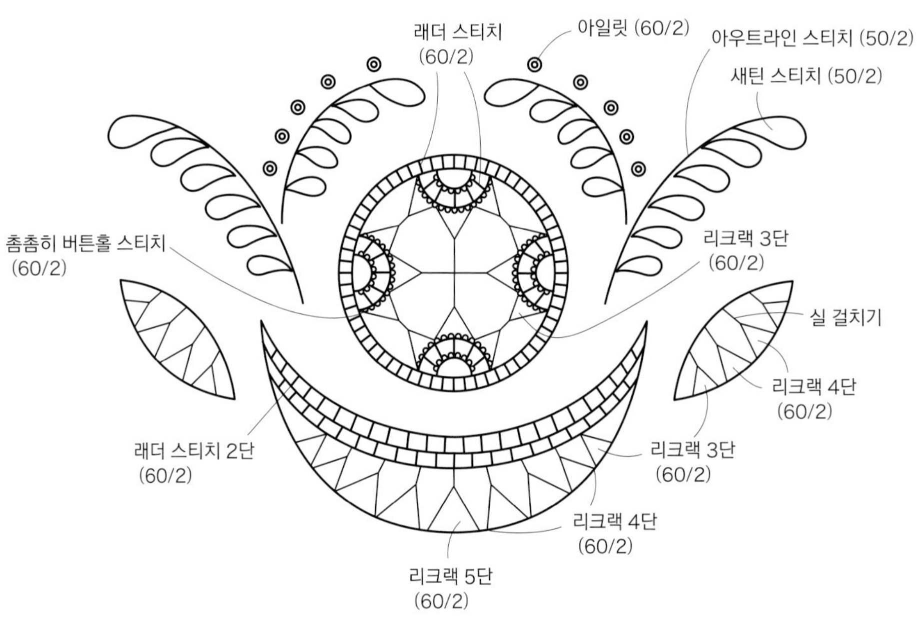

재 료 | 자수용 천(올이 촘촘한 리넨, 흰색)
리넨 실(보켄스) 4/4-bl 또는 1/2-bl   50/2, 60/2

윤곽의 더블 러닝 스티치와 버튼홀 스티치는 50/2
그 외에는 도안에 지정

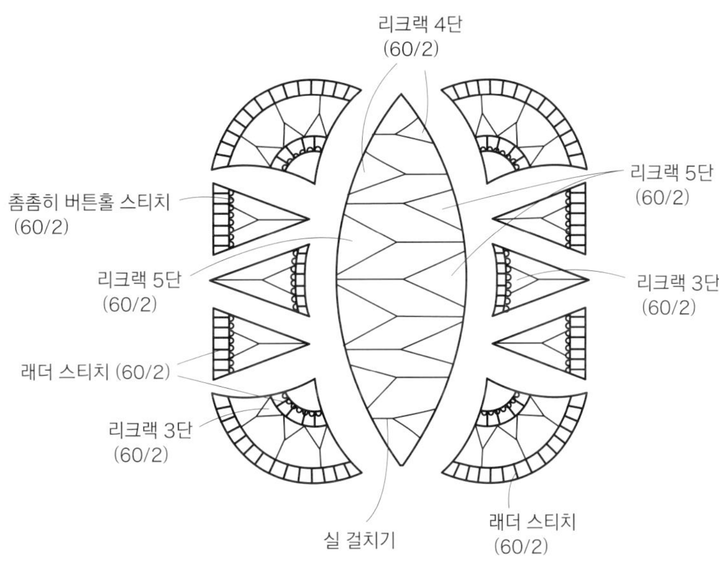

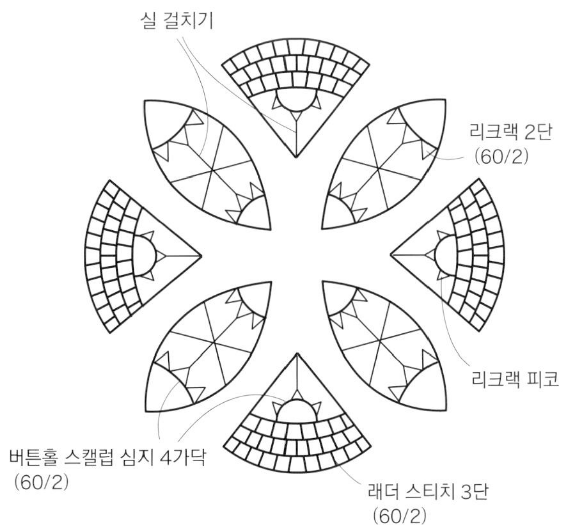

139

140

I39~I40

재 료 | 자수용 천(올이 촘촘한 리넨, 흰색)
리넨 실(보켄스) 4/4-bl 또는 1/2-bl 50/2, 60/2

윤곽의 더블 러닝 스티치와 버튼홀 스티치는 50/2
그 외에는 도안에 지정

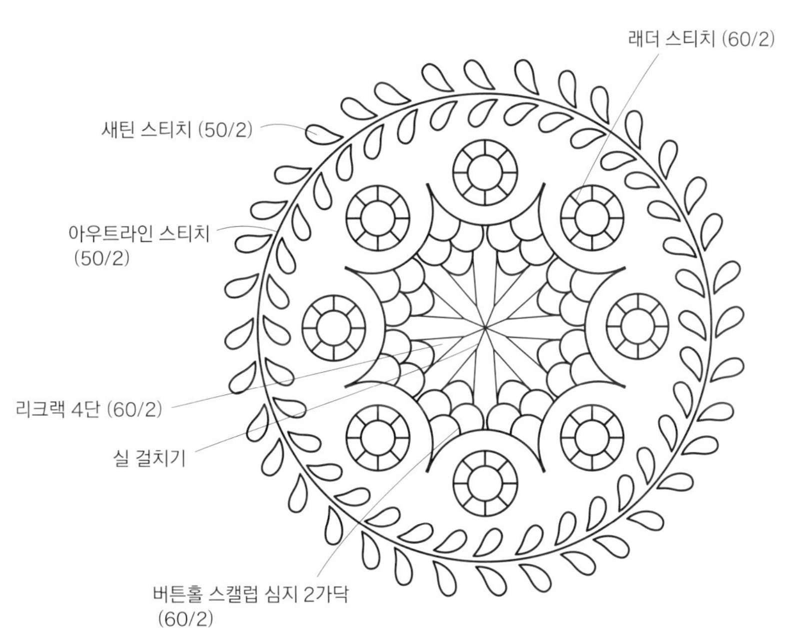

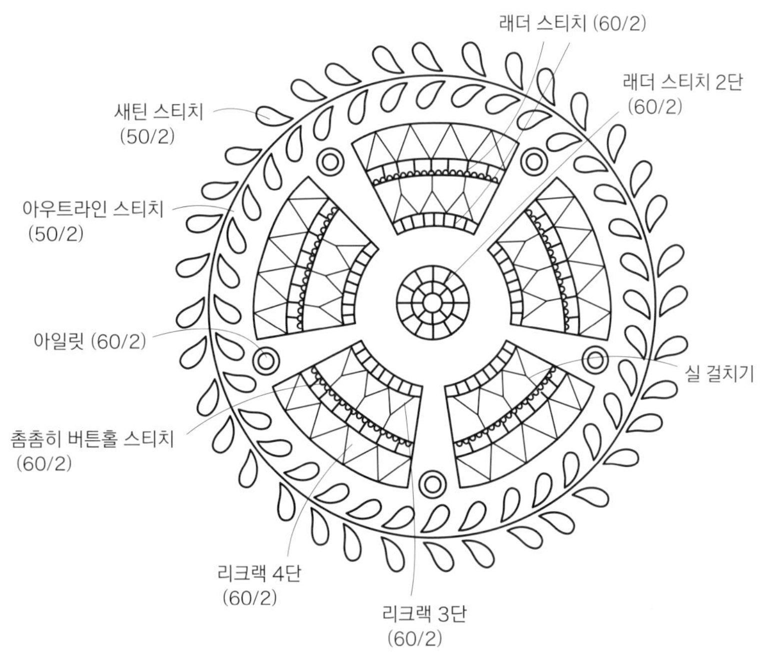

p.73 참조

p.82 참조

141

재 료 │ 자수용 천(올이 촘촘한 리넨, 흰색)
리넨 실(보켄스) 4/4-bl 50/2, 60/2

윤곽의 더블 러닝 스티치와 버튼홀 스티치는 50/2
그 외에는 도안에 지정

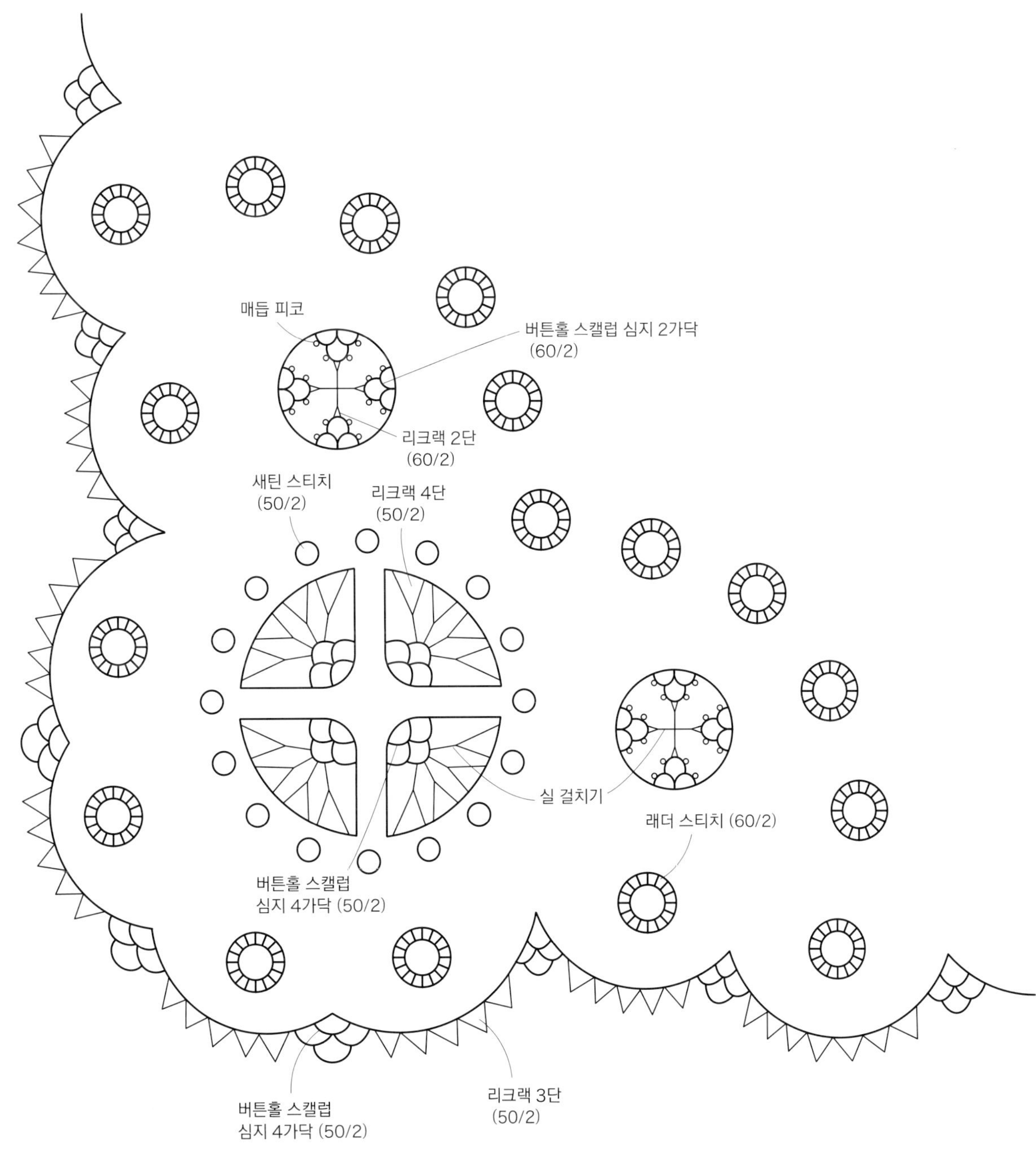

재 료 │ 자수용 천(올이 촘촘한 리넨, 흰색)
리넨 실(보켄스) 4/4-bl 또는 1/2-bl 50/2, 60/2

윤곽의 더블 러닝 스티치와 버튼홀 스티치는 50/2
그 외에는 도안에 지정

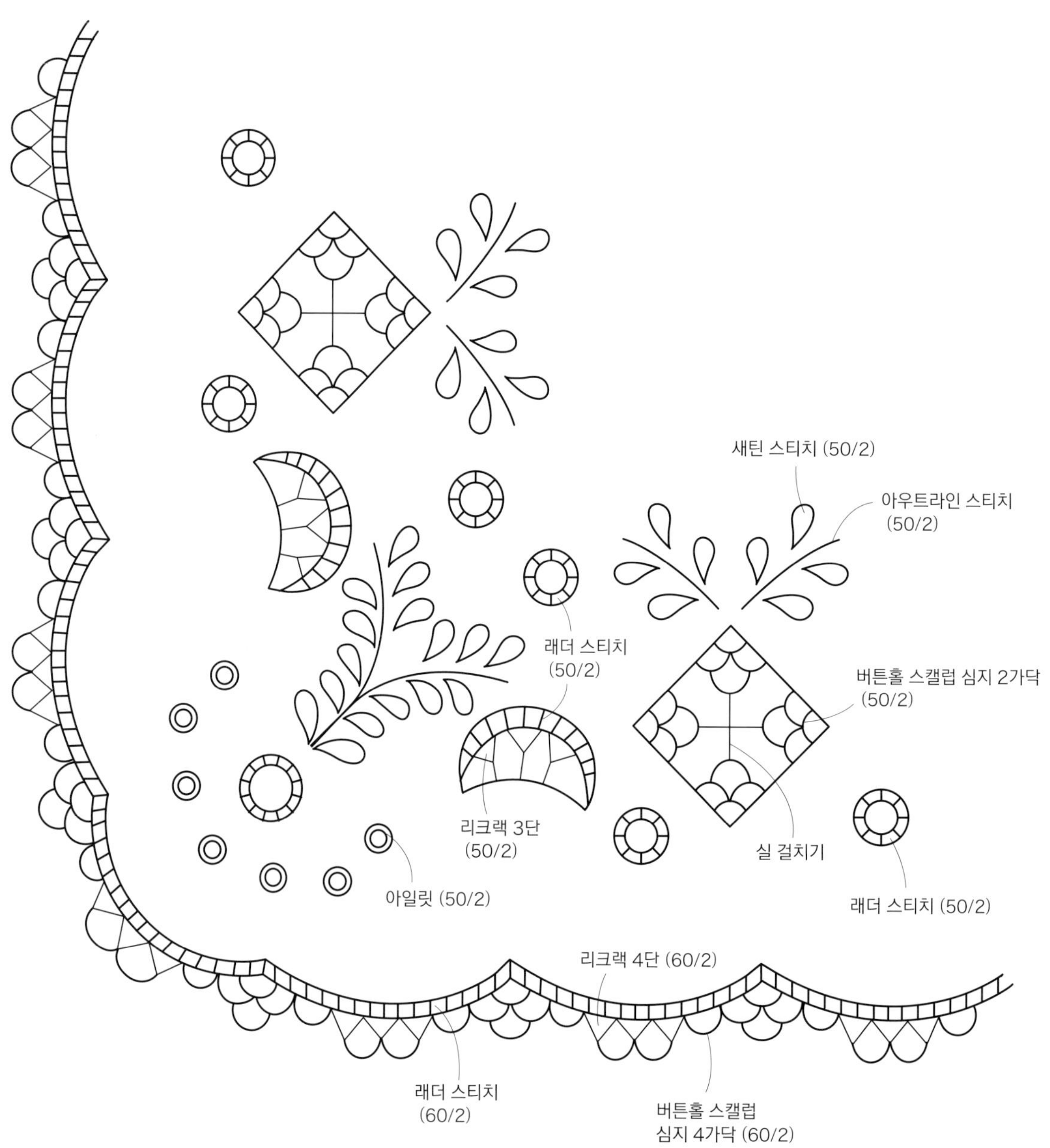

재료 │ 자수용 천(올이 촘촘한 리넨, 흰색)
리넨 실(보켄스) 4/4-bl 또는 1/2-bl 50/2, 60/2
윤곽의 더블 러닝 스티치와 버튼홀 스티치는 50/2
도안에 지정한 것 외에는 60/2

재 료 │ 자수용 천(올이 촘촘한 리넨, 흰색)
리넨 실(보켄스) 4/4-bl 또는 1/2-bl　50/2, 60/2

윤곽의 더블 러닝 스티치와 버튼홀 스티치는 50/2
그 외에는 도안에 지정

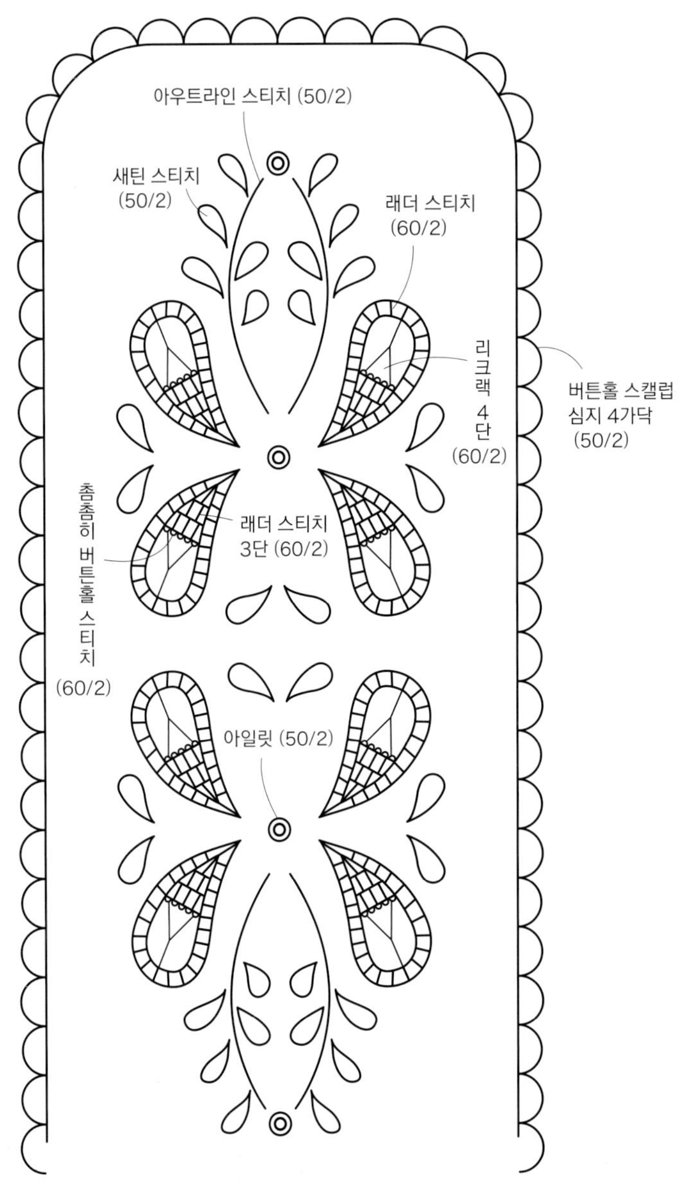

p.86 참조

컷워크 헤데보 수놓는 방법

| 순서 |

1. 윤곽에 더블 러닝 스티치를 한다.

2. 천을 조금씩 자르면서 헤데보 버튼홀 스티치로 윤곽을 완성한다.

3. 내부에 자유롭게 스티치를 한다.

윤곽을 수놓는다

1 천에 원형자로 원을 그리고, 자수틀에 천을 끼운다. 씨실과 날실이 수평, 수직이 되도록 잡아당긴다.

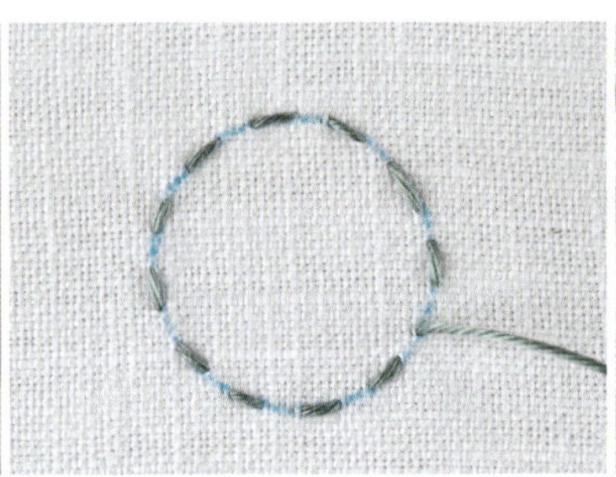

2 안에서 바늘을 넣어 겉으로 빼내고, 실 끝은 천쪽으로 당겨둔다. 윤곽을 따라 러닝 스티치를 1바퀴 둘러준다.

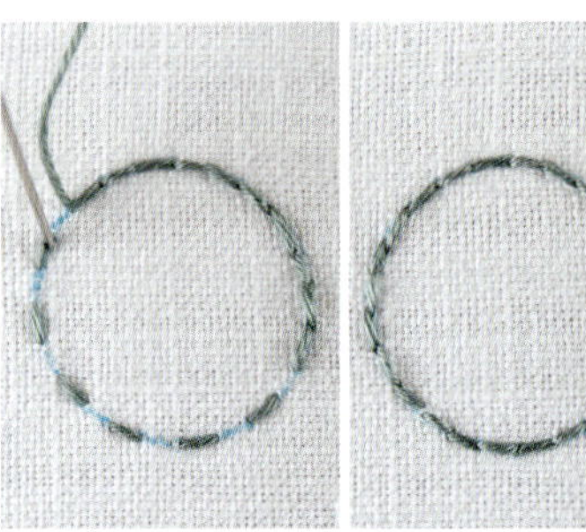

3 러닝 스티치의 땀 사이에 바늘을 꽂아, 다시 러닝 스티치(더블 러닝 스티치)를 1바퀴 둘러준다.

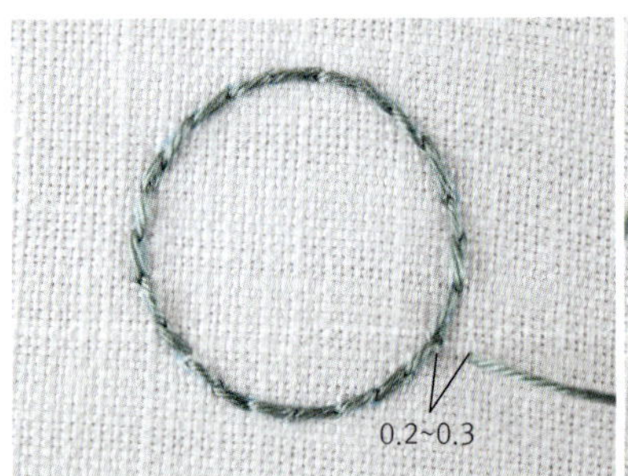

4 윤곽에서 0.2~0.3cm 정도 바깥으로 바늘을 빼낸다.

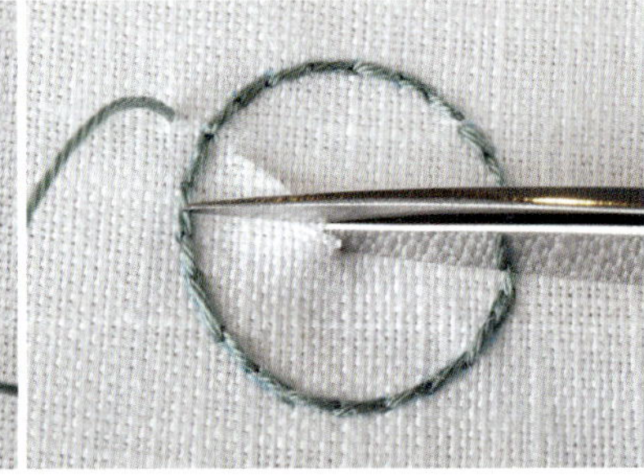

5 도안을 대략 10~12등분하고, 중심에 가위를 넣어 바늘을 빼낸 위치를 향해 가위집을 낸다. 실을 자르지 않도록 주의한다.

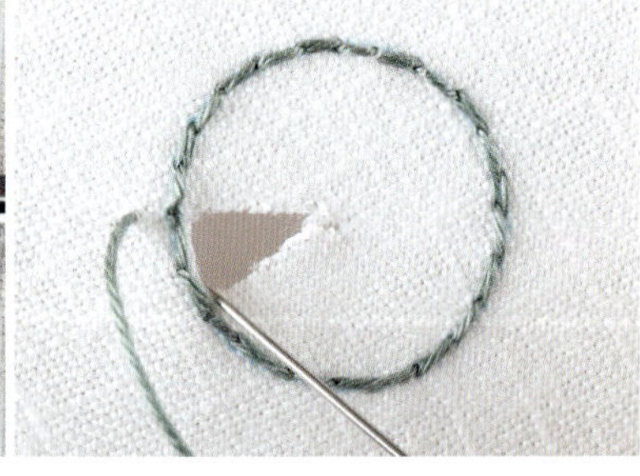

6 바늘 끝을 사용하여 잘라낸 천을 안쪽으로 접는다.

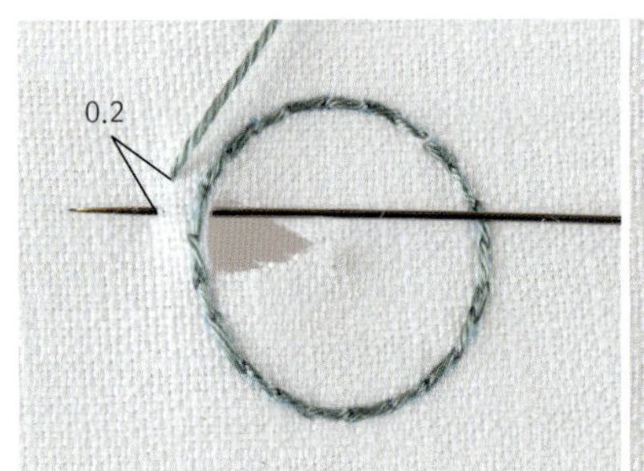

7 잘라낸 쪽으로 바늘을 넣어, 4의 바늘을 빼낸 위치에서 0.2cm 정도 옆으로 빼낸다.

8 바늘을 빼내고 실을 천천히 당긴다. 실을 끝까지 당기지 말고 고리를 만든 뒤, 고리의 뒤에서 앞으로 바늘을 통과시킨다.

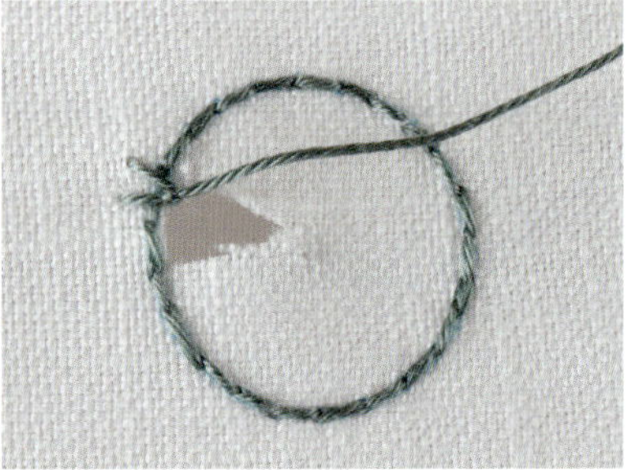

9 실을 당겨서 고리를 조인다. 헤데보 버튼홀 스티치 1개가 완성되었다. 잘라낸 천의 윤곽을 따라, 시계 반대 방향으로 반복한다.

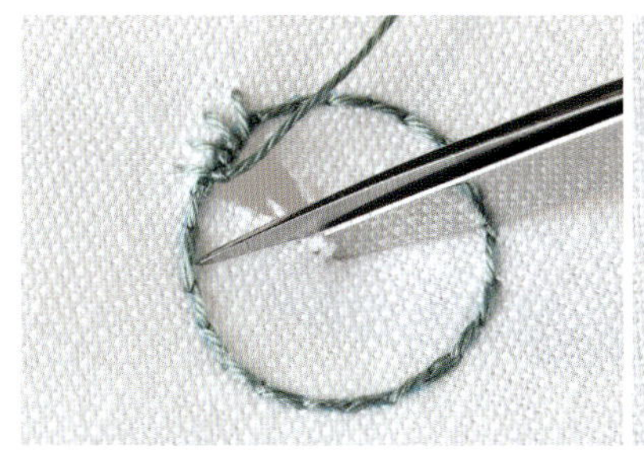 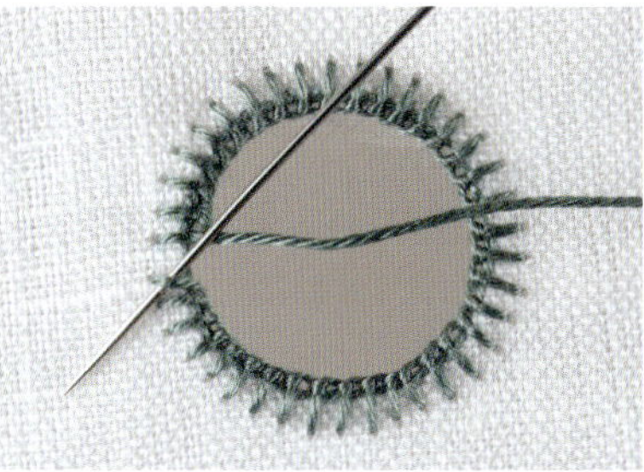 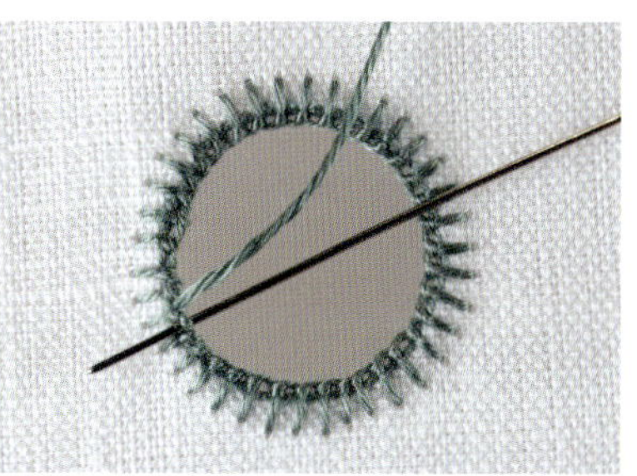

IO 잘라낸 부분에 수를 놓은 뒤, 나머지 천도 같은 방법으로 잘라서 버튼홀 스티치 놓기를 반복한다.

II 1바퀴를 수놓은 뒤, 마지막은 시작 부분의 스티치 아랫부분에 바늘을 통과시켜서 실을 당긴다.

I2 끝이 둥근 바늘로 바꿔서 실을 꿰고, 시계 반대 방향으로 버튼홀 스티치의 윗부분을 뜬다. 윗부분을 뒤에서 앞으로 떠서 실을 휘감는다.

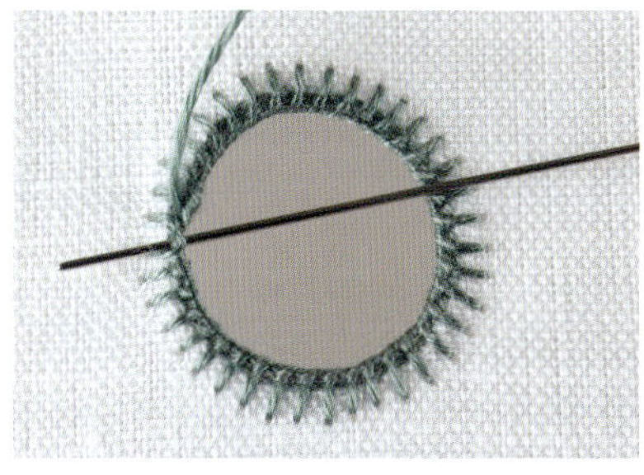  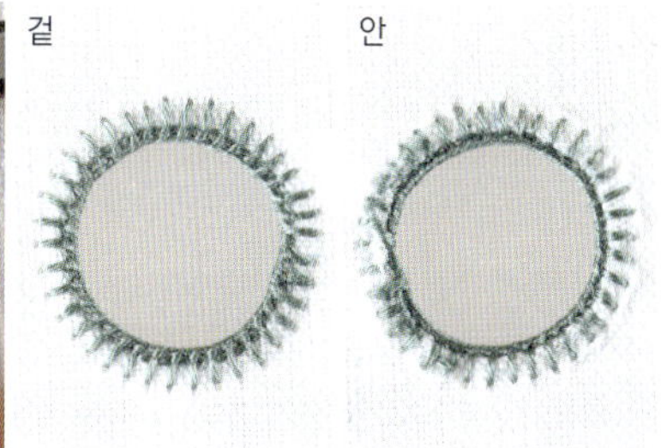

I3 시계 반대 방향으로 1바퀴 뜨고, 마지막 스티치의 윗부분에 바늘을 통과시킨다.

I4 안쪽으로 접은 여분의 천을 자른다. 실을 자르지 않도록 주의한다.

I5 헤데보 버튼홀 스티치가 완성되었다. 이제 내부에 무늬를 만든다.

내부에 무늬를 만든다 : 래더 스티치 1단

  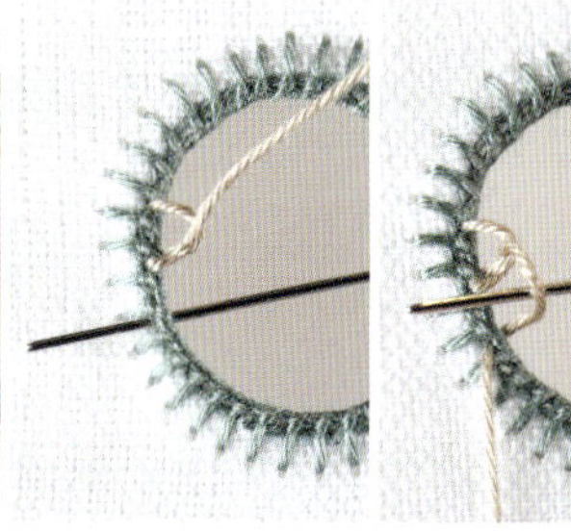

I 헤데보 버튼홀 스티치를 느슨하게 감치면 래더 스티치가 된다. 시계 반대 방향으로 2개 앞쪽의 버튼홀 스티치 윗부분에, 뒤에서 앞으로 바늘을 빼낸다.

2 실을 끝까지 당기지 말고 고리를 만든 뒤, 고리의 뒤에서 앞으로 바늘을 통과시킨다. 실을 살짝 당겨서, 사진과 같은 정도로 고리를 남긴다. 이것이 1개.

3 I과 2를 반복한다. 2개 앞쪽의 스티치 윗부분에 바늘을 통과시켜 실을 당기고, 고리 안으로 바늘을 통과시킨다. 실은 일정한 힘으로 당겨야 한다.

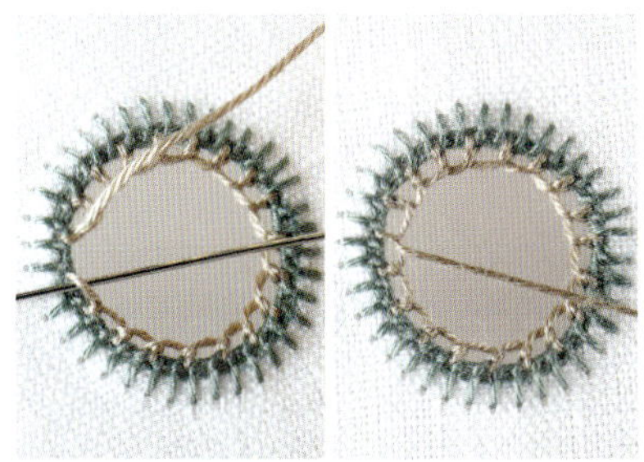  

4 1바퀴 수를 놓은 뒤, 마지막은 처음 시작한 고리에 뒤에서 앞으로 바늘을 통과시킨다.

5 시계 반대 방향으로 고리(윗부분)의 뒤에서 앞으로 바늘을 통과시켜서 고리를 뜬다. 이 작업을 반복하여 1바퀴를 뜬다.

6 고리를 뜨면 모양이 정리된다. 이대로 마무리하는 경우에는 p.94의 5~6을 참조하여, 스티치 아랫부분에 실을 휘감은 뒤 안쪽으로 빼내서 정리한다.

: 래더 스티치 2단

 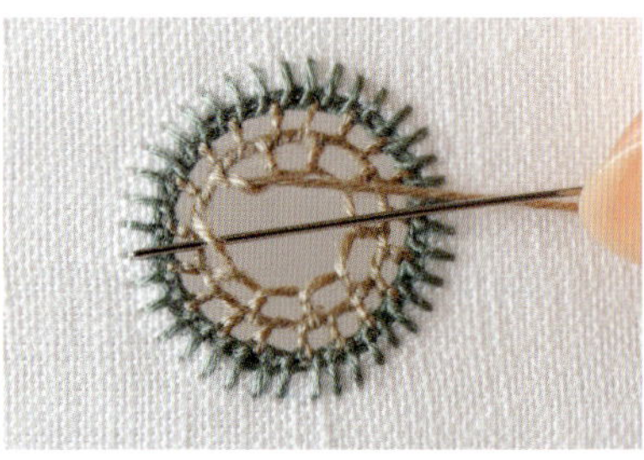 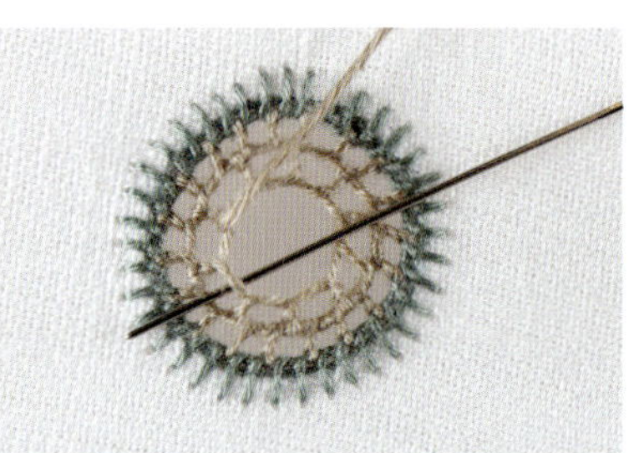

1 2번째 단을 만든다. 시계 반대 방향으로 2개 앞쪽 버튼홀 스티치의 고리에, 뒤에서 앞으로 바늘을 통과시킨다.

2 이 작업을 반복하여 시계 반대 방향으로 1바퀴를 수놓는다. 마지막은 처음 시작한 고리에 뒤에서 앞으로 바늘을 통과시킨다.

3 시계 반대 방향으로 고리(윗부분)의 뒤에서 앞으로 바늘을 통과시켜 고리를 뜬다. 이 작업을 반복하여 1바퀴를 뜬다.

 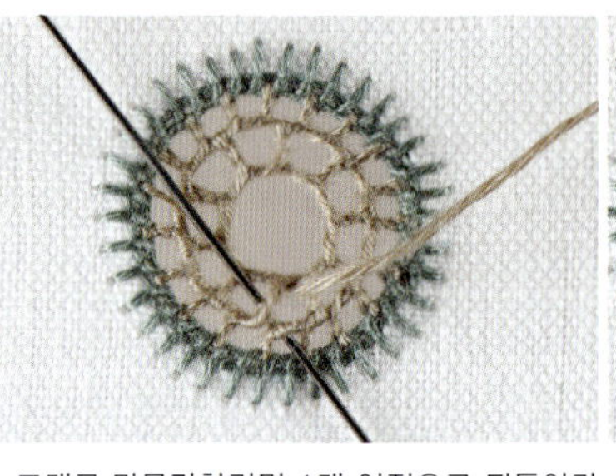 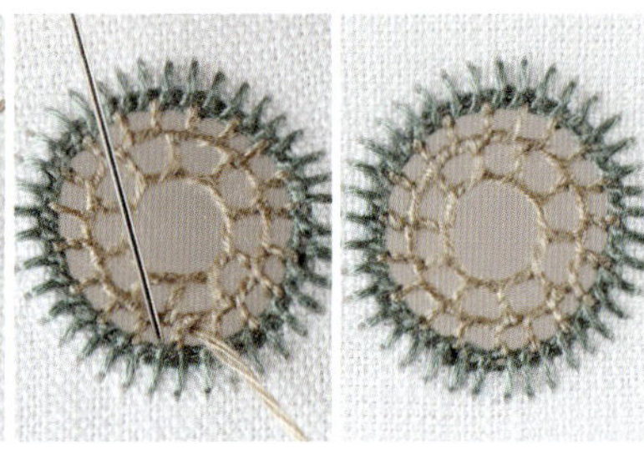

4 1바퀴를 뜬 뒤, 처음 시작한 고리에 뒤에서 앞으로 바늘을 통과시킨다. 이것으로 2번째 단이 완성되었다.

5 그대로 마무리하려면 1개 이전으로 되돌아가서, 2번째 단 스티치의 아랫부분과 1번째 단 스티치의 윗부분에, 뒤에서 앞으로 바늘을 통과시켜 1번째 단까지 되돌아간다.

6 1개 이전 스티치의 구멍에 바늘을 넣어 안으로 빼낸다. p.12를 참조하여 실을 정리한다.

기본 자수 ①   여기서는 기본적인 자수 방법을 설명한다. p.100, 131도 함께 살펴보자.

프렌치 노트 스티치

 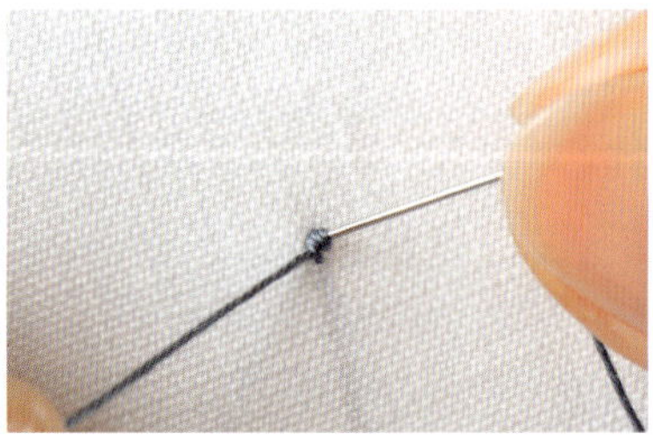 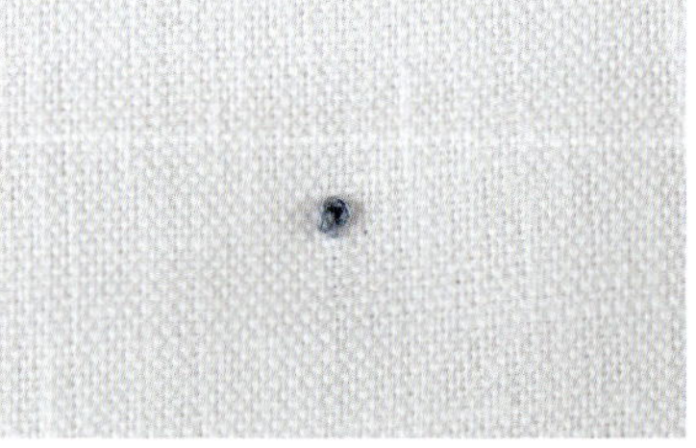

1 안에서 겉으로 바늘을 빼낸 뒤, 바늘에 실을 2번 감는다.

2 그대로 실을 빼낸 위치의 옆쪽에 바늘을 꽂는다. 감은 실이 느슨해지지 않도록 실을 당긴다.

3 바늘을 안으로 빼내서 실을 당기면 완성.

아웃라인 스티치

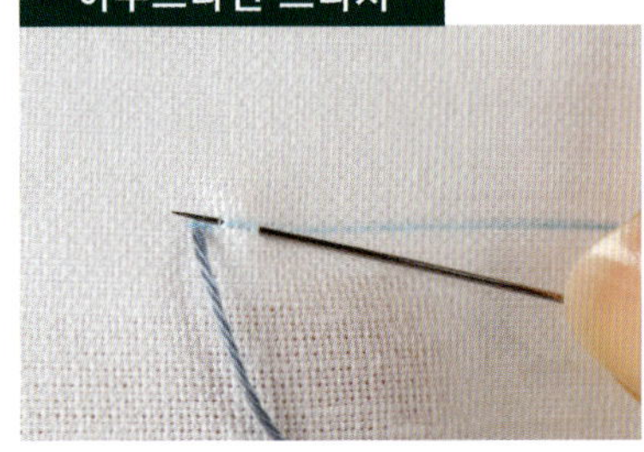  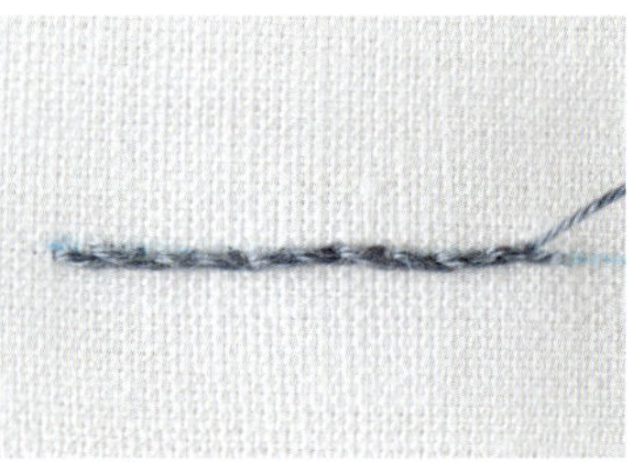

1 선을 따라 수를 놓는다. 안에서 겉으로 바늘을 빼낸 뒤, 선 위에 바늘을 넣어 바늘을 빼낸 곳에서 1/2땀 위치로 빼낸다.

2 이어서 선 위에 바늘을 넣어 1에서 바늘을 넣은 위치로 빼낸다.

3 이 작업을 반복한다.

: 버튼홀 스캘럽 1단

1 시계 반대 방향으로 5, 6개 앞쪽의 버튼홀 스티치 윗부분에, 뒤에서 앞으로 바늘을 통과시킨다.

2 실을 끝까지 당기지 말고 실을 빼낸 위치에 바늘을 넣어, 반원 모양의 심지를 만든다. 심지가 4가닥일 경우에는 2번 왕복한다.

3 심지에 뒤에서 앞으로 바늘을 통과시킨다. 실을 끝까지 당기지 말고 고리를 만든 뒤, 고리에 뒤에서 앞으로 바늘을 통과시킨다.

 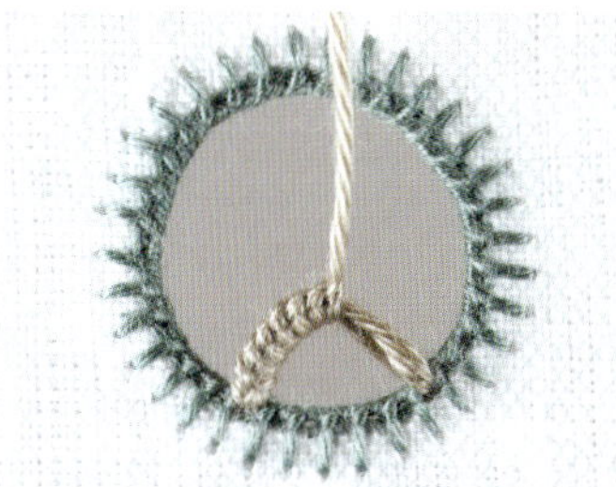

4 실을 당겨서 조인다. 헤데보 버튼홀 스티치 1개 완성.

5 이 작업을 반복하여 심지를 버튼홀 스티치로 감싼다. 끝까지 감싼 뒤 그대로 마무리하려면, 1에서 바늘을 통과시킨 곳에 다시 바늘을 통과시킨 뒤, p.12를 참조하여 실을 정리한다.

: 버튼홀 스캘럽 2단

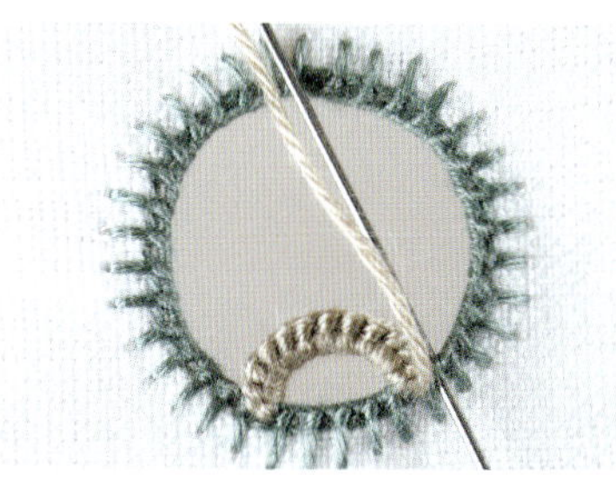 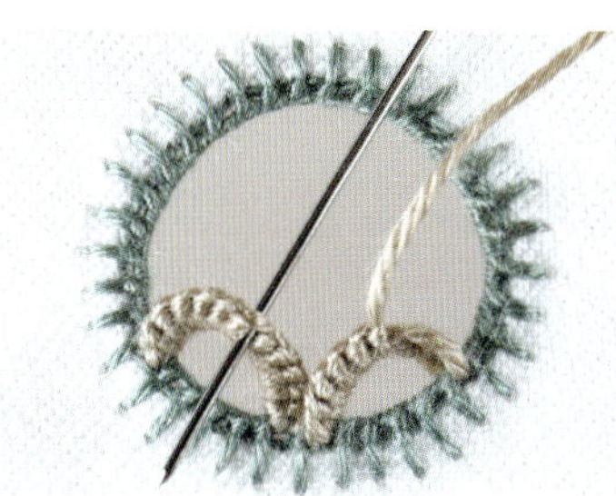 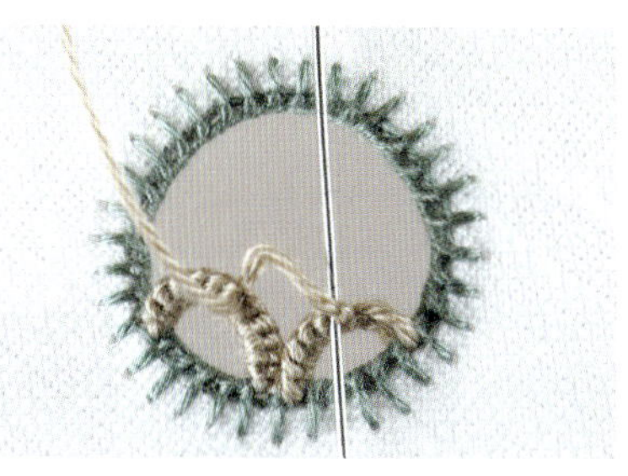

1 2번째 단을 만들 때는, 옆쪽 버튼홀 스티치의 윗부분에 뒤에서 앞으로 바늘을 통과시켜서, 같은 방법으로 심지를 만든다.

2 심지의 1/2까지 버튼홀 스티치로 감싼 뒤, 1번째 버튼홀 스캘럽 윗부분의 중앙에, 뒤에서 앞으로 바늘을 통과시킨다.

3 2번째 버튼홀 스캘럽으로 돌아가 윗부분의 중앙을 뜬다. 이 작업을 3번 반복하여 심지를 3가닥 만들고, 심지에 버튼홀 스티치를 한다.

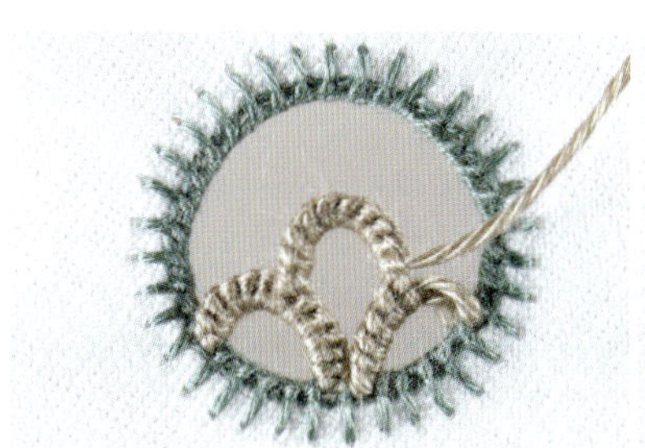 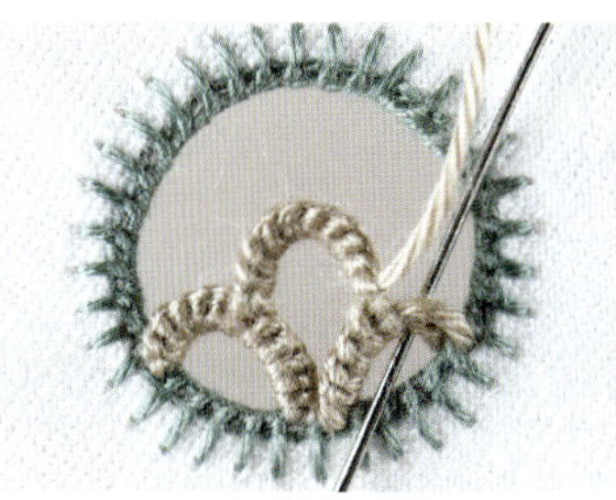 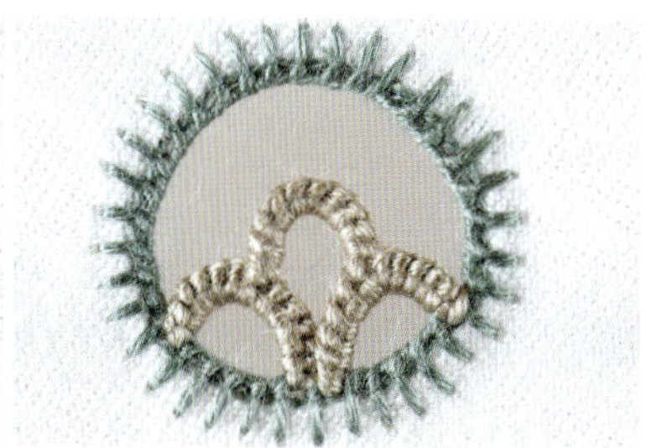

4 끝까지 버튼홀 스티치로 감싸면 2번째 단이 완성된다.

5 그대로 1번째 단의 2번째 심지에 바늘을 넣어, 나머지 1/2의 심지에 버튼홀 스티치를 한다.

6 완성.

: 리크랙_ 4단

  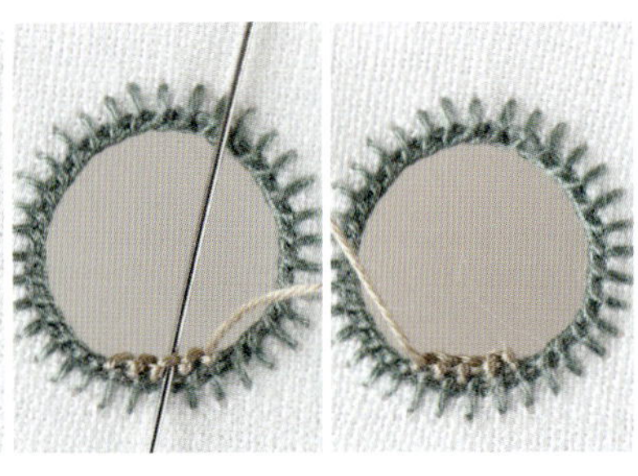

I 시계 반대 방향으로 옆쪽의 버튼홀 스티치 윗부분에, 뒤에서 앞으로 바늘을 통과시킨다. 실을 끝까지 당기지 말고 고리를 만든 다음, 뒤에서 앞으로 바늘을 통과시켜 실을 당긴다.

2 이 작업을 반복하여 헤데보 버튼홀 스티치 4개를 만든다.

3 그런 다음 1개씩 고리(윗부분)의 뒤에서 앞으로 바늘을 통과시켜, 고리를 뜨면서 되돌아간다. 1번째 단 완성.

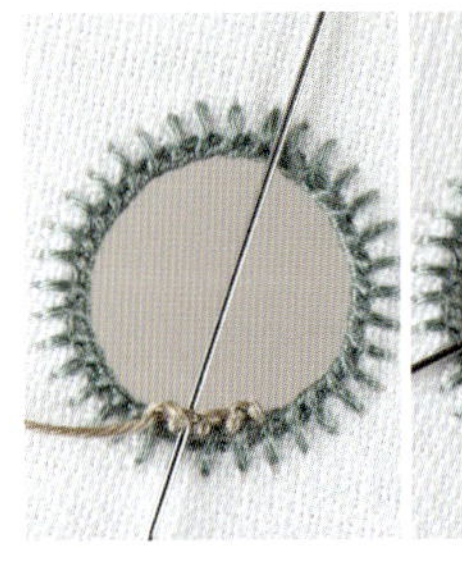  

4 2번째 단을 만든다. 실이 나와 있는 곳 옆쪽의 고리를 떠서, 같은 방법으로 버튼홀 스티치를 한다.

5 스티치 3개를 수놓은 뒤, 1번째 단과 같은 방법으로 고리를 뜨면서 되돌아간다. 3번째 단은 같은 방법으로 2개를 수놓는다.

6 4번째 단은 삼각형 리크랙의 꼭대기 부분이므로, 1개를 수놓는다.

 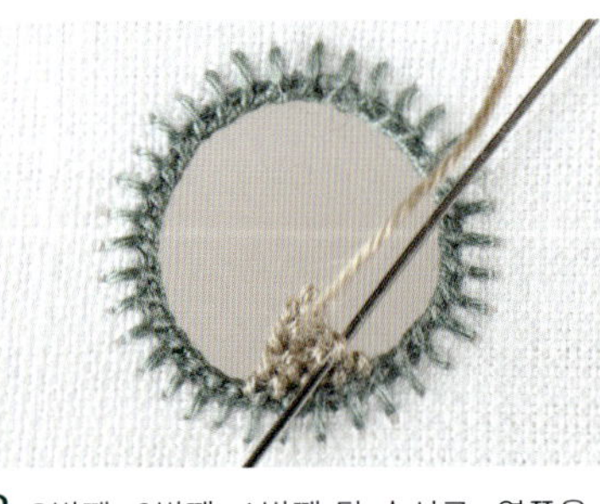 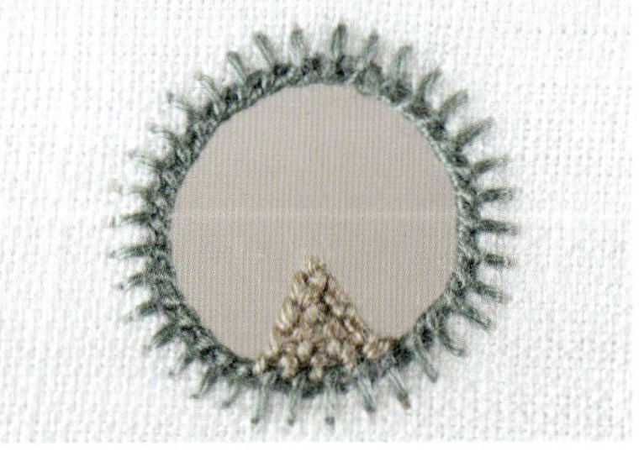

7 4번째 단 오른쪽 스티치의 땀에, 뒤에서 앞으로 바늘을 통과시킨다.

8 3번째, 2번째, 1번째 단 순서로, 옆쪽을 감치면서 1번째 단으로 되돌아간다.

9 완성. 계속해서 수를 놓을 때는 안쪽으로 실을 빼낸 뒤, 안쪽의 실을 뜨면서 수를 놓을 위치로 이동한다.

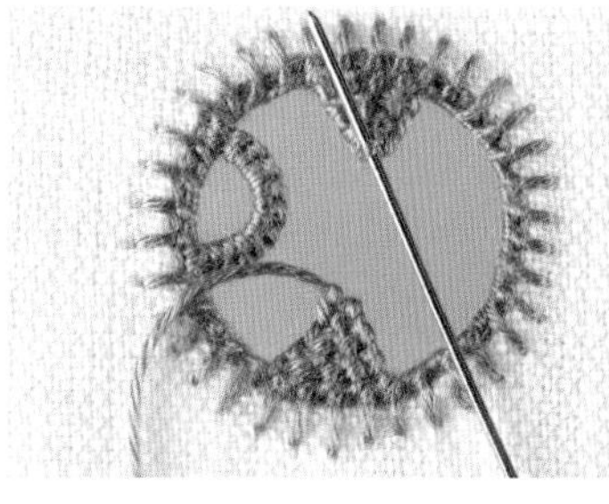

I 마주 보는 버튼홀 스캘럽이나 리크랙에 실을 걸친다. 리크랙은 꼭대기까지 수놓은 뒤, 그대로 맞은편 리크랙 꼭대기에 뒤에서 앞으로 바늘을 통과시킨다.

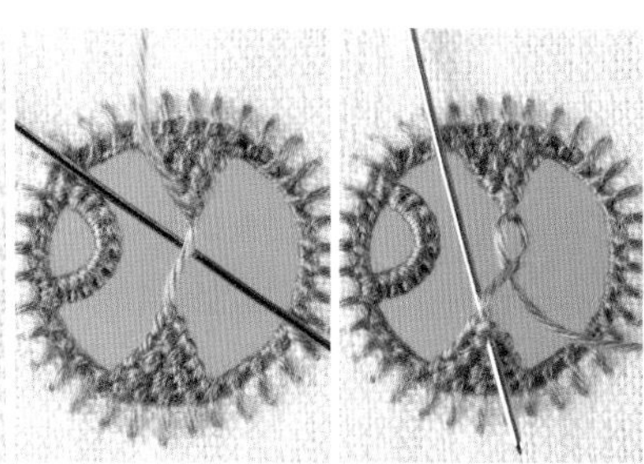

2 걸친 실을 휘감으면서 되돌아가, 처음 시작한 리크랙의 꼭대기에 뒤에서 앞으로 바늘을 통과시킨다. 거리가 짧으면 2번, 길면 여러 번 휘감아준다.

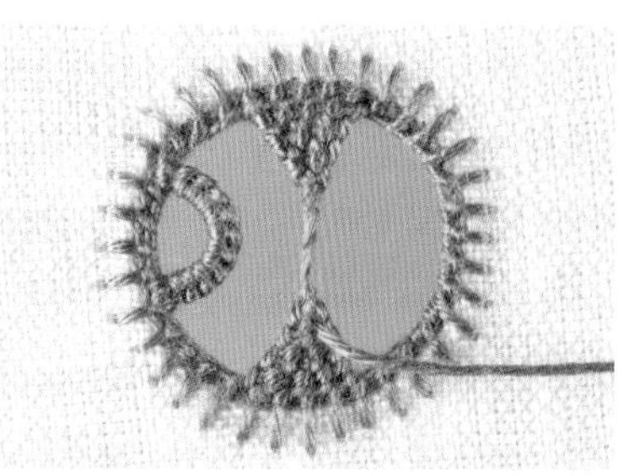

3 p.96처럼 리크랙 옆쪽을 감치면서, 1번째 단까지 되돌아간다.

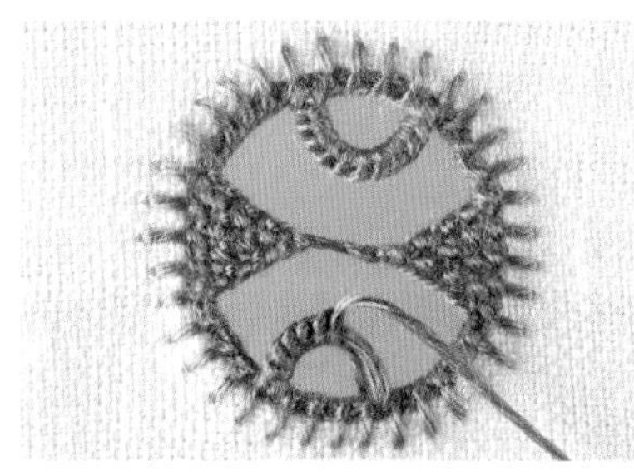

4 버튼홀 스캘럽의 경우, 심지의 1/2까지 버튼홀 스티치를 한다.

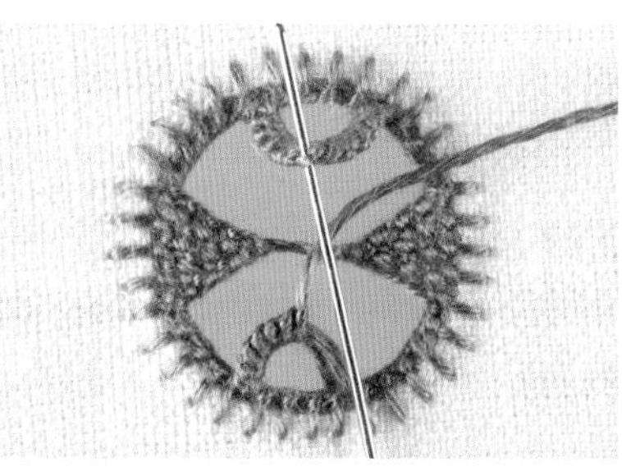

5 맞은편 버튼홀 스캘럽 꼭대기에, 뒤에서 앞으로 바늘을 통과시킨다.

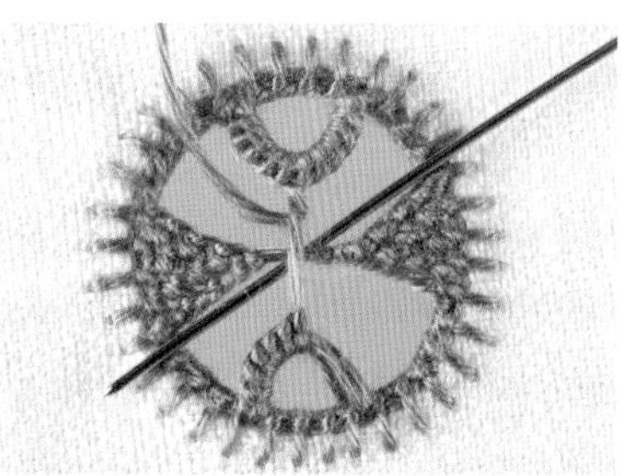

6 먼저 걸친 실과 교차하는 경우에는, 먼저 걸친 실을 떠서 휘감는다.

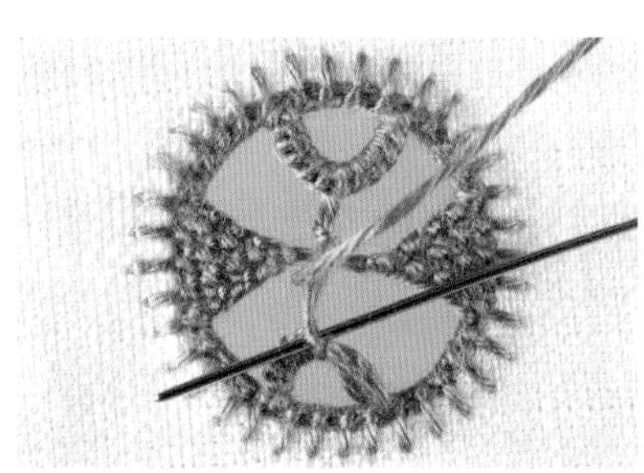

7 걸친 실을 휘감으면서 되돌아가, 처음 시작한 버튼홀 스캘럽의 꼭대기에 뒤에서 앞으로 바늘을 통과시킨다.

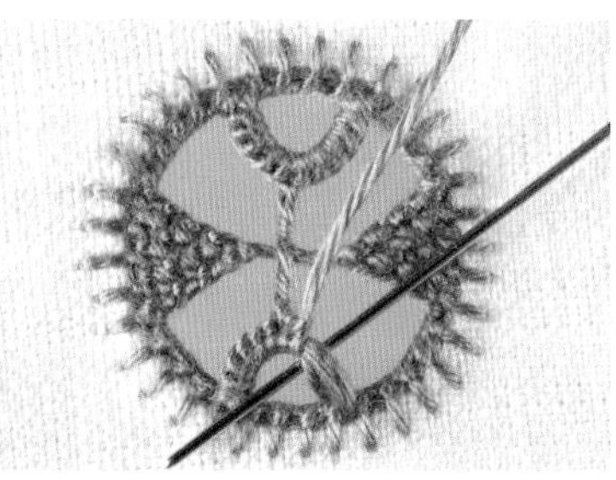

8 나머지 1/2에도 버튼홀 스티치를 한다.

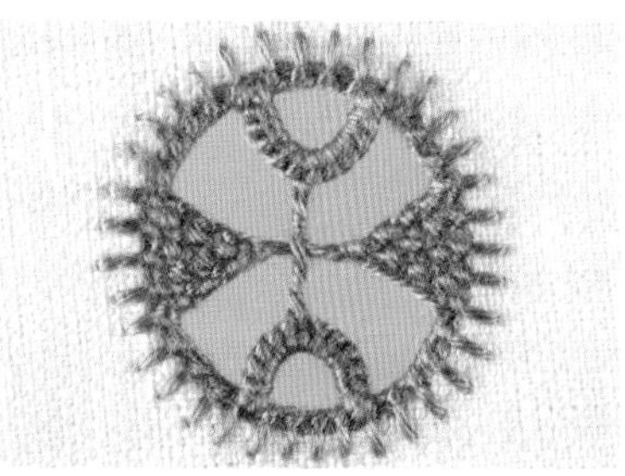

9 완성.

: 다닝 스티치

I 맞은편 버튼홀 스티치에 겉에서 안으로 바늘을 통과시킨다.

2 2개 옆쪽으로 바늘을 빼내, 맞은편 스티치에 겉에서 안으로 바늘을 통과시킨다. 이렇게 하면 실 2가닥이 평행하게 걸쳐진다.

3 2가닥 사이로 바늘을 빼내, 오른쪽 실을 바깥쪽에서 안쪽으로 뜬다.

4 이어서 왼쪽 실을 바깥쪽에서 안쪽으로 뜬다. 8자 모양으로 뜨는 것이 요령이다.

5 1단을 감친 상태. 이 작업을 반복하여 끝까지 감친다.

6 교차하게 만드는 경우에는, 안쪽 스티치의 실에 통과시켜서, 직각 위치까지 이동한다.

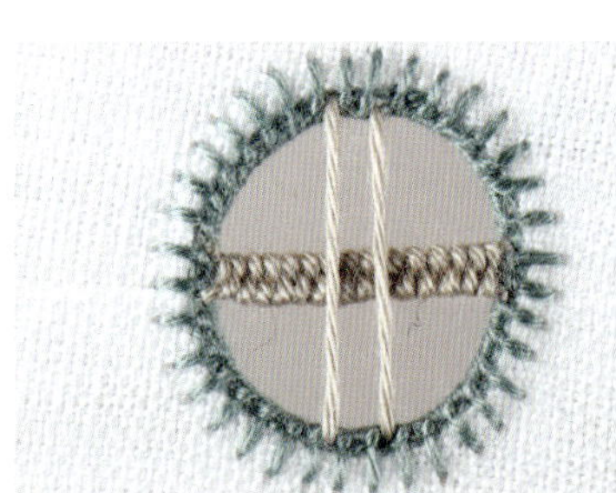

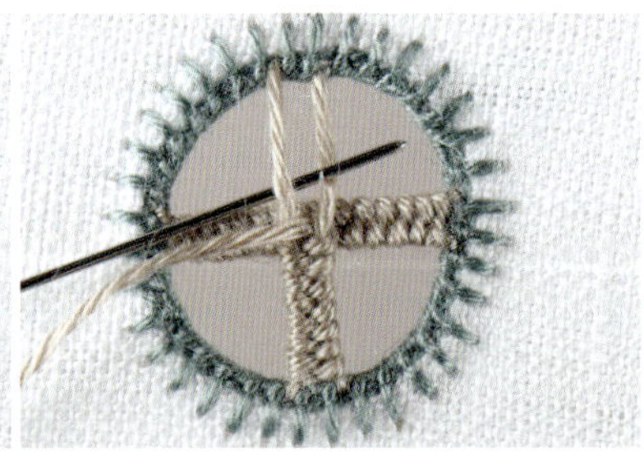

7 같은 방법으로 평행하게 실을 걸치고, 2가닥 사이를 8자 모양으로 감친다.

8 교차하는 부분에서는, 아래쪽 실이 걸리지 않도록 주의한다. 끝까지 감치면 완성.

: 실 감기(리브드 스파이더스 웹 스티치)

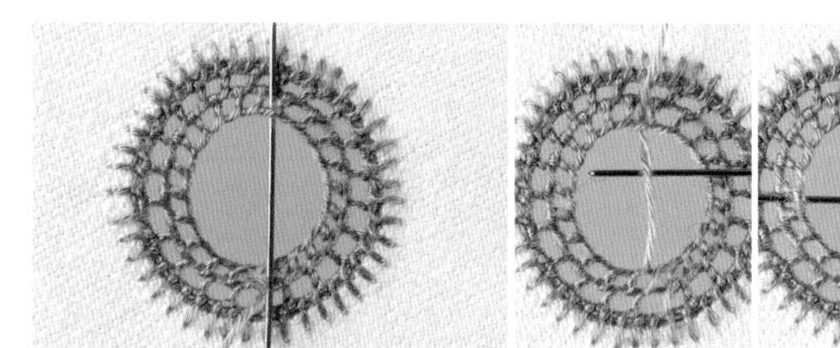

I 실을 걸친다. 맞은편 래더 스티치에 뒤에서 앞으로 바늘을 통과시킨다.

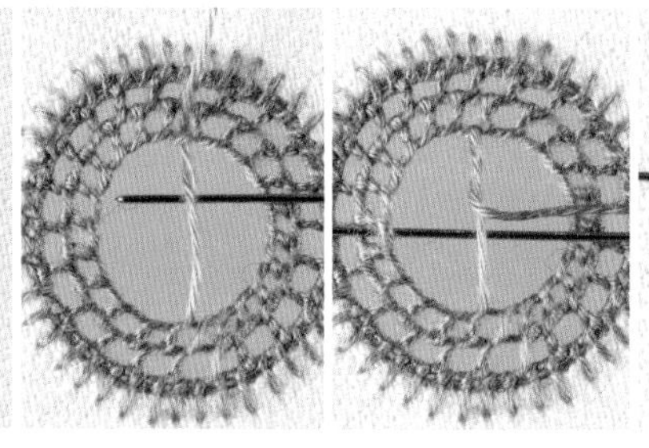

2 실을 휘감다가 직각이 되는 위치에서, 왼쪽의 래더 스티치에 뒤에서 앞으로 바늘을 통과시킨다.

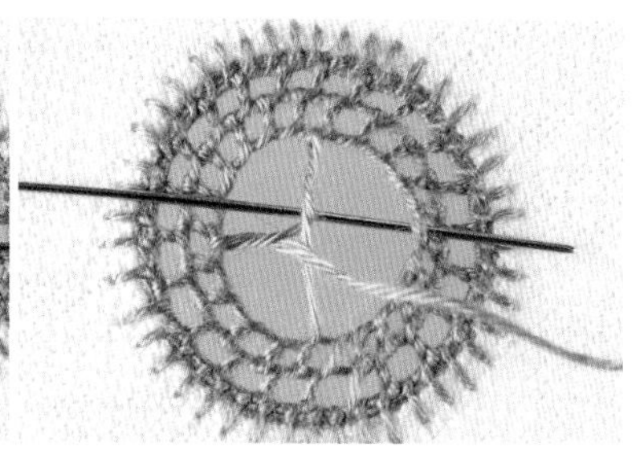

3 실을 휘감으면서, 맞은편 래더 스티치에 뒤에서 앞으로 바늘을 통과시킨다.

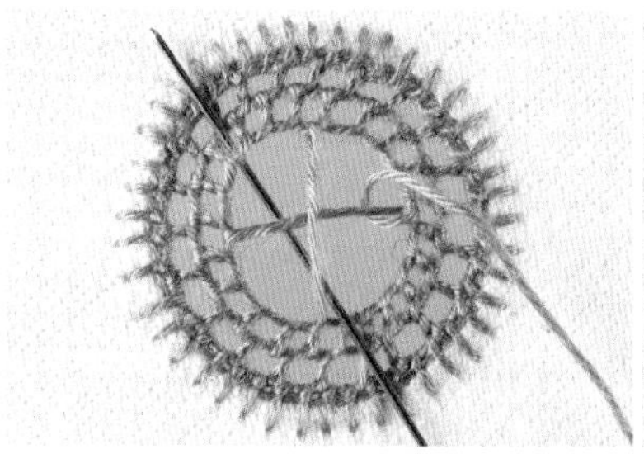

4 대각선으로도 실을 걸친다. 십자 모양으로 실을 걸친 중심 위치로 통과시킨다.

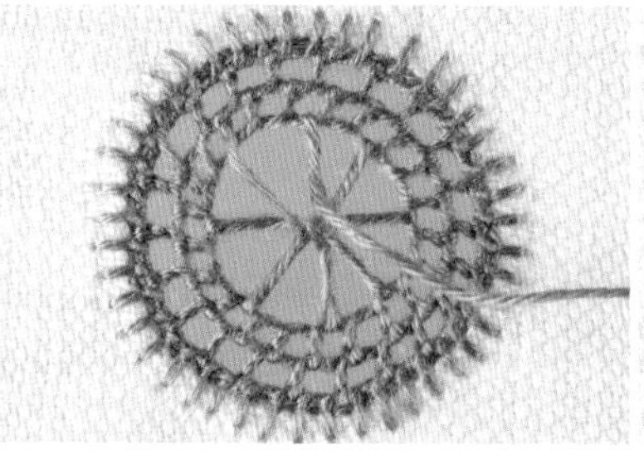

5 사진처럼 원을 8등분하여 실을 걸친 상태가 되면, 중심까지 실을 휘감으면서 되돌아간다.

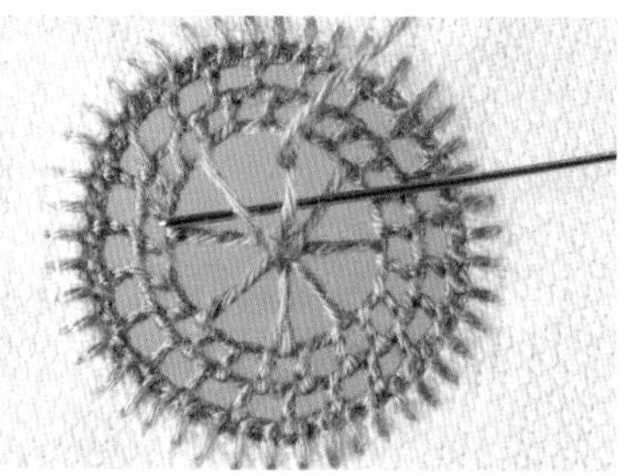

6 실이 나와 있는 구멍 양쪽의 실을 2가닥 뜬다. 오른쪽 실에 반박음질처럼 실이 감긴 상태가 된다.

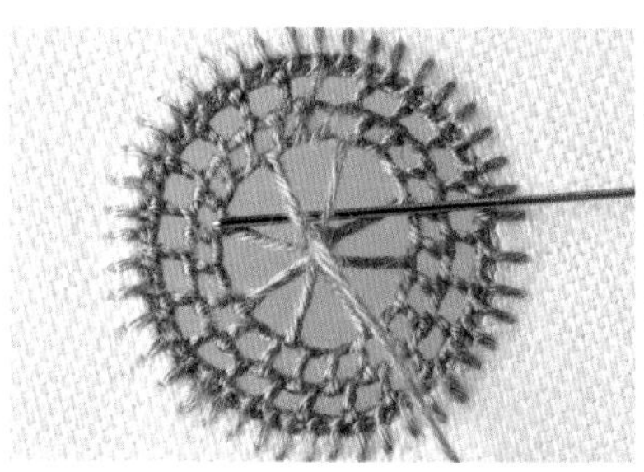

7 이어서 다시 실이 나와 있는 구멍 양쪽의, 걸쳐 있는 실을 뜬다. 오른쪽은 6에서도 뜬 실이다.

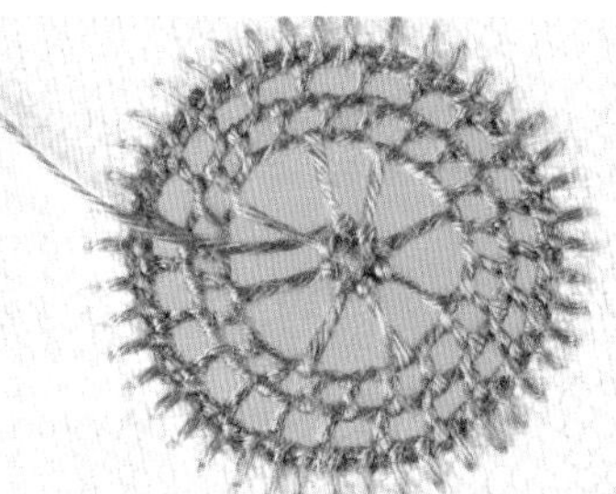

8 1가닥씩 되돌아가며 1바퀴를 감아준다. 걸쳐 있는 모든 실에 실이 감긴 상태가 된다.

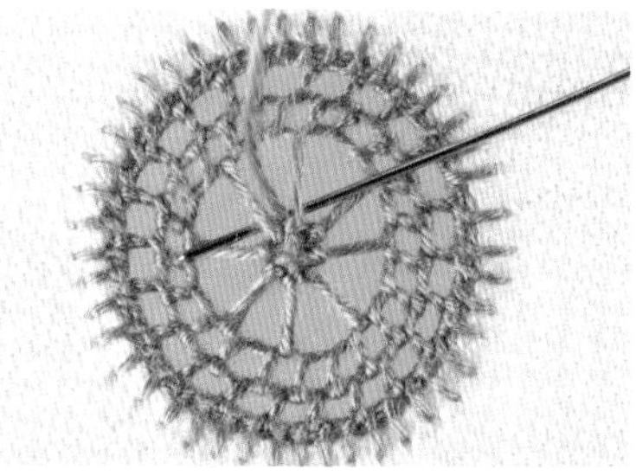

9 2번째 단도 마찬가지다. 틈이 생기지 않도록 앞단에 바짝 붙여서 감는다.

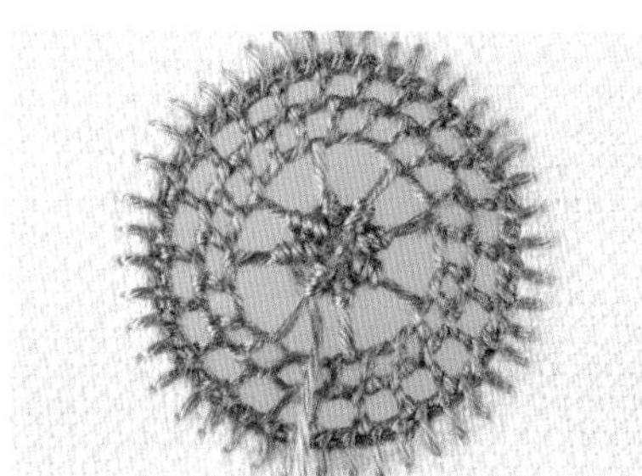

IO 이 작업을 원하는 단수만큼 반복한다.

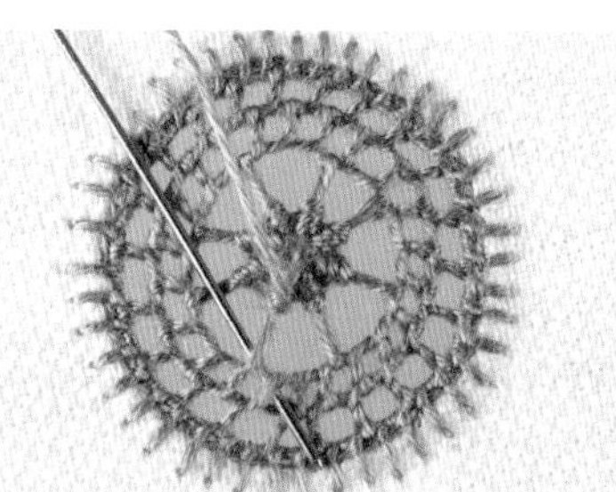

II 마지막은 걸쳐놓은 실에 휘감아서 래더 스티치 아랫부분에 순서대로 통과시키고, 래더 스티치 1번째 단까지 오면 구멍에서 안쪽으로 바늘을 빼내 실을 정리한다.

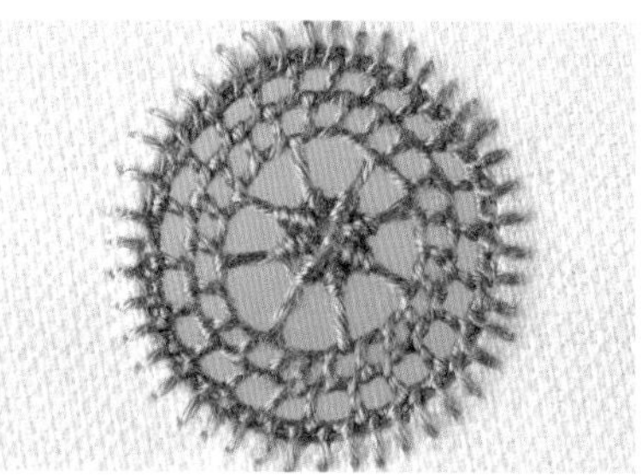

I2 완성.

아일릿

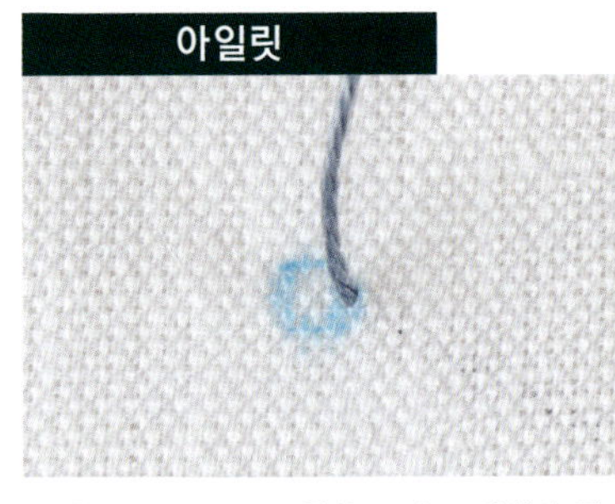  

1 천에 지름 0.2㎝ 원을 그리고, 안에서 겉으로 바늘을 빼낸다.

2 더블 러닝 스티치를 한다. 같은 간격으로 3땀을 스티치하고, 땀 사이에도 스티치를 한다. 원에서 0.1~0.2㎝ 옆으로 바늘을 빼낸다.

3 송곳으로 찔러 구멍을 뚫는다.

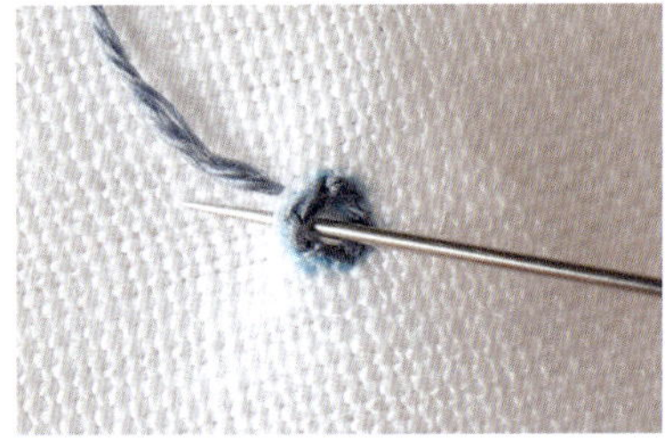  

4 구멍에 바늘을 넣어 1땀을 뜬다.

5 빈틈없이 촘촘히 빙 둘러준다.

6 완성.

새틴 스티치

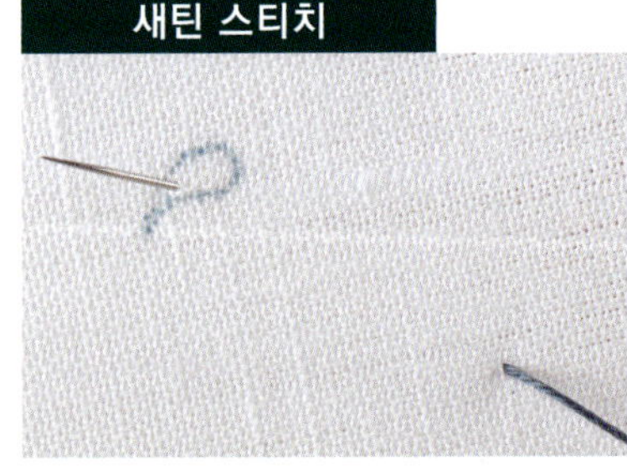 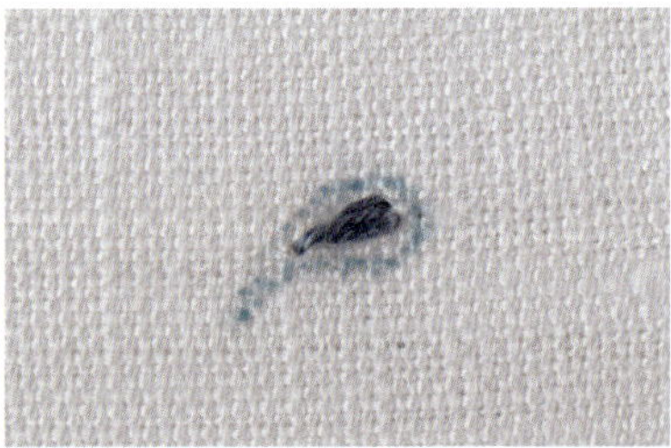 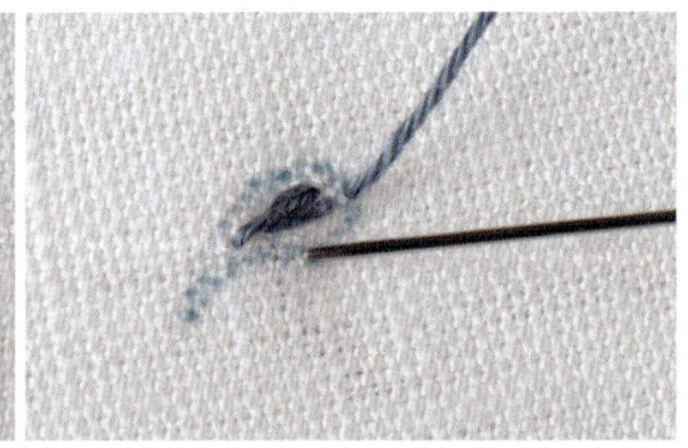

1 도안에서 떨어진 위치에 바늘을 넣은 뒤 도안 내부로 빼낸다. 프리 스티치는 모두 이렇게 시작한다.

2 도안 내부에 심지용으로 2땀 정도를 뜬다.

3 도안 위로 바늘을 빼내, 사진처럼 맞은편 도안 위에 바늘을 넣는다.

4 실을 일정한 힘으로 당겨서, 실이 겹치지 않게 촘촘히 수를 놓는다.

5 끝까지 수를 놓으면 완성.

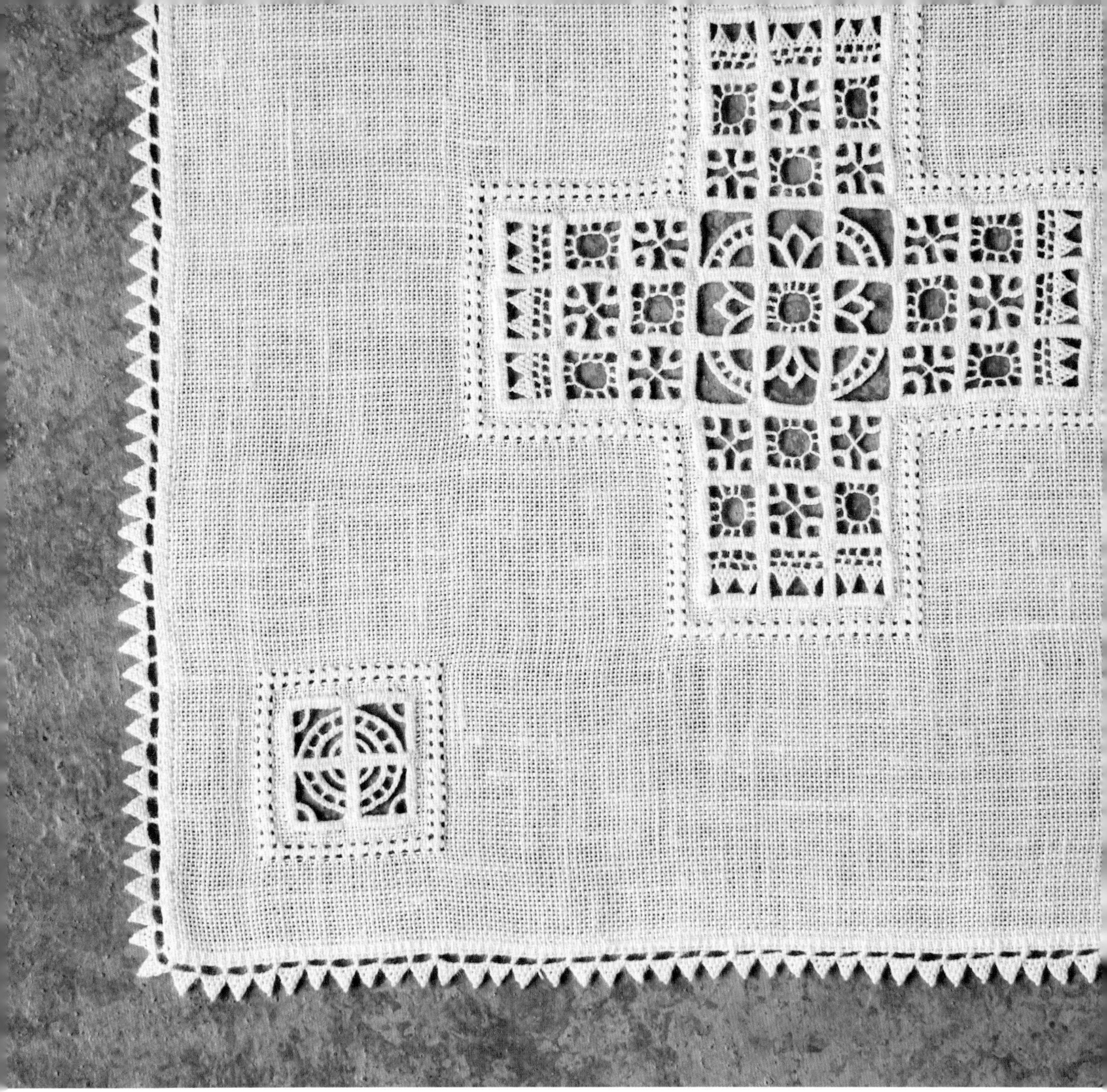

Drawn work Hedebo

드론워크 헤데보

드론(drawn)이란 「뽑아내다」라는 뜻으로, 드론워크는 천의 올을 일부 뽑아내고 남은 실을 감쳐서 무늬를 만드는 자수이다. 헤데보에서는 비드쉼과 발뒤링이 올을 뽑아내고 무늬를 만드는 기법이다. 비드쉼은 올을 뽑아낸 베이스를 감쳐서 무늬를 만들고, 발뒤링은 올을 뽑아낸 베이스에 버튼홀 스티치 등으로 무늬를 수놓는다. 비드쉼은 같은 흰실 자수인 슈발름 자수와 분위기가 비슷하다.

발뒤링

145

I45

재 료 │ 자수용 천(14올/㎝ 리넨, 흰색)

리넨 실(보켄스) 4/4-bl   40/2, 50/2, 60/2, 90/2

※ 90/2는 천에서 뽑은 실을 누르는 데 사용하며, 25번 자수 실 BLANC도 가능하다.

9올을 뽑고 6올을 남겨 격자 베이스를 만든다. p.124 참조

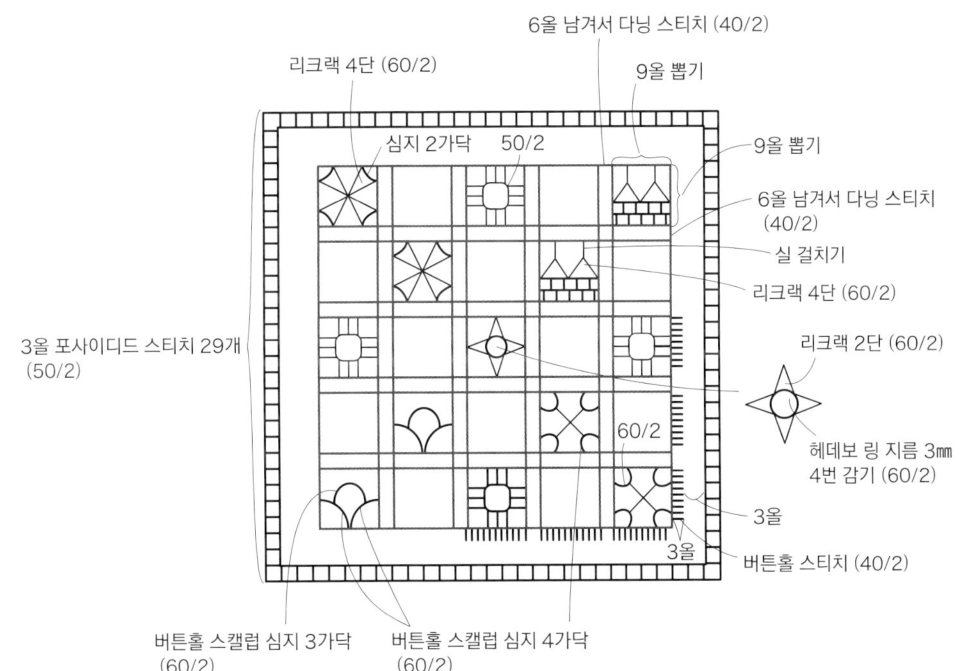

재료 | 자수용 천(14올/㎝ 리넨, 흰색)

리넨 실(보켄스) 4/4-bl 또는 1/2-bl 40/2, 50/2, 60/2, 90/2

※ 90/2는 천에서 뽑은 실을 누르는 데 사용하며, 25번 자수 실 BLANC도 가능하다.

9올을 뽑고 6올을 남겨 격자 베이스를 만든다. p.124 참조

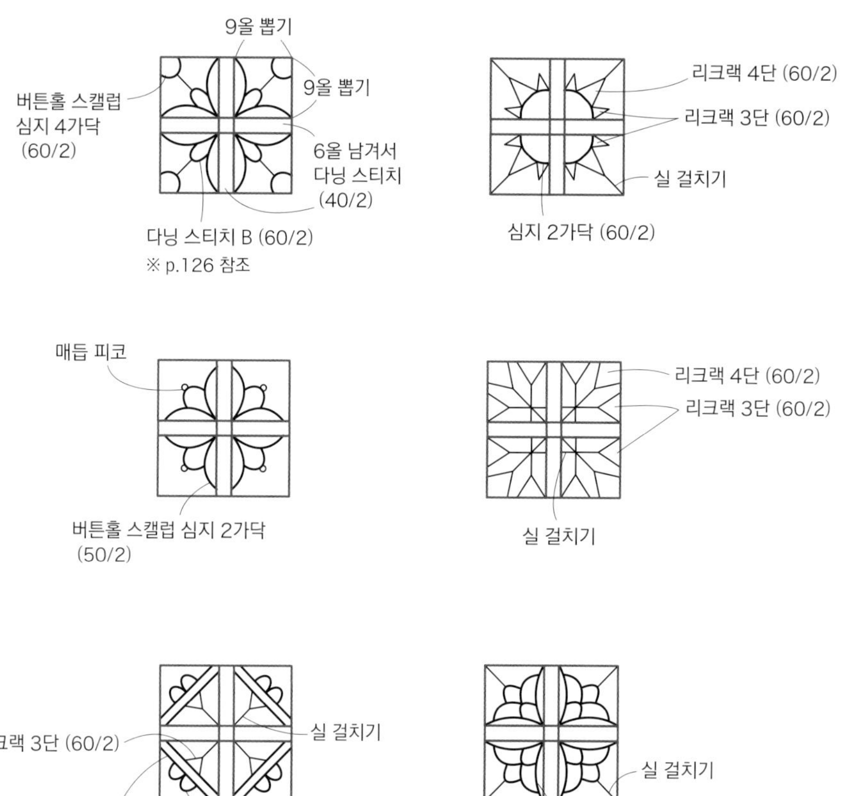

152~156

재 료 | 자수용 천(14올/㎝ 리넨, 흰색)

리넨 실(보켄스) 4/4-bl 또는 1/2-bl 40/2, 50/2, 60/2, 90/2

※ 90/2는 천에서 뽑은 실을 누르는 데 사용하며, 25번 자수 실 BLANC도 가능하다.

9올을 뽑고 6올을 남겨 격자 베이스를 만든다. p.124 참조

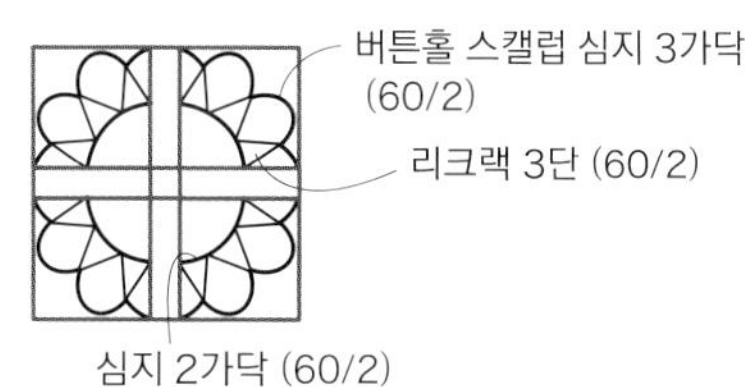

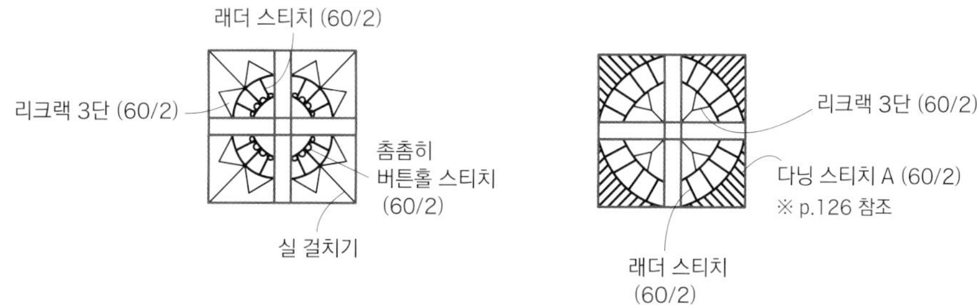

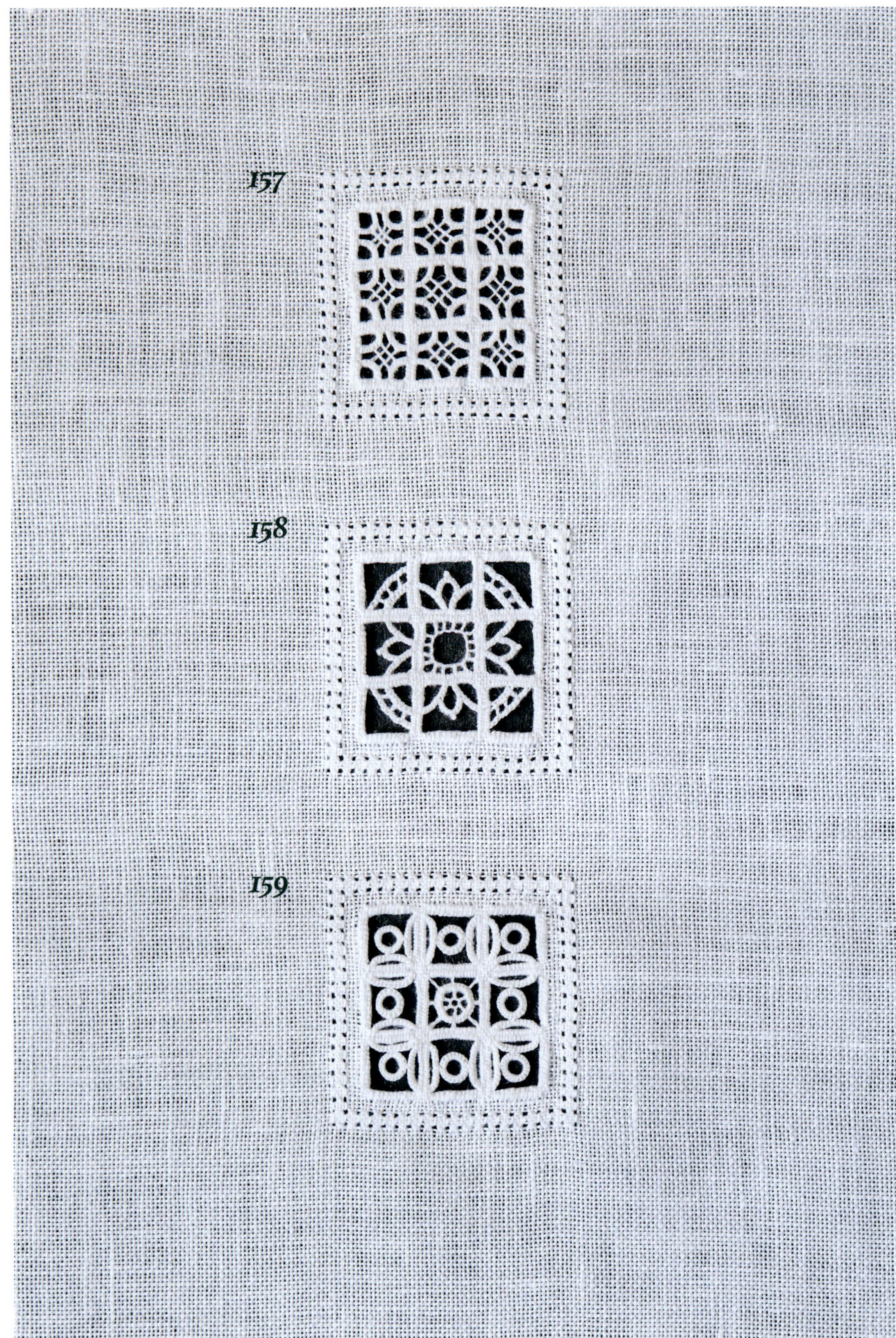
157
158
159

I57~I59

재료 | 자수용 천(14올/㎝ 리넨, 흰색)

리넨 실(보켄스) 4/4-bl　40/2, 50/2, 60/2, 90/2

※ 90/2는 천에서 뽑은 실을 누르는 데 사용하며, 25번 자수 실 BLANC도 가능하다.

9올을 뽑고 6올을 남겨 격자 베이스를 만든다. p.124 참조

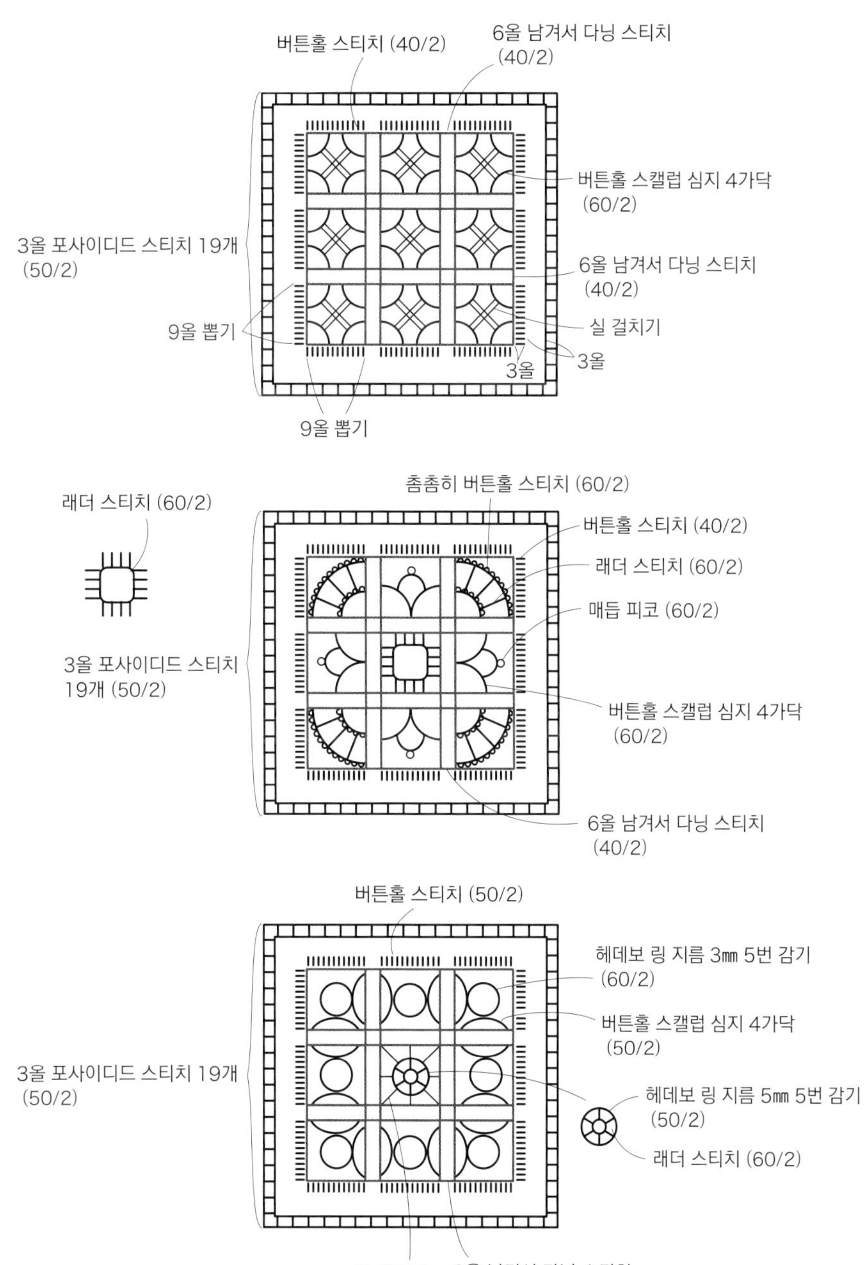

160~163

리넨 실(보켄스) 4/4-bl 또는 1/2-bl　40/2, 50/2, 60/2, 90/2

※ 90/2는 천에서 뽑은 실을 누르는 데 사용하며, 25번 자수 실 BLANC도 가능하다.

9올을 뽑고 6올을 남겨 격자 베이스를 만든다. p.124 참조

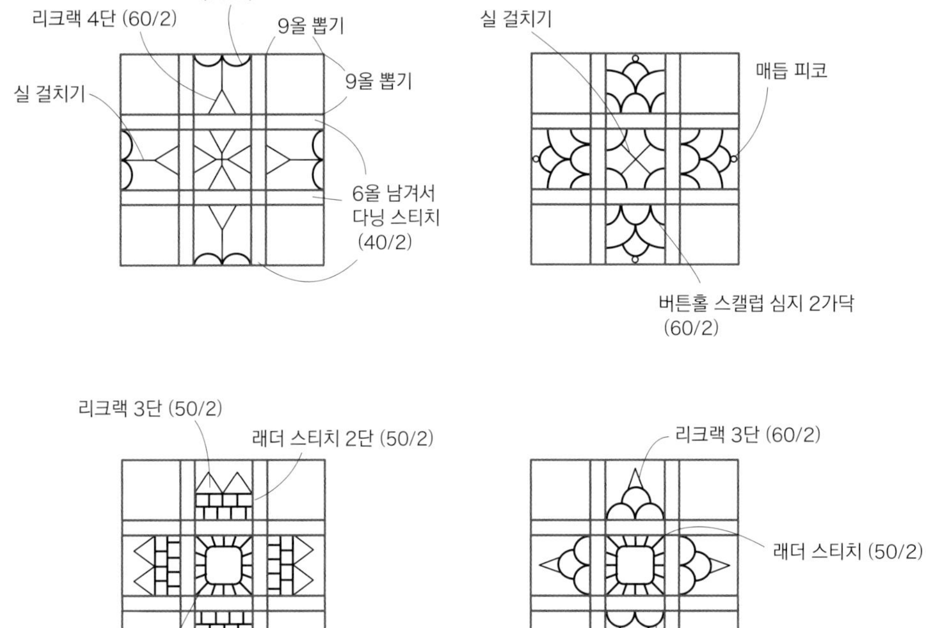

I64~I66

재 료 | 자수용 천(14올/㎝ 리넨, 흰색)

리넨 실(보켄스) 4/4-bl 또는 1/2-bl 40/2, 50/2, 60/2, 90/2

※ 90/2는 천에서 뽑은 실을 누르는 데 사용하며, 25번 자수 실 BLANC도 가능하다.

9올을 뽑고 6올을 남겨 격자 베이스를 만든다. p.124 참조

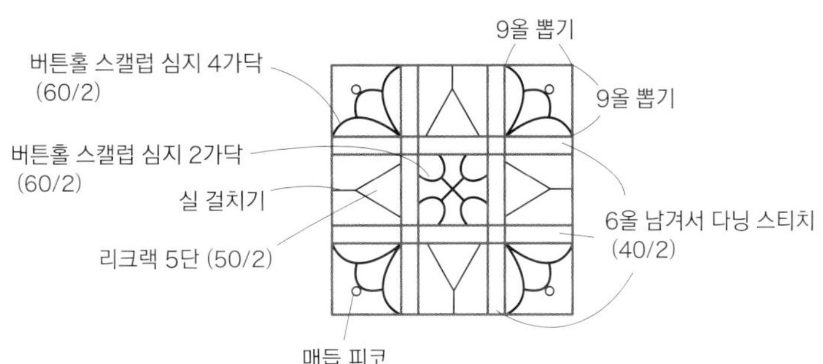

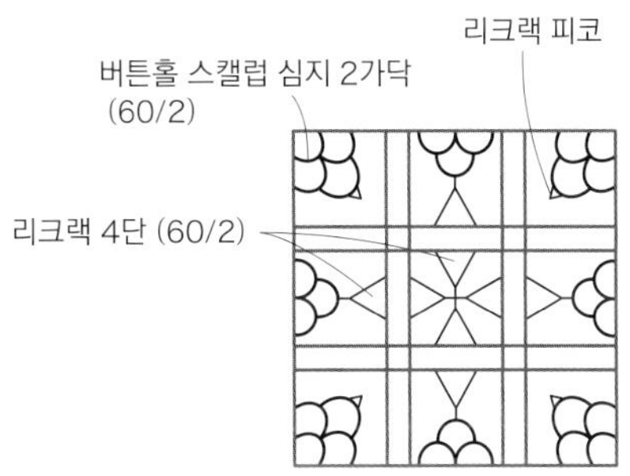

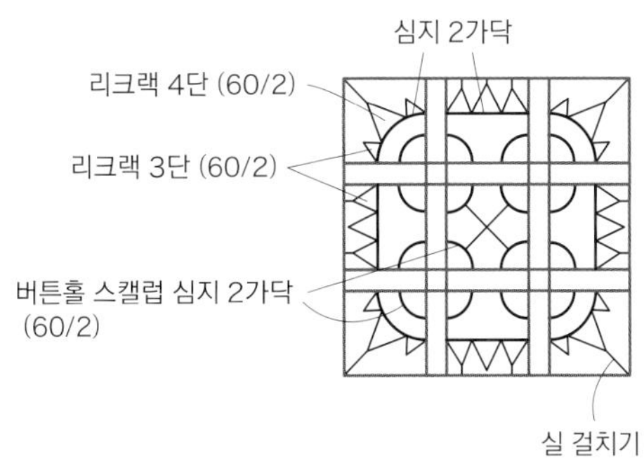

167

168

169

I67~I69

재 료 │ 자수용 천(14올/㎝ 리넨, 흰색)

리넨 실(보켄스) 4/4-bl　40/2, 50/2, 60/2, 90/2

※ 90/2는 천에서 뽑은 실을 누르는 데 사용하며, 25번 자수 실 BLANC도 가능하다.

9올을 뽑고 6올을 남겨 격자 베이스를 만든다. p.124 참조

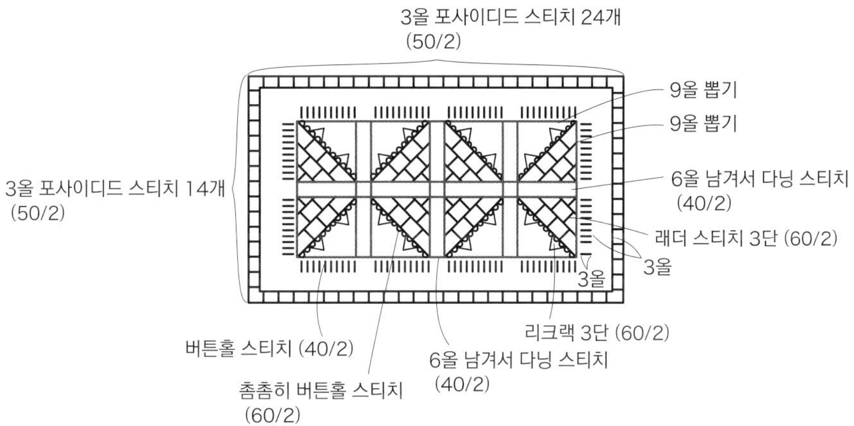

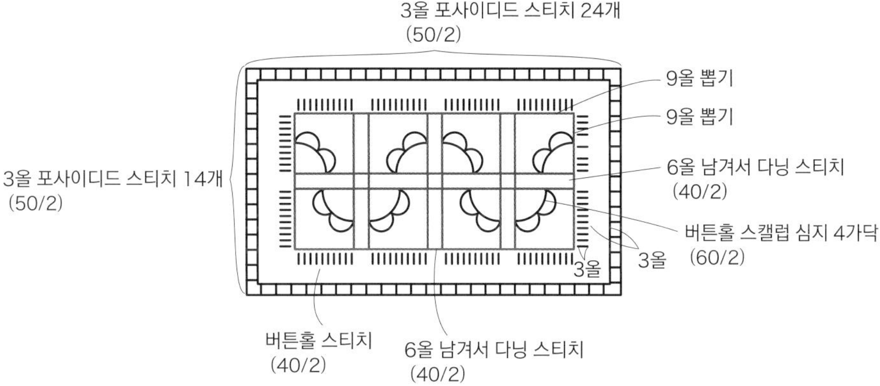

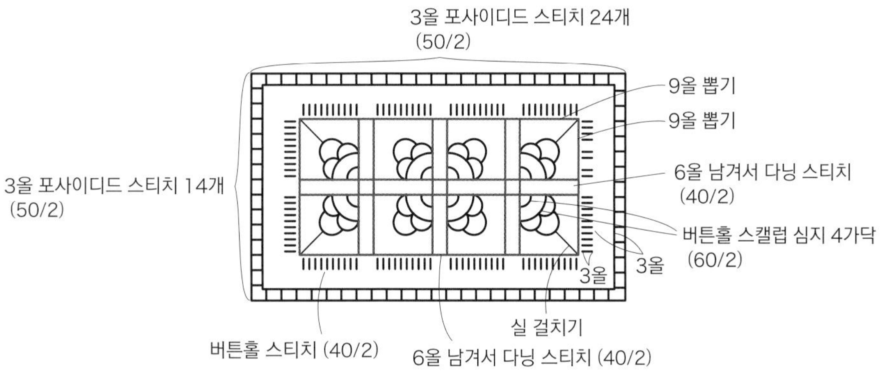

170~173

재 료 | 자수용 천(14올/㎝ 리넨, 흰색)

리넨 실(보켄스) 4/4-bl 또는 1/2-bl 40/2, 50/2, 60/2, 90/2

※ 90/2는 천에서 뽑은 실을 누르는 데 사용하며, 25번 자수 실 BLANC도 가능하다.

9올을 뽑고 6올을 남겨 격자 베이스를 만든다. p.124 참조

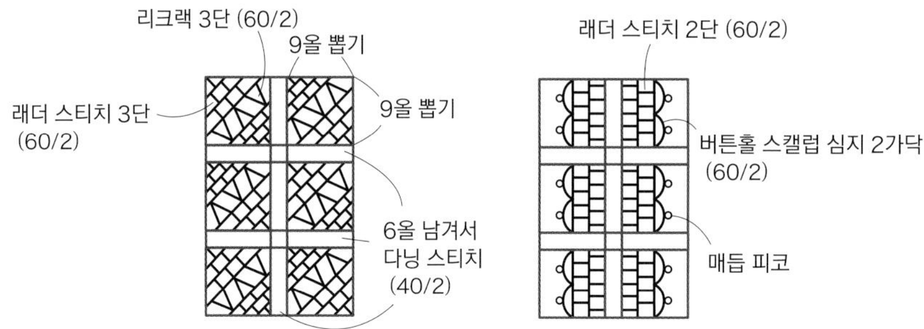

I74~I76

재료 │ 자수용 천(14올/㎝ 리넨, 흰색)

리넨 실(보켄스) 4/4-bl 또는 1/2-bl   40/2, 50/2, 60/2, 90/2

※ 90/2는 천에서 뽑은 실을 누르는 데 사용하며, 25번 자수 실 BLANC도 가능하다.

9올을 뽑고 6올을 남겨 격자 베이스를 만든다. p.124 참조

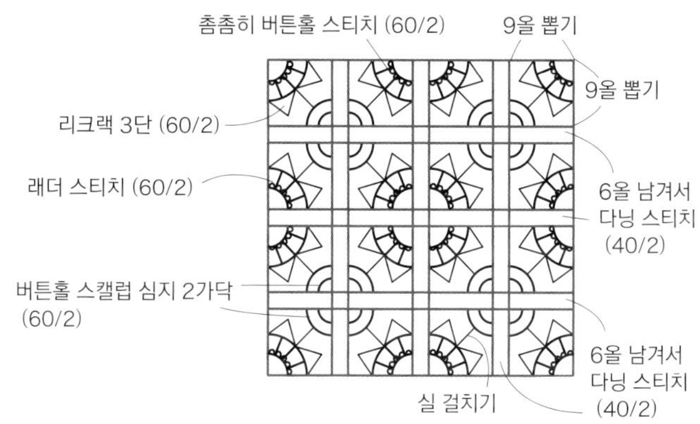

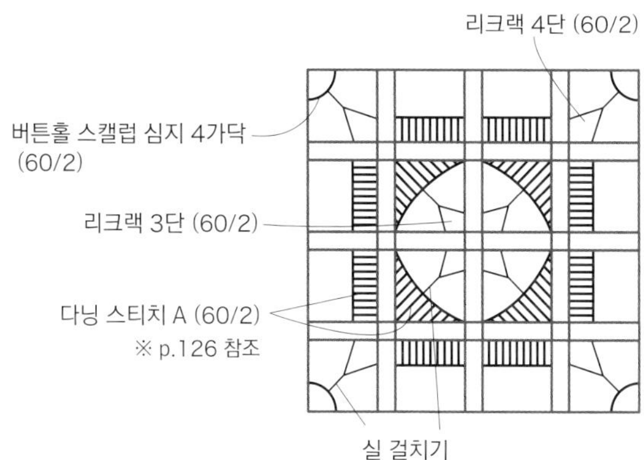

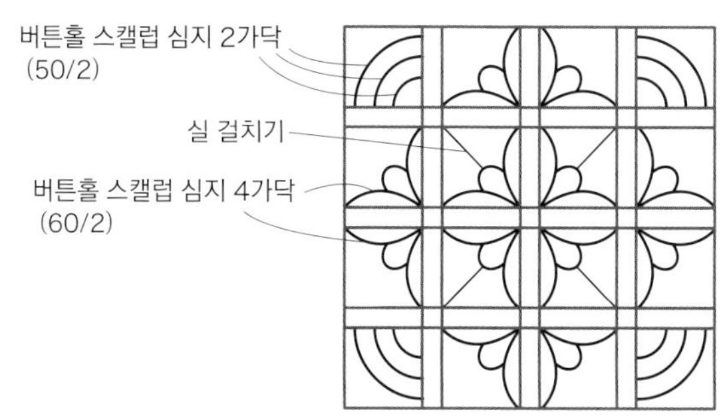

177

178

179

177~179

재 료 | 자수용 천(14올/㎝ 리넨, 흰색)

리넨 실(보켄스) 4/4-bl   40/2, 50/2, 60/2, 90/2

※ 90/2는 천에서 뽑은 실을 누르는 데 사용하며, 25번 자수 실 BLANC도 가능하다.

9올을 뽑고 6올을 남겨 격자 베이스를 만든다. p.124 참조

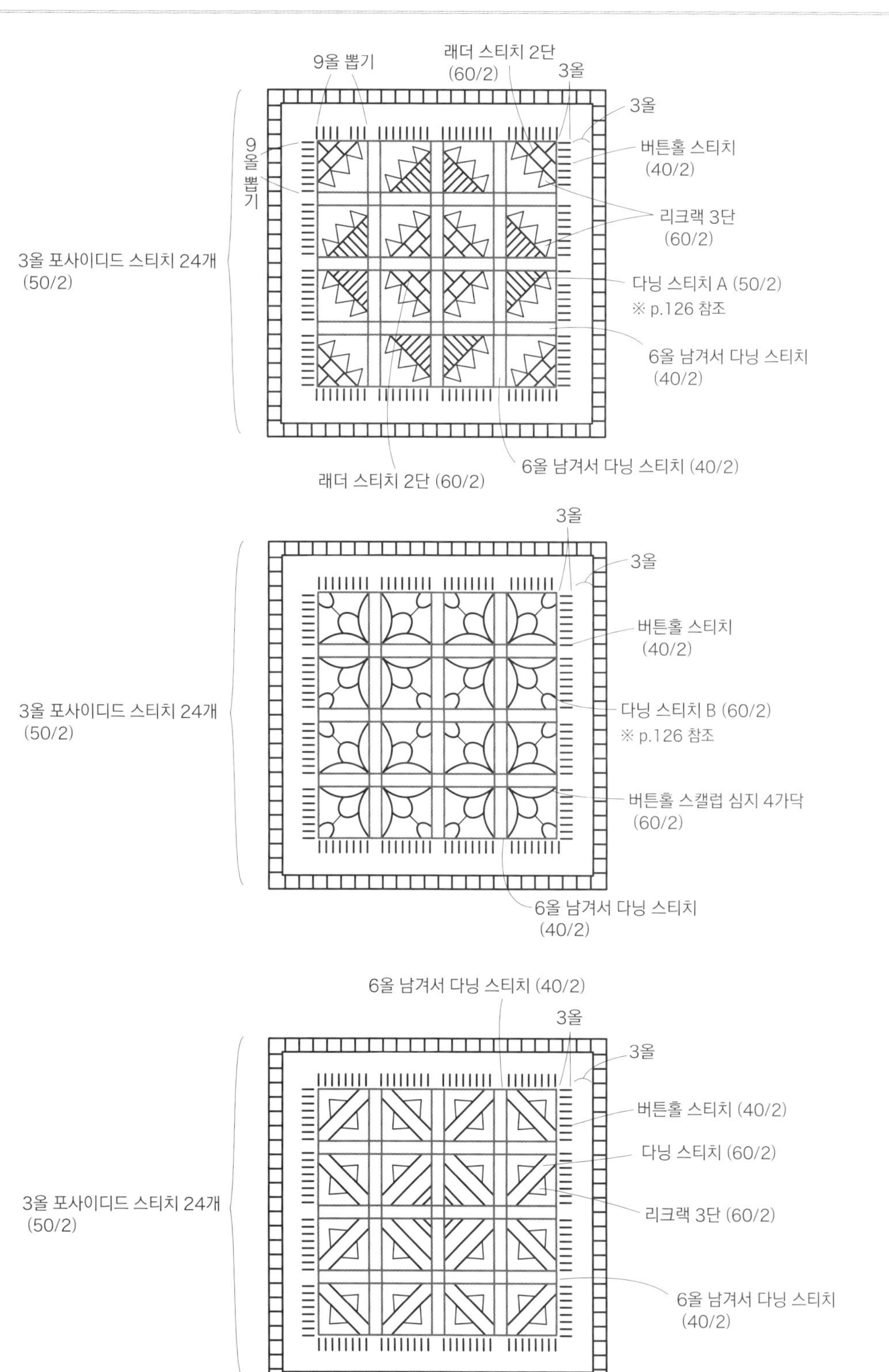

p.114 참조

p.110 참조

p.106 참조

비드쉼

180

181

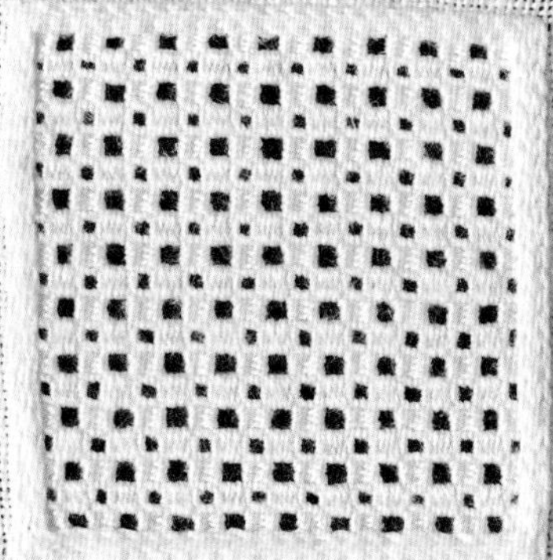

182

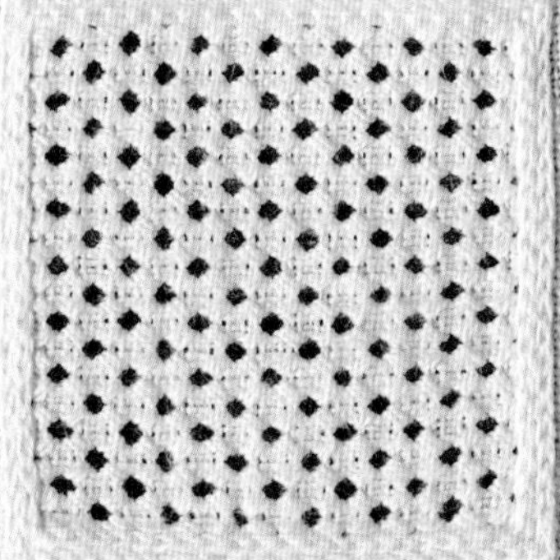

180~182

재 료 │ 자수용 천(14올/㎝ 리넨, 흰색)
리넨 실(보켄스) 1/2-bl 40/2, 40/3, 60/2

무늬 A와 C는 날실만 3올을 남기고 1올을 뽑고, 무늬 B는 씨실과 날실 모두 2올을 남기고 1올을 뽑아 격자 베이스를 만든다. p.128 참조

무늬 A
베이스_ 날실만 3올 남기고 1올 뽑기

무늬 B
베이스_ 씨실과 날실 모두 2올 남기고
        1올 뽑기

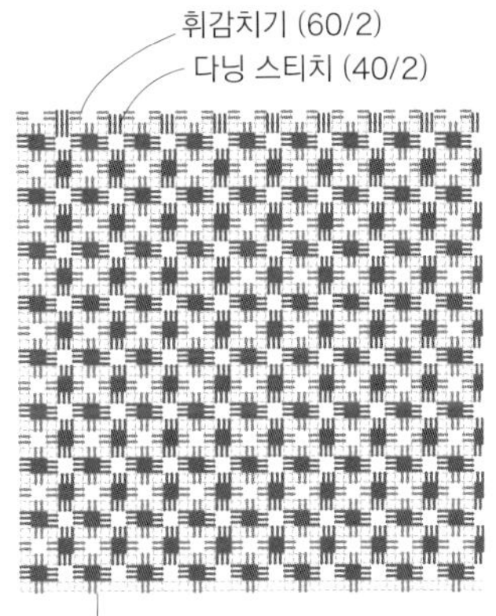

무늬 C
베이스_ 날실만 3올 남기고 1올 뽑기

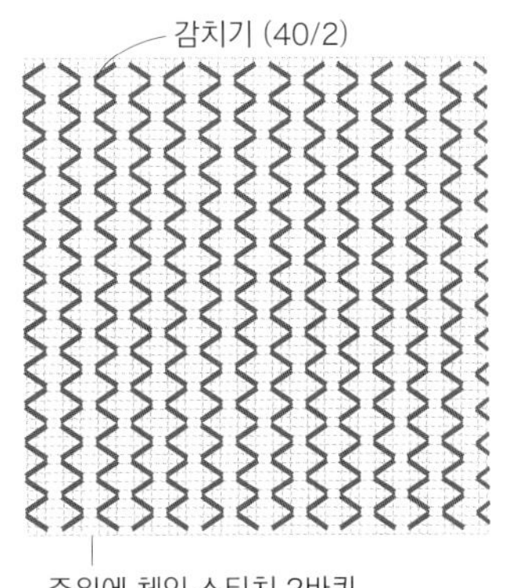

재 료 | 자수용 천(14올/㎝ 리넨, 흰색)
리넨 실(보켄스) 1/2-bl   40/2, 40/3, 50/2, 60/2

무늬 A는 씨실, 무늬 C는 날실만 3올을 남기고 1올을 뽑고, 무늬 B는 씨실과 날실 모두 2올을 남기고 1올을 뽑아 격자 베이스를 만든다. p.128 참조

186~188

재 료 자수용 천(14올/㎝ 리넨, 흰색)
리넨 실(보켄스) 1/2-bl 40/2, 40/3, 50/2, 60/2

무늬 A와 C는 날실(씨실)만 3올을 남기고 1올을 뽑고, 무늬 B는 씨실과 날실 모두 2올을 남기고 1올을 뽑아 격자 베이스를 만든다. p.128 참조

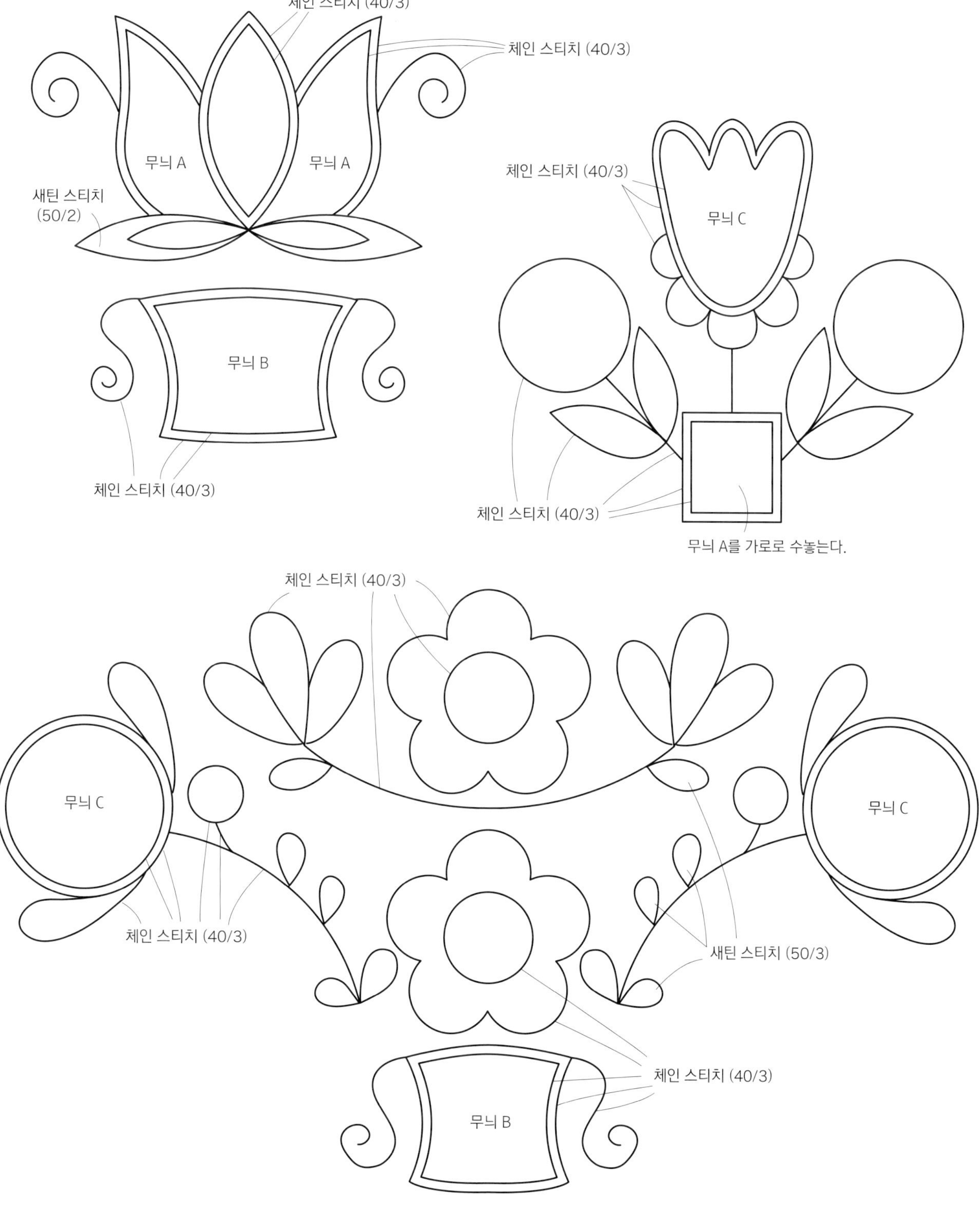

189

190

191

192

재료 | 자수용 천(14올/㎝ 리넨, 흰색)
리넨 실(보켄스) 1/2-bl   40/2, 40/3, 50/2, 60/2

무늬 A와 C는 날실(씨실)만 3올을 남기고 1올을 뽑고, 무늬 B는 씨실과 날실 모두 2올을 남기고 1올을 뽑아 격자 베이스를 만든다. p.128 참조

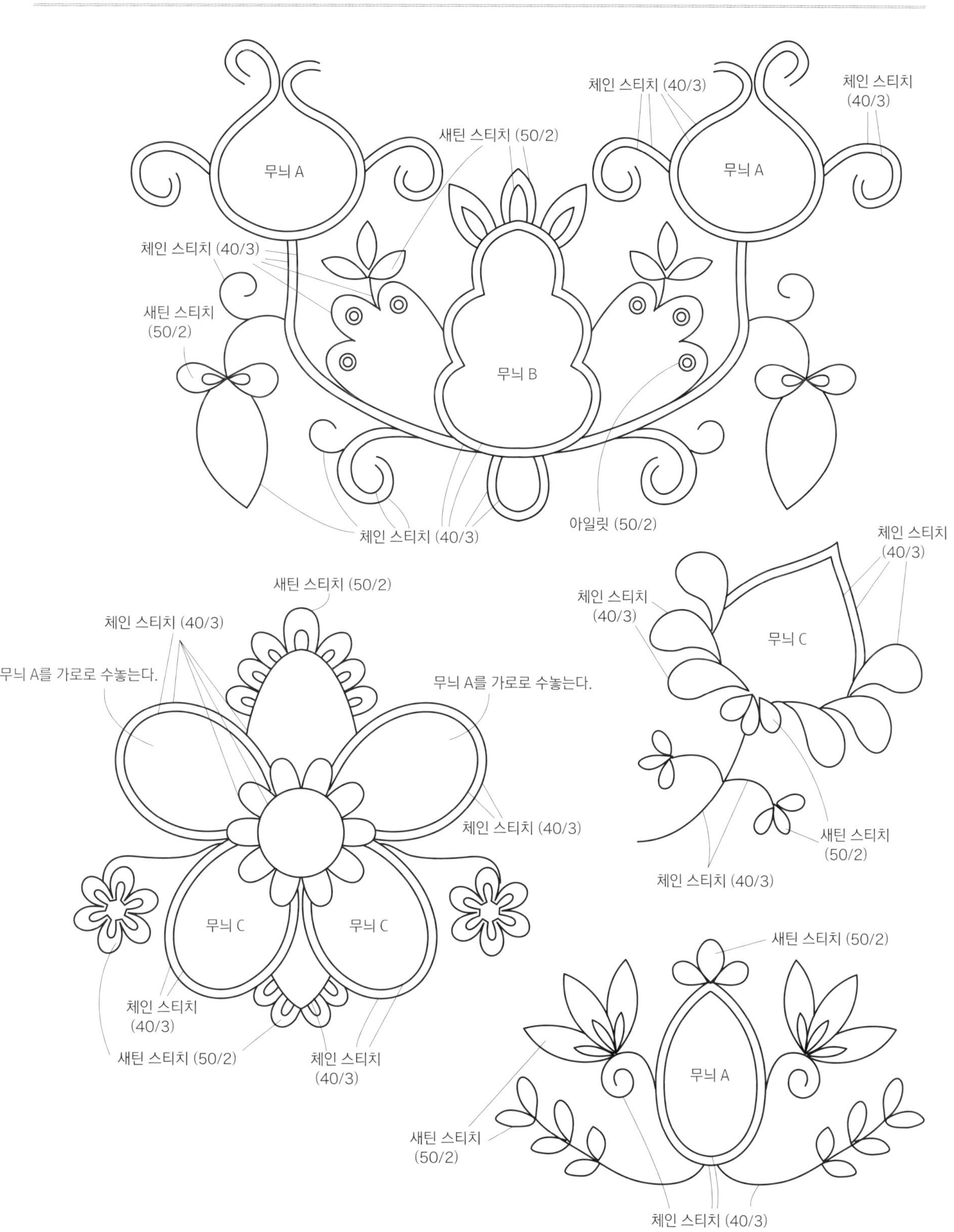

# 발뒤링 수놓는 방법

| 순서 |

1. 천의 올을 뽑아 격자를 만든다.

2. 주위에 헤데보 버튼홀 스티치, 격자에 다닝 스티치를 해서 베이스를 완성한다.

3. 내부에 자유롭게 스티치를 한다.

베이스를 만든다(4칸 격자)

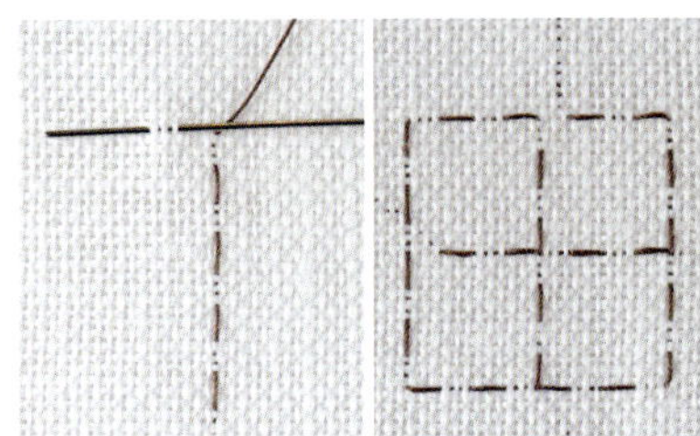

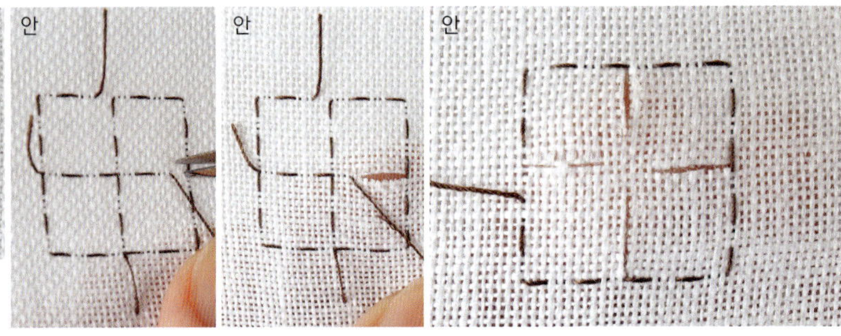

I 천의 가로 24올, 세로 24올을 센 뒤 중심과 주위를 색실로 3올마다 떠서, 격자로 가이드를 표시한다. 표시 순서는 관계없지만, 여기서는 먼저 세로 중심을 표시한 뒤 그대로 주위를 빙 둘러서 표시하고, 일단 실을 자른 뒤 가로 중심을 표시한다.

2 안쪽에서 올을 자른다. 가이드에서 가로로 9올을 세서 자른다.

3 같은 방법으로 반대쪽과 위아래도 각각 9올씩 자른다. 중심에 6올이 남는다.

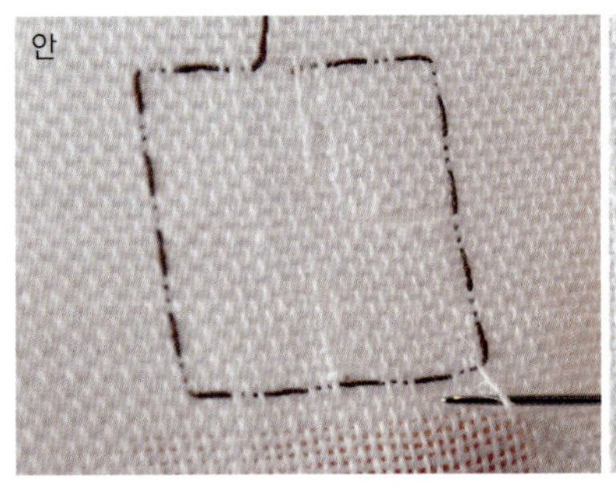

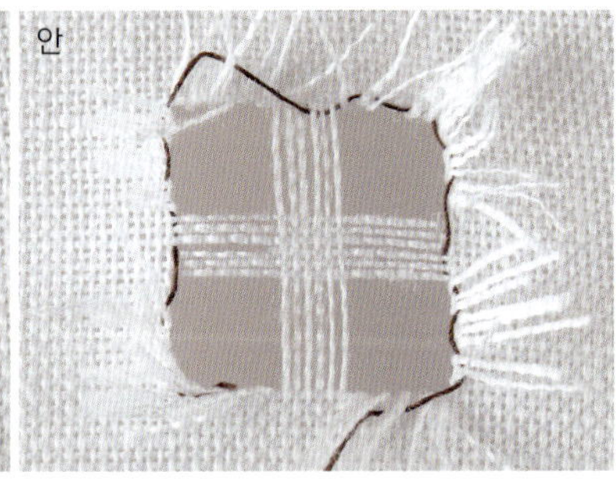

4 실을 뽑는다. 가장자리부터 순서대로 바늘로 실을 떠서 들어올려, 조금씩 뽑는다.

5 날실을 뽑은 상태. 중심에 6올만 남아 있다.

6 날실을 뽑으면 씨실도 쉽게 빠진다. 4칸 격자에 구멍이 생겼다. 여기서 가이드 실은 제거한다.

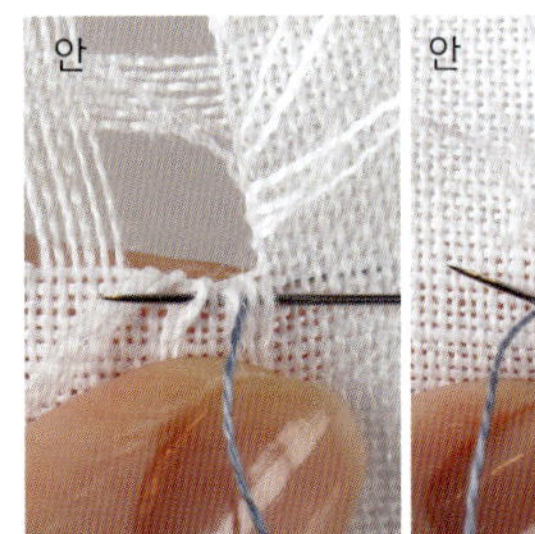

7 가장자리에서 가로 2올, 세로 2올 떨어진 위치에, 겉에서 바늘을 넣어 안으로 빼낸다. 자른 실을 바깥으로 접어서 손가락으로 누르고, 박음질을 하듯이 2올씩 시침실로 꿰매서 눌러준다.

8 주위를 1바퀴 빙 둘러서 꿰매, 천에서 뽑은 실을 눌러준다. 중심의 격자 부분은 꿰매지 않고 실을 걸친다. 실제로 수를 놓으면 이 시침실은 보이지 않게 되며, 리넨 실 90/2(또는 25번 자수 실 BLANC)를 사용한다.

9 끝이 둥근 바늘로 주위와 중심에 스티치를 한다. 시침실 위에 2, 3땀 러닝 스티치를 해서 모서리까지 꿰매고, 1올만큼 바깥으로 바늘을 빼낸다.

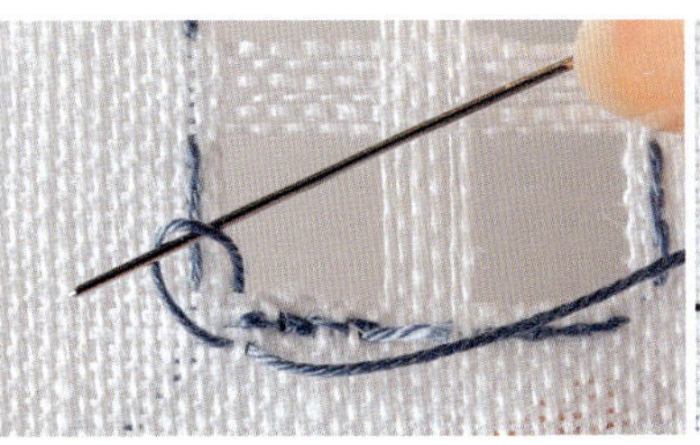

10 헤데보 버튼홀 스티치를 한다. 구멍을 통해 안쪽에서 바늘을 넣어, **9**에서 바늘을 빼낸 위치에서 1올 옆으로 빼낸다. 실을 끝까지 당기지 말고 고리를 만든 뒤, 고리의 뒤에서 앞으로 바늘을 통과시킨다. 실을 당겨서 조인다.

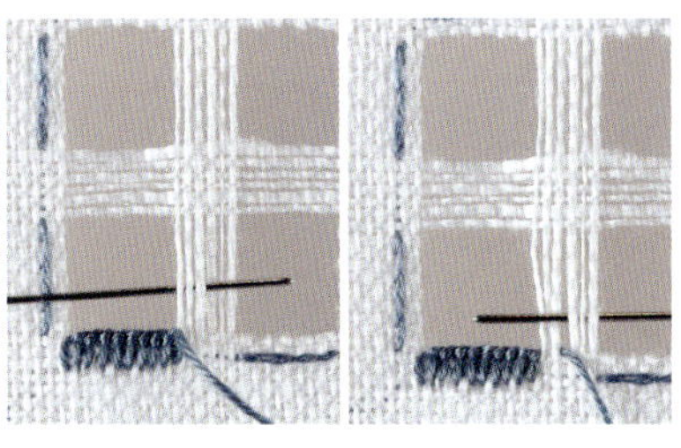

11 1올마다 헤데보 버튼홀 스티치를 1개씩 수놓아서, 격자 1칸의 1변을 완성한다. 이어서 중심의 날실에 다닝 스티치를 한다. 왼쪽에서 3올, 오른쪽에서 3올을 번 갈아 뜬다.

12 이 작업을 중앙의 교차하는 부분까지 반복한 뒤, 오른쪽 올 사이(3올)로 바늘을 빼낸다. 같은 방법으로 다닝 스티치를 한다.

13 수놓기 쉽게 천의 방향을 돌린 다음, 주위에 버튼홀 스티치를 한다. 시침실 바깥으로 바늘을 빼낸다.

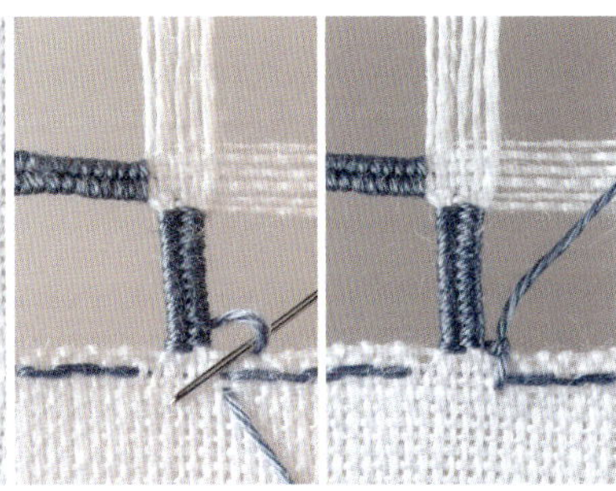

14 실을 끝까지 당기지 말고 고리를 만들어, 고리의 뒤에서 앞으로 바늘을 통과시킨다. 실을 당겨서 조인다.

15 모서리까지 버튼홀 스티치를 한 뒤, 천의 방향을 돌려서 다음 변으로 바늘을 빼내, 이어서 수를 놓는다. 중앙의 올까지 수를 놓은 뒤 다닝 스티치를 한다.

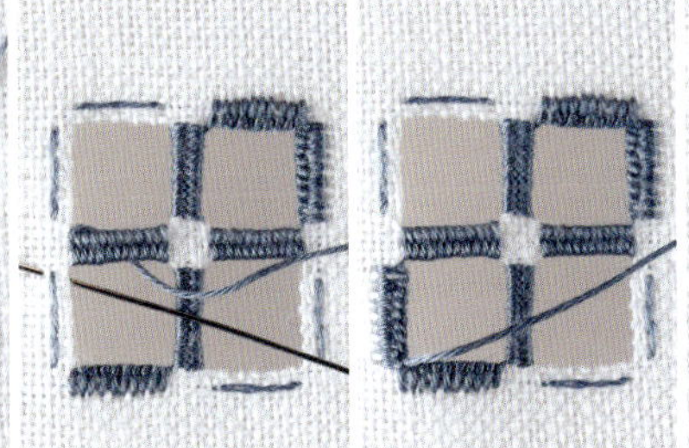

16 다닝 스티치와 버튼홀 스티치를 해서, 격자 베이스에 8자 모양이 만들어졌다.

17 다음은 그대로 진행할 수 없으므로, 바늘을 안쪽의 걸쳐진 실 안으로 통과시켜 이 어서 수놓을 위치로 빼낸다.

18 안쪽에서 다닝 스티치 실을 1가닥 뜬다.

19 시침실에서 1올만큼 바깥으로 바늘을 빼내, 헤데보 버튼홀 스티치를 한다. 반대쪽 모서 리도 안쪽에서 실을 통과시켜 이동하여 수를 놓는다.

20 천에서 뽑아낸 실과 버튼홀 스티치 바깥으로 나와 있는 시침실을, 안쪽에서 잘라 베이스를 완성한다.

내부에 무늬를 만든다 : 다닝 스티치 A

I 사각형의 1/2을 메우는 다닝 스티치를 한다. 안에서 겉으로 바늘을 빼내, 대각선으로 겉에서 바늘을 넣어 실을 2가닥 걸친다.

2 구멍에서 겉으로 바늘을 빼내, 대각선으로 걸친 실을 뜬다.

3 다닝 스티치의 중심에 바늘을 넣어 겉으로 빼낸다.

4 바늘의 방향을 바꿔서 대각선으로 걸친 실을 뜬다.

5 대각선 실 뜨기, 다닝 스티치 뜨기를 반복하여 빈틈을 채운다.

6 끝까지 반복하면 완성.

: 다닝 스티치 B

I 2변의 다닝 스티치 모서리에 꽃잎 모양으로 다닝 스티치를 한다. 다닝 스티치로 바늘을 빼낸 뒤, 모서리의 뒤에서 바늘을 넣어 앞으로 빼낸다. 실을 끝까지 당기지 말고 고리를 만들어, 뒤에서 앞으로 바늘을 통과시킨다.

2 다른 1변의 다닝 스티치에도 뒤에서 앞으로 바늘을 빼내 고리를 만들고, 뒤에서 앞으로 바늘을 통과시킨다. 양쪽 다닝 스티치에서 나와 있는 실이 2가닥, 모서리의 중심에서 나와 있는 실이 2가닥이 된다.

3 오른쪽에서 왼쪽으로 양쪽의 실을 떠서 바늘을 통과시킨다.

4 이어서 왼쪽에서 오른쪽으로 중심의 실을 떠서 바늘을 통과시킨다. 이 작업을 반복하여 위에서 아래를 향해, 다닝 스티치로 꽃잎 모양의 내부를 채운다.

5 완성. 고리 길이에 따라 크기가 달라진다.

: 리크랙

1 헤데보 버튼홀 스티치를 한다. 다닝 스티치로 바늘을 뺀 뒤, 다닝스티치의 뒤에서 앞으로 바늘을 빼내 고리를 만들고, 고리의 뒤에서 앞으로 바늘을 통과시킨다.

2 1번째 단에 4개를 수놓았다. p.96을 참조하여 3개, 2개, 1개 수를 놓아, 4단 리크랙을 만든다.

3 완성.

: 버튼홀 스캘럽

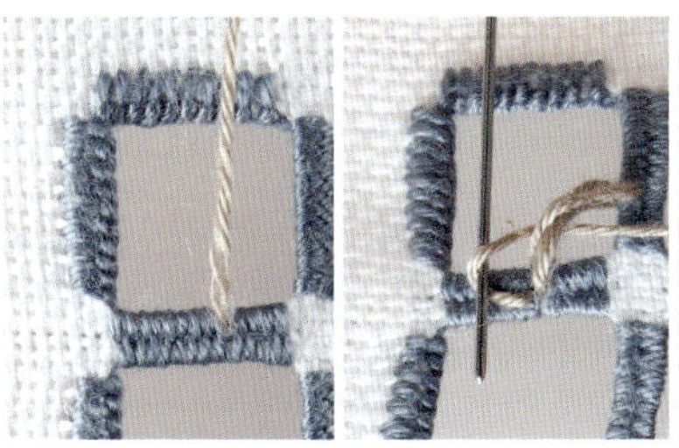  

1 모서리에 버튼홀 스캘럽을 만든다. 다닝 스티치 변으로 바늘을 빼낸 뒤, 다른 1변에도 뒤에서 앞으로 바늘을 빼낸다. 처음 시작한 위치로 돌아가, 뒤에서 앞으로 바늘을 빼낸다.

2 p.95를 참조하여 헤데보 버튼홀 스티치로 감싼다.

3 끝까지 감싸면 완성.

주위 장식 : 포사이디드 스티치

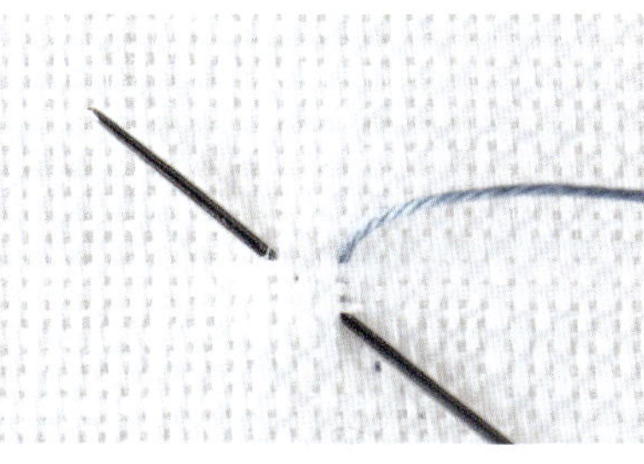 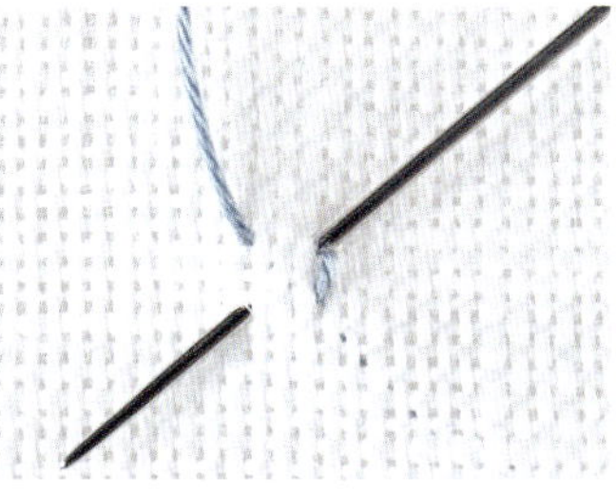 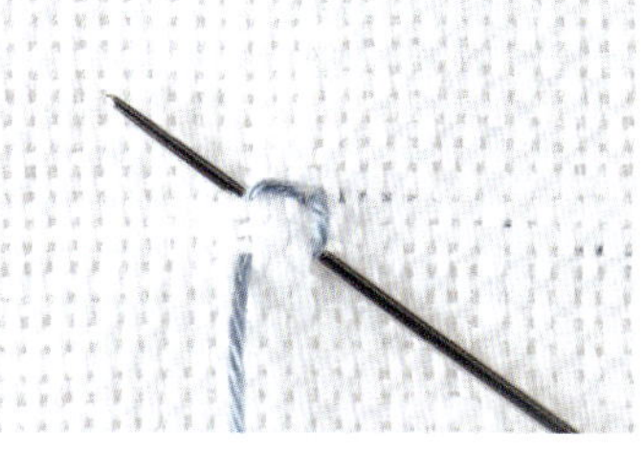

1 발뒤링 주위를 장식하는 자수이다. 안에서 겉으로 바늘을 빼낸 뒤, 세로 3올 아래에 바늘을 넣어, 가로 3올 세로 3올 대각선 왼쪽 위로 빼낸다.

2 가로 3올 오른쪽에 바늘을 넣어, 가로 3올 세로 3올 대각선 왼쪽 아래로 빼낸다.

3 가로 3올 오른쪽에 바늘을 넣어, 가로 3올 세로 3올 대각선 왼쪽 위로 빼낸다.

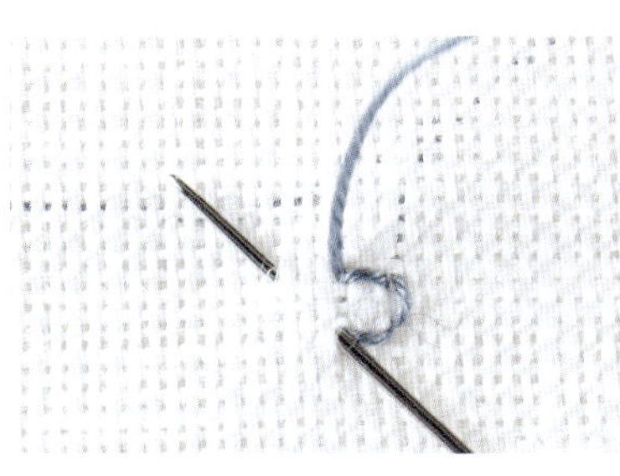 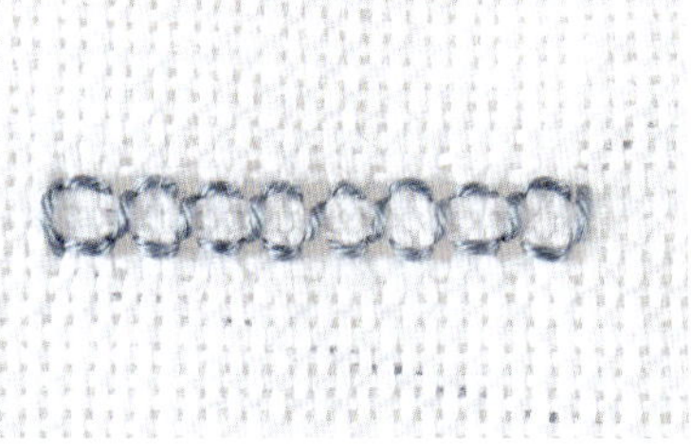

4 세로 3올 아래에 바늘을 넣어, 가로 3올 세로 3올 대각선 왼쪽 위로 빼낸다.

5 이 작업을 반복하여 주위를 1바퀴 둘러준다.

비드쉼 수놓는 방법

| 순서 |

1. 윤곽에 더블 러닝 스티치를 한다.

2. 내부의 올을 정해진 간격으로 뽑는다.

3. 남은 올을 감친다.

4. 주위에 체인 스티치를 2겹으로 수놓는다.

베이스를 만든다

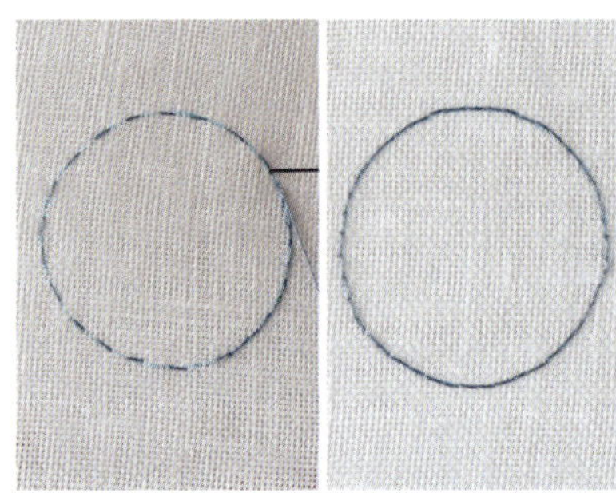

1 p.92를 참조하여 윤곽에 더블 러닝 스티치를 한다.

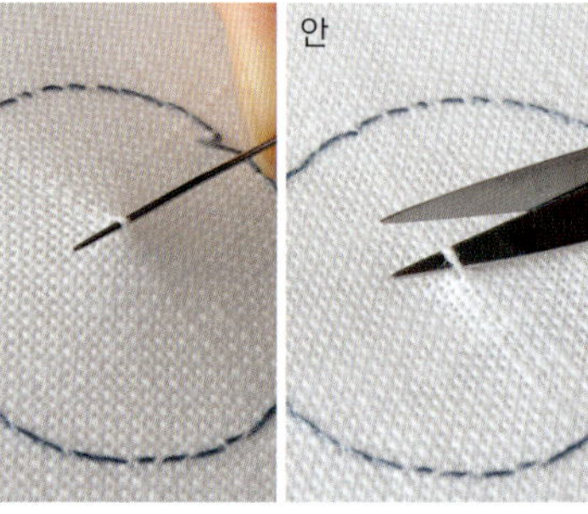

2 안쪽이 위로 오게 놓고, 도안 중심의 날실을 바늘로 살짝 빼낸다. 다른 실을 자르지 않도록 주의하면서 빼낸 실을 자른다.

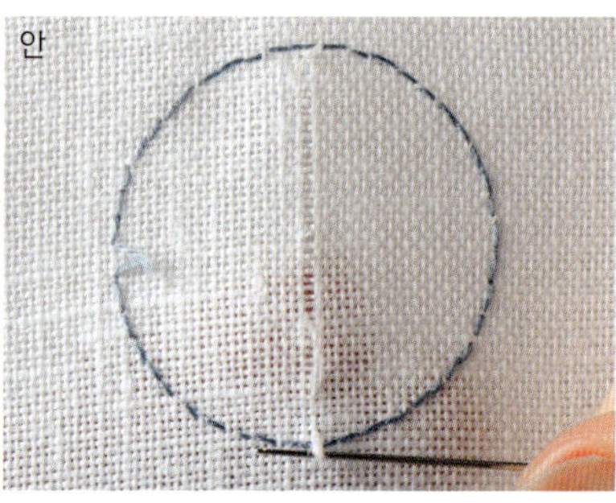

3 자른 실을 단숨에 뽑지 말고, 조금씩 떠서 뽑는다. 위아래로 윤곽까지 날실을 뽑아낸 뒤 그대로 둔다.

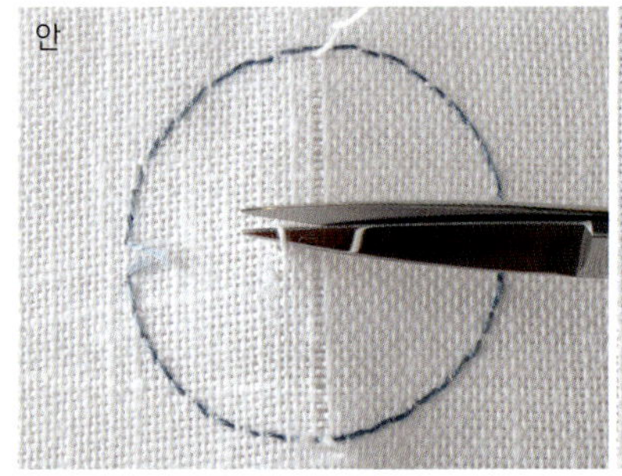

4 정해진 간격으로 다음 날실을 빼내서 자른다. 여기서는 3올을 남기고 1올을 뽑는다.

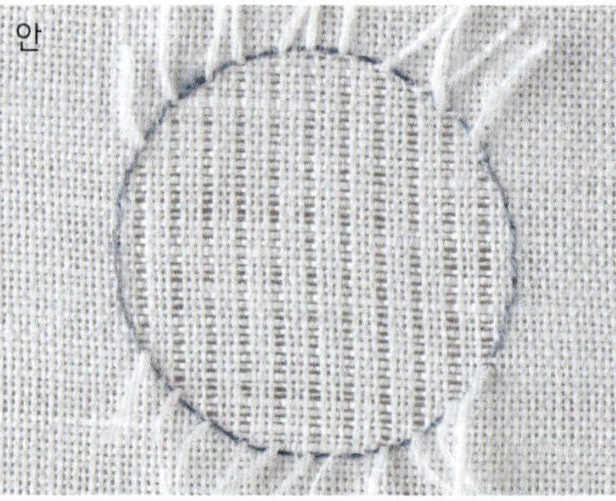

5 날실을 모두 뽑은 상태.

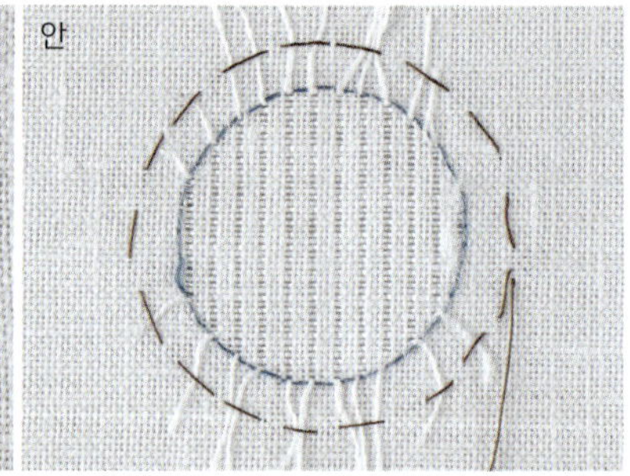

6 뽑은 날실을 시침질로 눌러준다. 주위를 꿰맨 뒤 여분의 날실은 자르기 때문에, 적당히 꿰매도 괜찮다.

무늬를 수놓는다 : A(3올 남기고 1올 뽑기)

1 겉면이 위로 오게 놓고, 윤곽의 조금 바깥쪽에서 중심까지 4땀 정도 러닝 스티치를 한다. 윤곽 안쪽의 실을 뽑아낸 빈틈으로 바늘을 빼낸다.

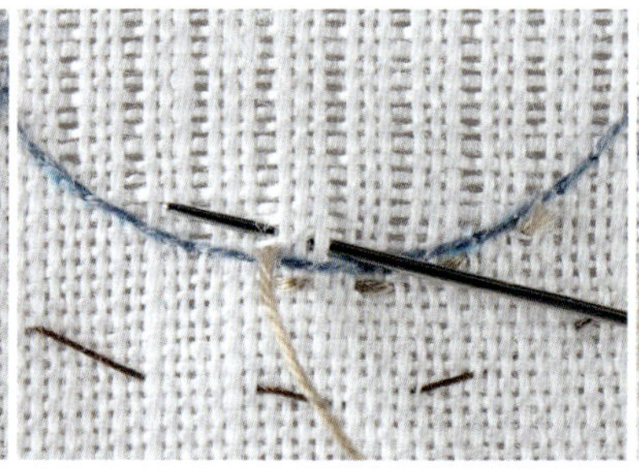

2 3올을 남기고 1올을 뽑았기 때문에, 3올 오른쪽의 빈틈에 바늘을 넣어, 가로 3올 세로 1올 대각선 왼쪽 위로 빼낸다.

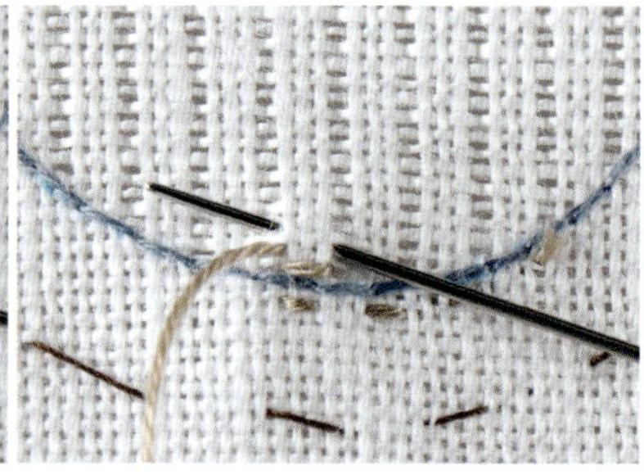

3 같은 방법으로 3올 오른쪽의 빈틈에 바늘을 넣어, 가로 3올 세로 1올 대각선 왼쪽 위로 빼낸다. 남겨둔 3올을 심지로, 세로로 1올씩 실을 걸쳐서 휘감친다.

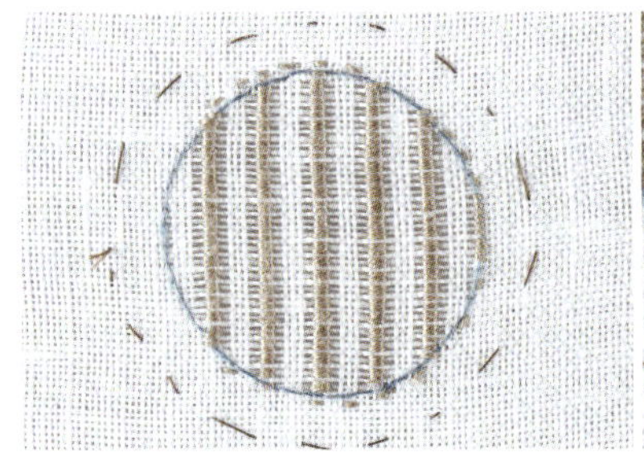  

4 반대쪽 가장자리까지 휘감치고 윤곽 바깥쪽으로 바늘을 빼내, 러닝 스티치로 다음 3올로 이동한다. 3올 건너뛰고 휘감치기를 계속한다.

5 이어서 휘감치지 않은 3올을 스티치한다. 아래쪽 중심의 오른쪽 빈틈으로 바늘을 빼내 3올 왼쪽에 넣고, 가로 3올 세로 3올 오른쪽 위로 바늘을 빼내서 실을 당긴다.

6 3올 아래에 바늘을 넣고, 가로 3올 세로 3올 왼쪽 위로 빼내서 실을 당긴다.

7 3올 아래에 바늘을 넣고, 가로 3올 세로 3올 오른쪽 위로 빼내서 실을 당긴다.

8 3올 왼쪽에 바늘을 넣고, 가로 3올 세로 3올 오른쪽 위로 빼내서 실을 당긴다. 포사이디드 스티치와 같다.

9 이 작업을 반복하여 반대쪽 가장자리까지 수를 놓은 뒤, 윤곽 바깥쪽으로 바늘을 빼내 러닝 스티치로 다음 3올로 이동한다. 모든 스티치를 끝낸 모습.

: B(2올 남기고 1올 뽑기)

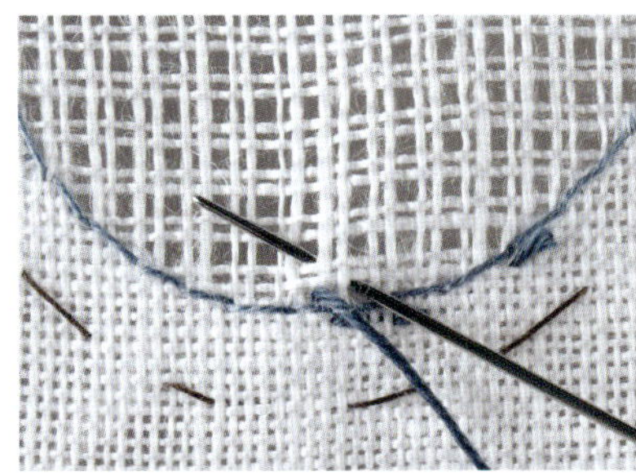  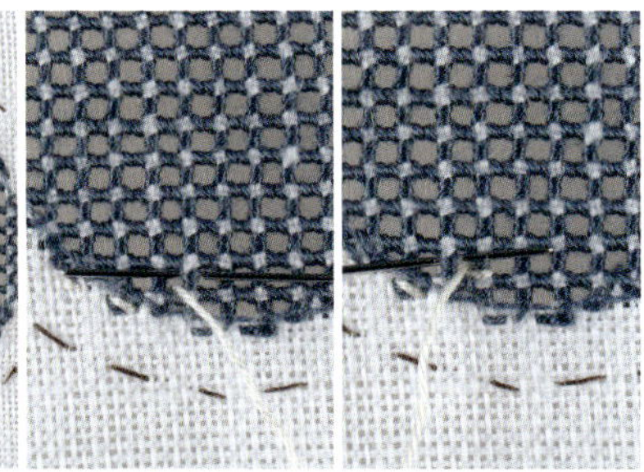

I p.128을 참조하여 씨실과 날실 모두 2올을 남기고 1올을 뽑아 베이스를 만든 뒤, 중심의 빈틈으로 바늘을 빼낸다. 2올 오른쪽에 바늘을 넣어, 가로 2올 세로 2올 왼쪽 위로 빼낸다.

2 뽑은 부분을 2번 휘감치고, 왼쪽 위로 바늘을 빼내 다시 2번 휘감치기를 반복한다. 가로세로 모두 휘감친다.

3 이어서 왼쪽 아래로 바늘을 빼내, 오른쪽과 왼쪽 실 번갈아 뜨기를 3번 반복하여 다닝 스티치를 한다.

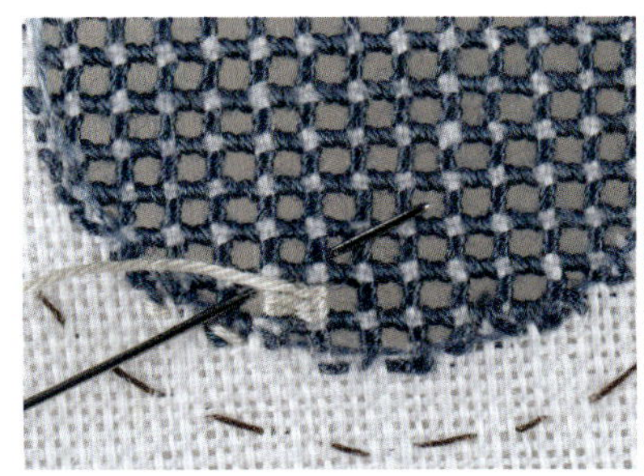  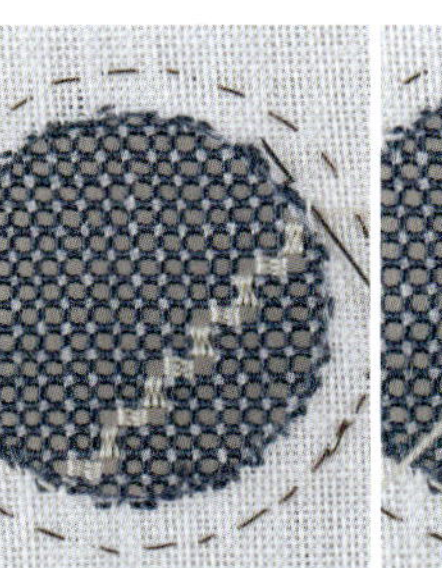 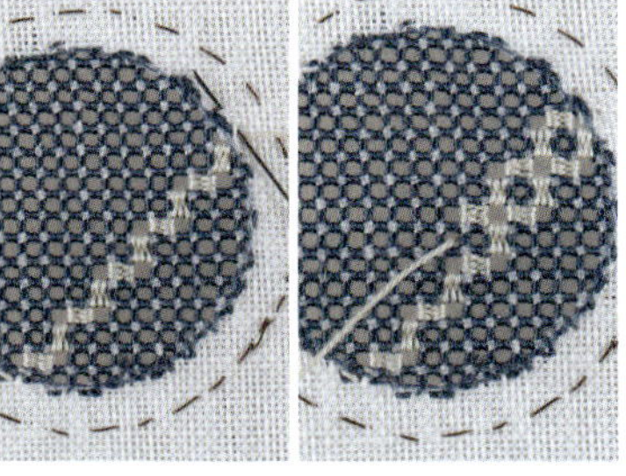

4 3번 반복한 뒤 왼쪽의 바늘을 넣은 곳에서 오른쪽 대각선 위로 바늘을 빼낸다.

5 이어서 위아래를 휘감친다. 위에서 바늘을 넣어 중심으로 빼내고, 아래에서 바늘을 넣어 중심으로 빼내기를 3번 반복한다.

6 사진처럼 가로와 세로 다닝 스티치를 대각선으로 수놓는다. 반대쪽 가장자리까지 수놓은 뒤, 윤곽 바깥쪽에서 스티치를 해 다음 줄로 이동한다.

I p.128을 참조하여 날실 3올을 남기고 1올을 뽑아 베이스를 만든 뒤, 중심의 빈틈으로 바늘을 빼낸다. 바늘을 빼내는 위치는 가장자리에서 2올째 씨실이다.

2 가로 3올 세로 2올 왼쪽 위에서 바늘을 넣어, I과 같은 곳으로 빼낸다.

3 2와 같은 곳에 바늘을 넣어, 4올 아래로 빼낸다. 이어서 가로 3올 세로 2올 오른쪽 위에 바늘을 넣어, 같은 곳으로 빼낸다.

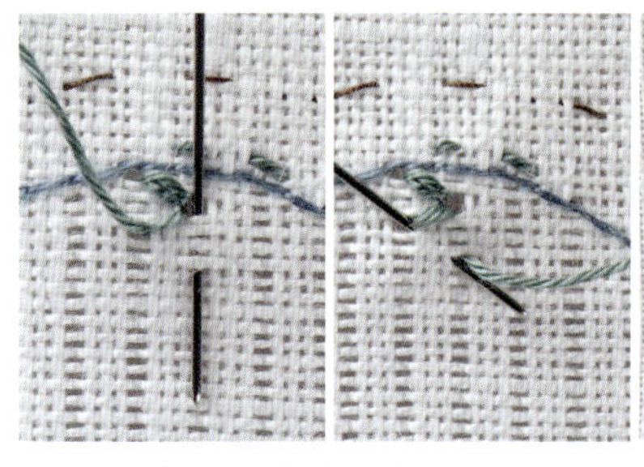

4 3과 같은 곳에 바늘을 넣어, 4올 아래로 빼낸다. 이어서 가로 3올 세로 2올 왼쪽 위에 바늘을 넣어, 같은 곳으로 빼낸다.

5 대각선으로 2번 수놓기를 반복하여, 지그재그로 감친다.

6 다음 줄은 옆쪽 3올을 1단씩 비켜서, 같은 방법으로 감친다.

주위 정리

I 윤곽을 따라 4땀 정도 러닝 스티치를 한 뒤, 체인 스티치를 한다.

2 체인 스티치를 1바퀴 둘러준 뒤, 처음 스티치에 바늘을 통과시켜 원을 마무리한다.

3 체인 스티치 옆으로 바늘을 빼내, 체인 스티치를 1바퀴 더 둘러준다.

4 체인 스티치를 하면 윤곽이 가려지고, 뽑아낸 실도 누를 수 있다.

5 안쪽의 뽑아낸 실을 체인 스티치 옆에서 자른다. 다른 실을 자르지 않도록 주의한다.

6 완성. 안쪽에서는 시침실 등이 보이지만, 겉에서는 보이지 않는다.

: 무늬 수놓는 방법

• **무늬 A** (베이스_ 날실만 3올 남기고 1올 뽑기)
휘감치기와 포사이디드 스티치의 조합

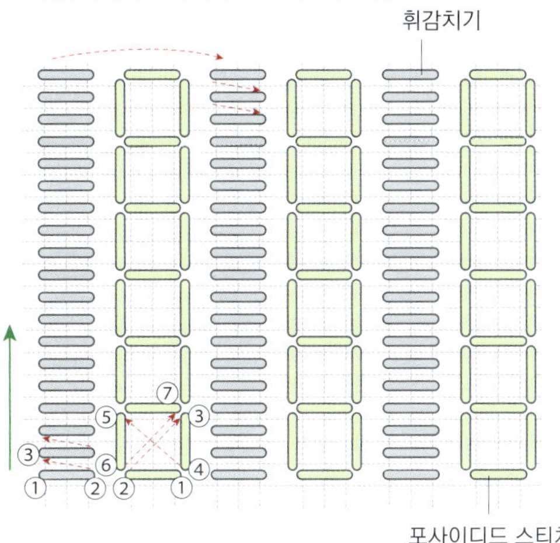

• **무늬 C** (베이스_ 날실만 3올 남기고 1올 뽑기)

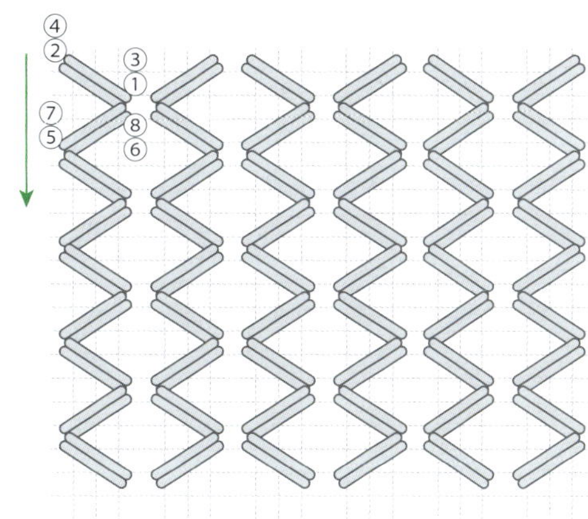

• **무늬 B** (베이스_ 씨실과 날실 모두 2올 남기고 1올 뽑기)
휘감치기와 다닝 스티치의 조합

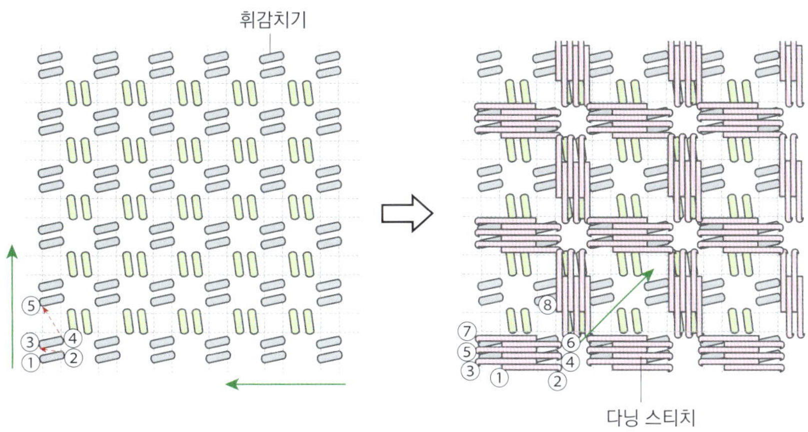

기본 자수 ③　여기서는 기본적인 자수 방법을 설명한다. p.94, 100도 함께 살펴보자.

체인 스티치

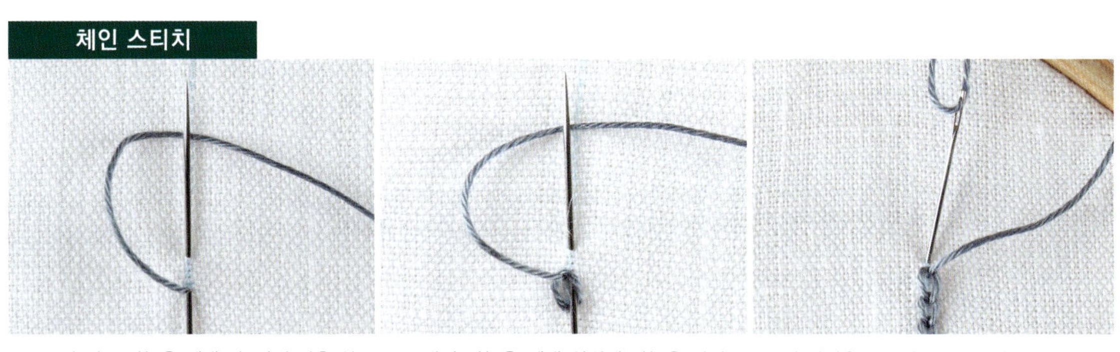

1 도안 위로 바늘을 빼낸 뒤, 다시 같은 위치에 바늘을 넣어서 1땀 뜬다. 바늘 끝에 실을 걸고 바늘을 뺀다.

2 1에서 바늘을 빼낸 위치에 바늘을 넣어서 1땀 뜬다. 바늘 끝에 실을 걸고 바늘을 뺀다.

3 이 작업을 반복하고, 마지막은 고리 앞쪽에 바늘을 넣는다.

p.122참조

p.118참조

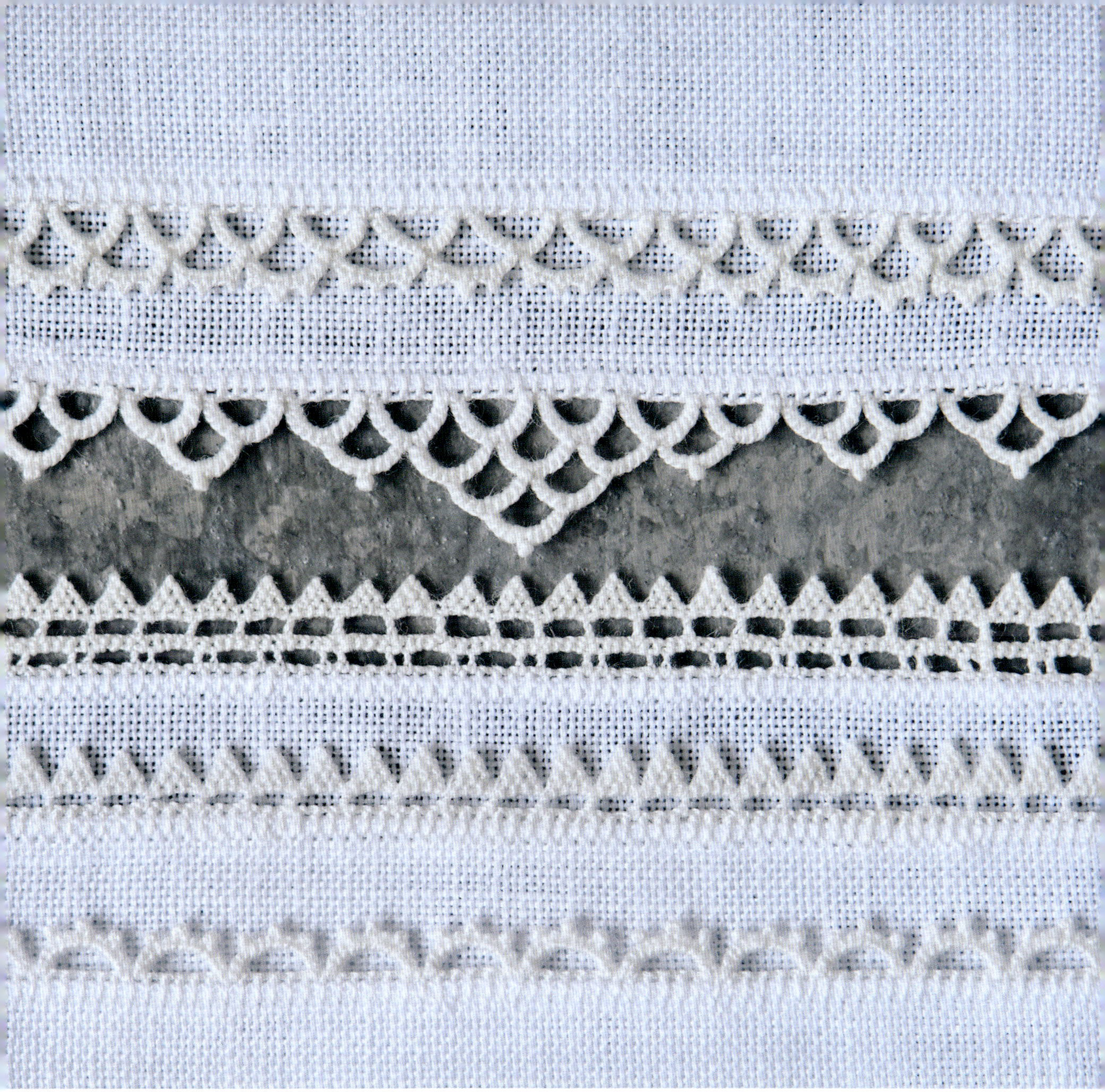

Hedebo Lace

헤데보 테두리 장식

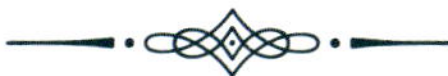

헤데보의 테두리 장식 레이스를 소개한다. 테두리에만 수를 놓아도 사랑스럽지만, p.22부터 소개하는 코스터나 도일리처럼 다른 헤데보 기법과 조합하여 사용하는 경우가 많다. 테두리를 둥글게 만들지 각진 채로 둘지, 기본 스티치를 어떻게 조합하여 테두리를 장식할지 생각해보자.

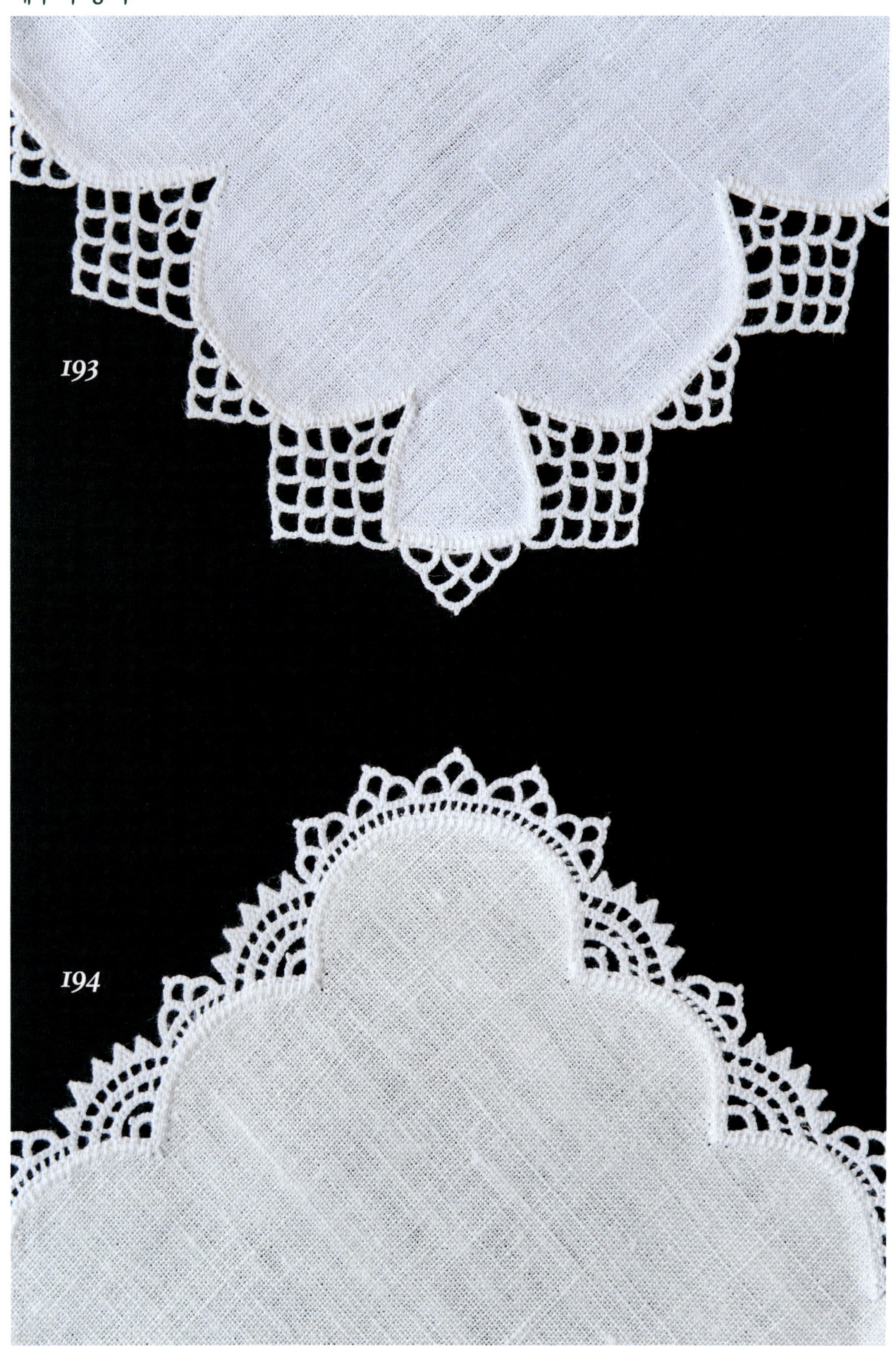

193

194

195
196

재 료 | 자수용 천(올이 촘촘한 리넨, 흰색)
리넨 실(보켄스) 4/4-bl 50/2, 60/2
윤곽의 더블 러닝 스티치와 버튼홀 스티치는 50/2, 테두리 장식은 60/2

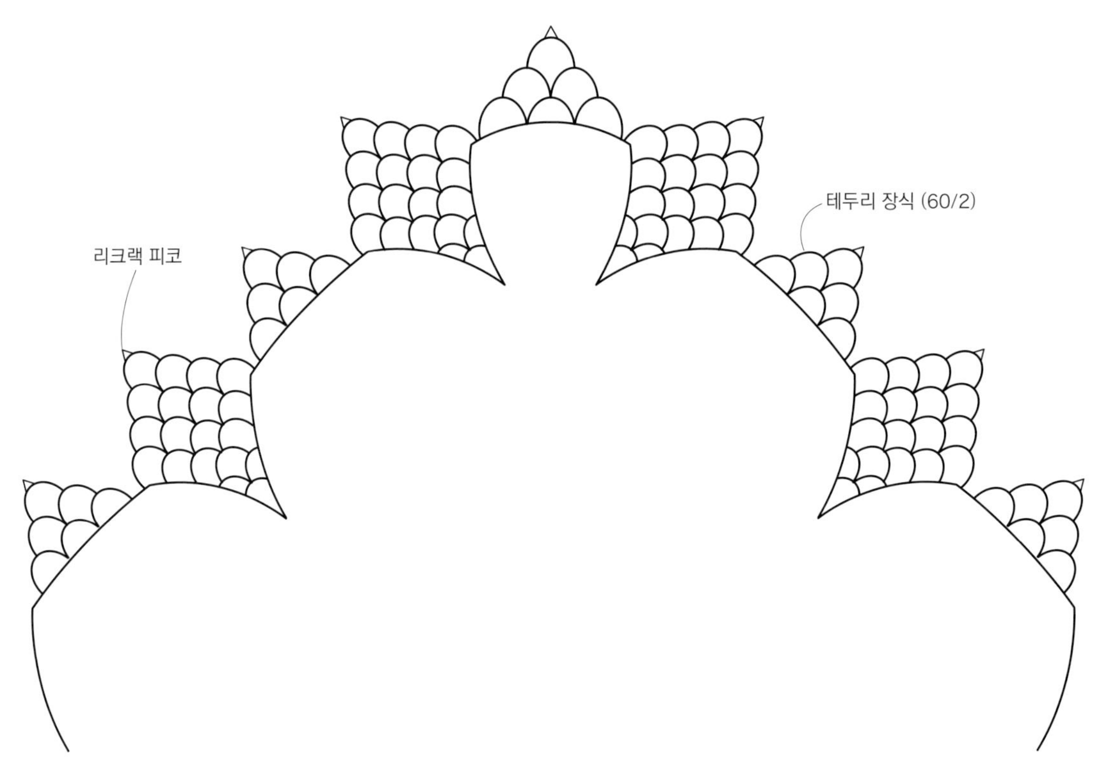

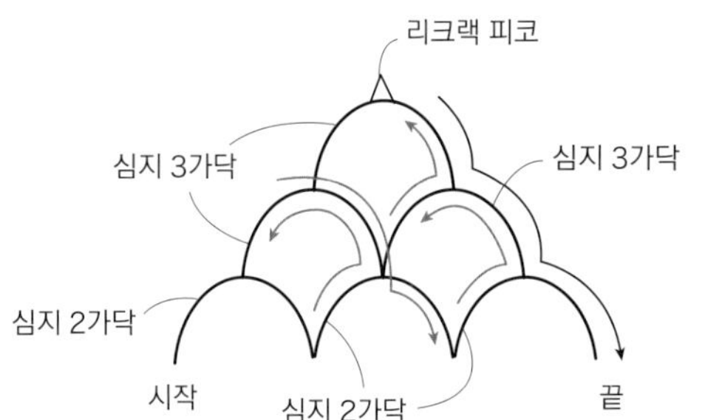

재 료 │ 자수용 천(올이 촘촘한 리넨, 흰색)
어브로더(DMC) BLANC   #25, 30

윤곽의 더블 러닝 스티치와 버튼홀 스티치는 #25, 테두리 장식은 #30

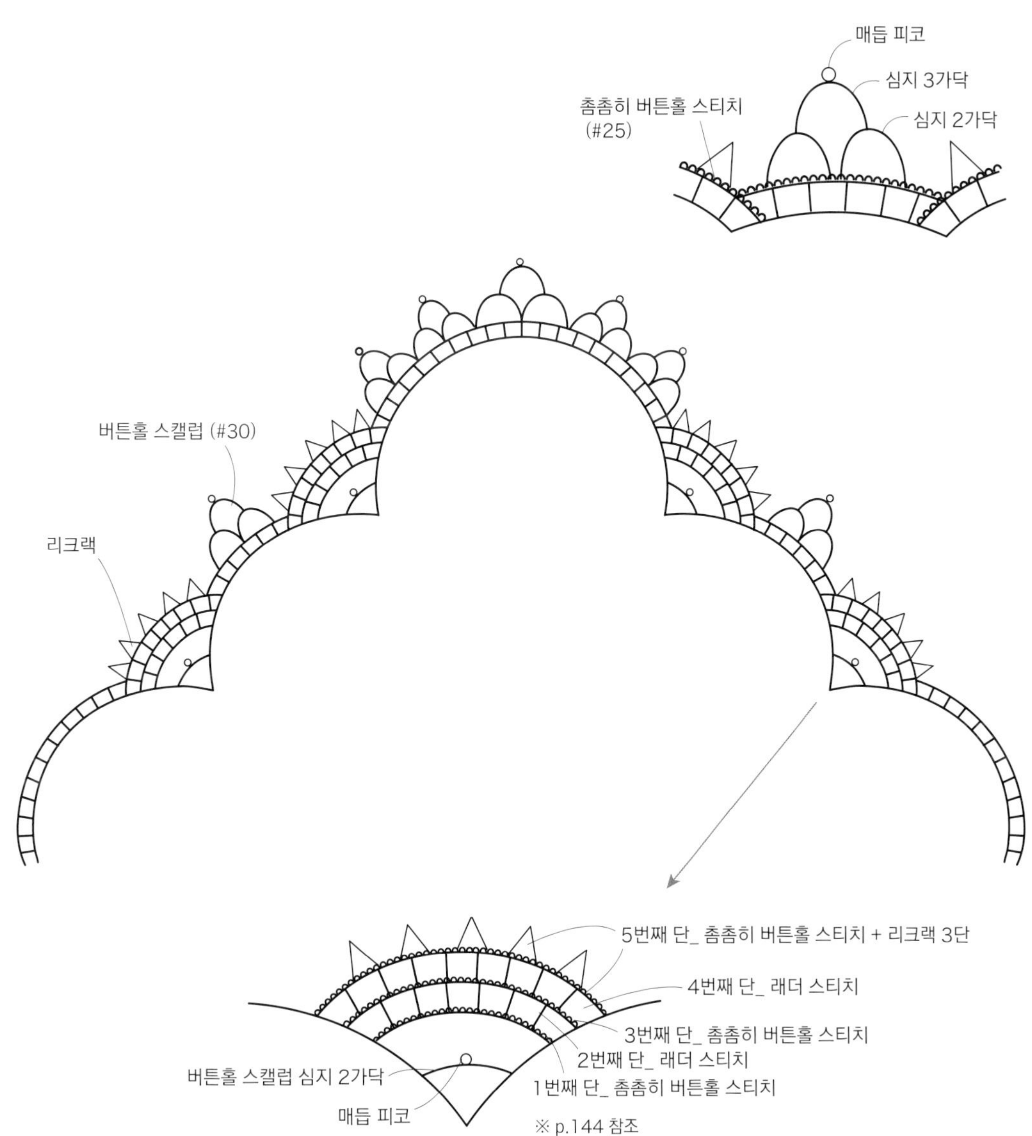

재 료 | 자수용 천(올이 촘촘한 리넨, 흰색)
리넨 실(보켄스) 4/4-bl 50/2, 60/2

윤곽의 더블 러닝 스티치와 버튼홀 스티치는 50/2, 테두리 장식은 60/2

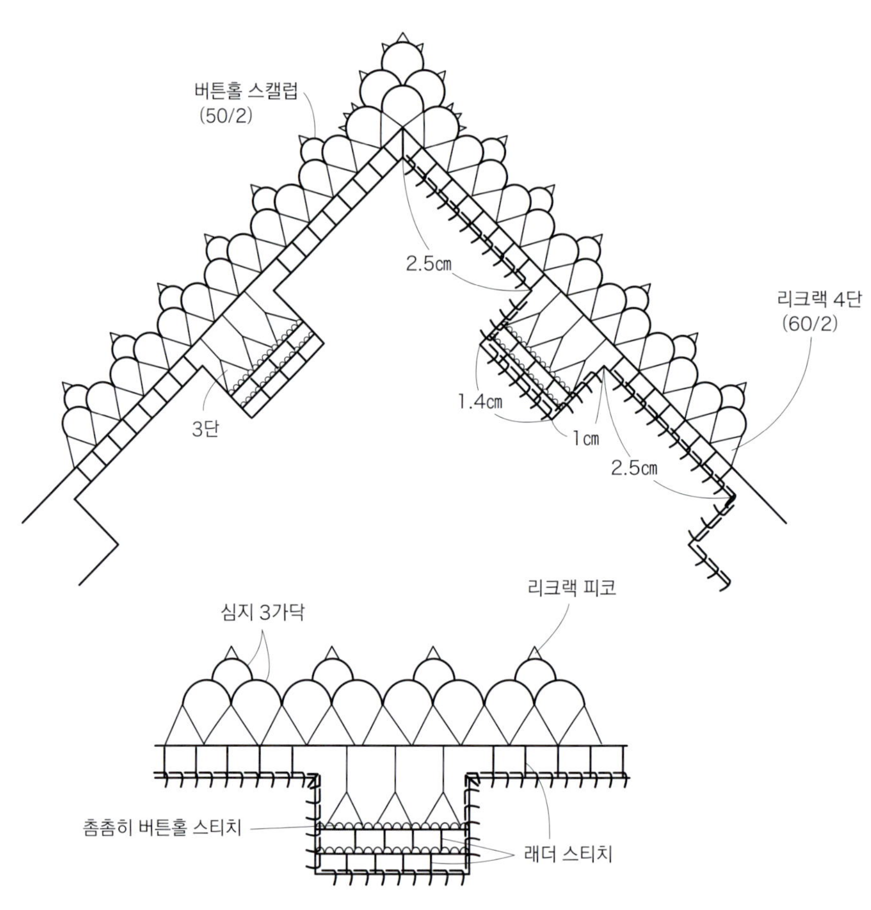

6번째 단 만드는 방법

※ p.146 참조

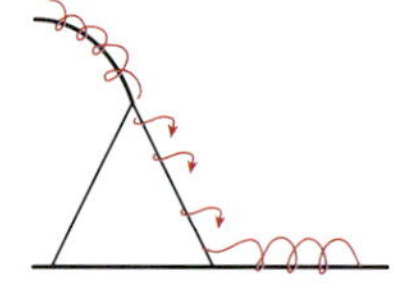

2번째 리크랙 꼭대기에서
1번째 리크랙에 심지 3가
닥을 걸친다.

스캘럽을 만들고, 3번째
리크랙으로 진행한다.

같은 방법으로 3번째 리크랙
에서 2번째 리크랙에 심지를
걸치고, 중간에 스캘럽 윗단을
만들어서 진행한다.

재 료 │ 자수용 천(올이 촘촘한 리넨, 흰색)
어브로더(DMC) BLANC   #25, 30

윤곽의 더블 러닝 스티치와 버튼홀 스티치는 #25, 테두리 장식은 #30

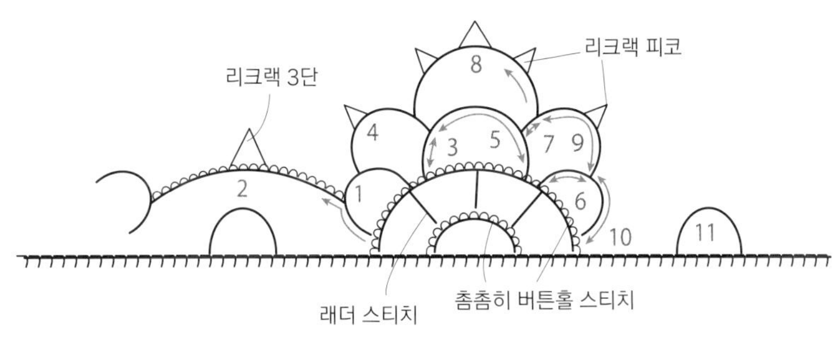

1~11 순서로 버튼홀 스캘럽을 만든다.
※ p.144 참조

버튼홀 스캘럽 심지

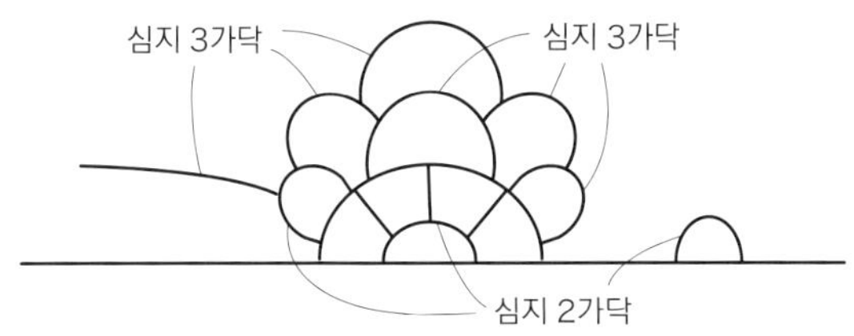

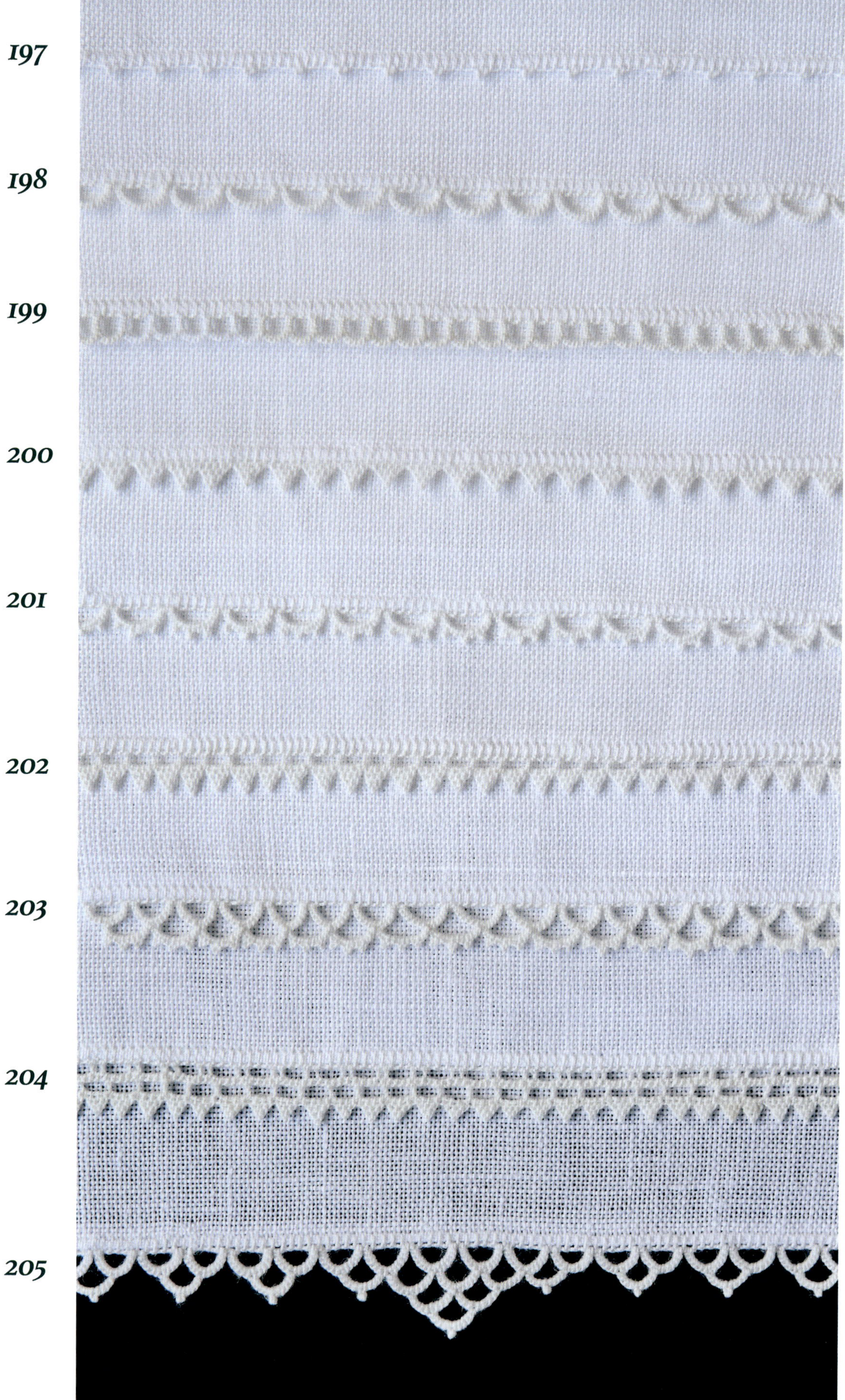
197
198
199
200
201
202
203
204
205

재료 │ 자수용 천(14올/㎝ 리넨, 흰색)
리넨 실(보켄스) 1/2-bl 40/2, 50/2, 60/2
베이스의 더블 러닝 스티치와 버튼홀 스티치는 40/2
그 외에는 도안에 지정

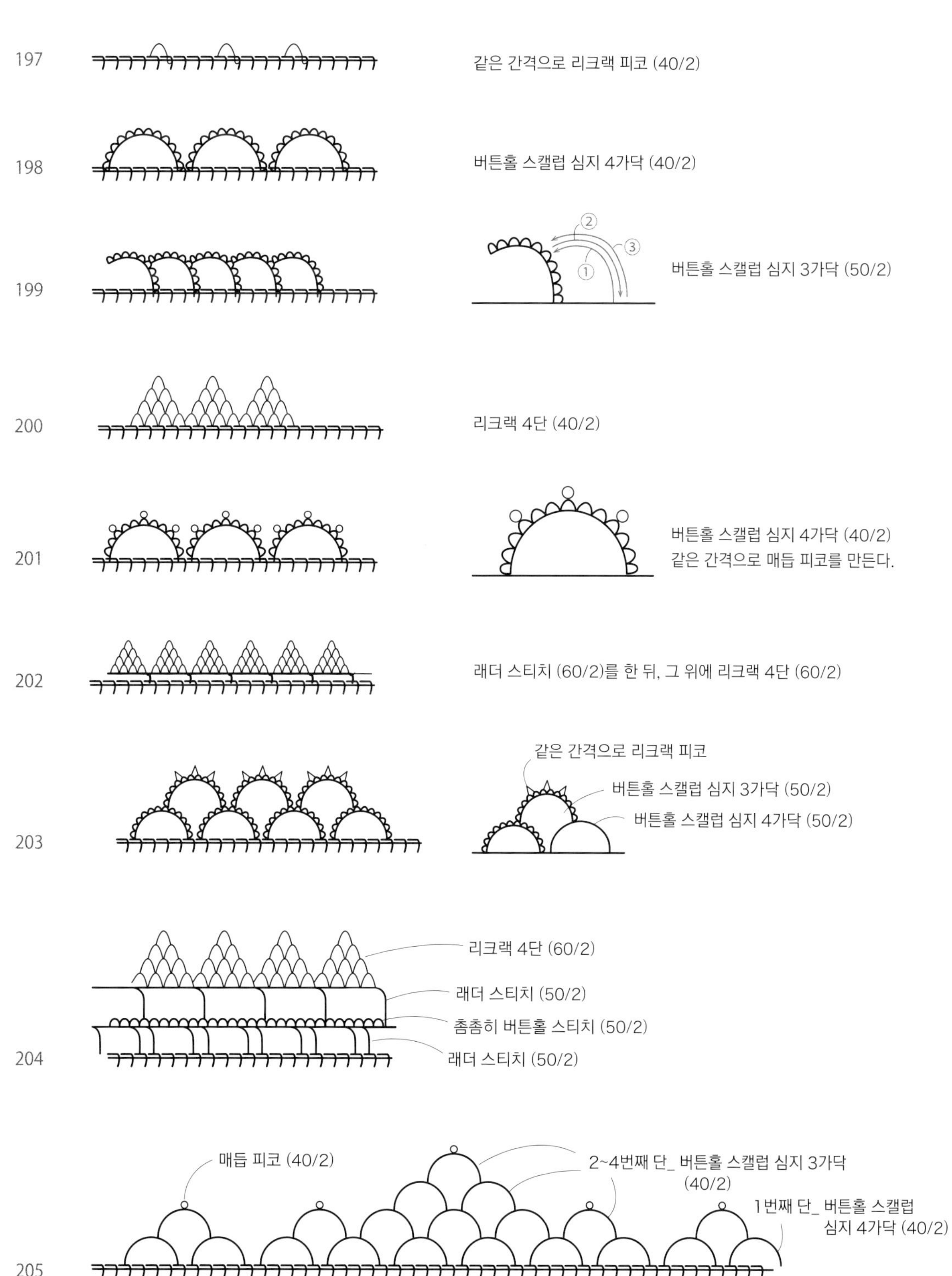

197 같은 간격으로 리크랙 피코 (40/2)

198 버튼홀 스캘럽 심지 4가닥 (40/2)

199 버튼홀 스캘럽 심지 3가닥 (50/2)

200 리크랙 4단 (40/2)

201 버튼홀 스캘럽 심지 4가닥 (40/2)
같은 간격으로 매듭 피코를 만든다.

202 래더 스티치 (60/2)를 한 뒤, 그 위에 리크랙 4단 (60/2)

203 같은 간격으로 리크랙 피코
버튼홀 스캘럽 심지 3가닥 (50/2)
버튼홀 스캘럽 심지 4가닥 (50/2)

204 리크랙 4단 (60/2)
래더 스티치 (50/2)
촘촘히 버튼홀 스티치 (50/2)
래더 스티치 (50/2)

205 매듭 피코 (40/2)
2~4번째 단_ 버튼홀 스캘럽 심지 3가닥 (40/2)
1번째 단_ 버튼홀 스캘럽 심지 4가닥 (40/2)

206~211

재 료 | 리넨 실(보켄스) 1/2-bl　50/2, 60/2
어브로더(DMC) BLANC　#20, 25

실은 도안에 지정

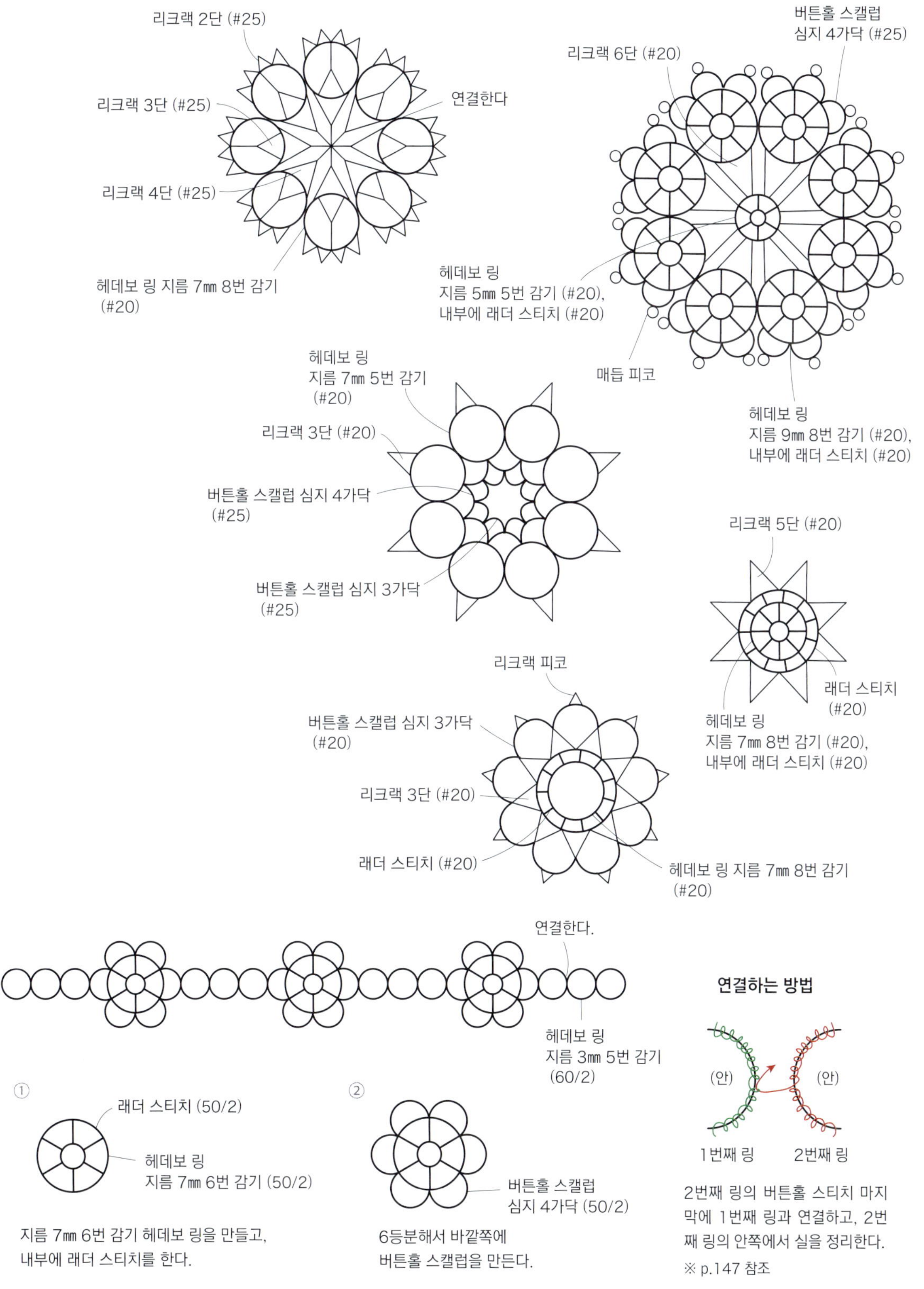

지름 7mm 6번 감기 헤데보 링을 만들고,
내부에 래더 스티치를 한다.

6등분해서 바깥쪽에
버튼홀 스캘럽을 만든다.

연결하는 방법

2번째 링의 버튼홀 스티치 마지막에 1번째 링과 연결하고, 2번째 링의 안쪽에서 실을 정리한다.

※ p.147 참조

헤데보 테두리 장식 수놓는 방법

| 순서 |

1. 윤곽을 따라 더블 러닝 스티치를 한다.
2. 윤곽을 따라 천을 접고, 헤데보 버튼홀 스티치를 한다.
3. 테두리에 자유롭게 스티치를 한다.

윤곽을 수놓는다

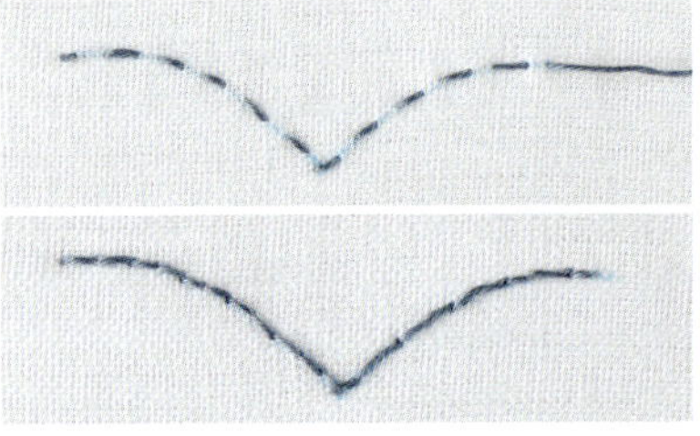

1 천에 윤곽선을 그려 자수틀에 끼운 뒤, p.92를 참조하여 더블 러닝 스티치를 한다.

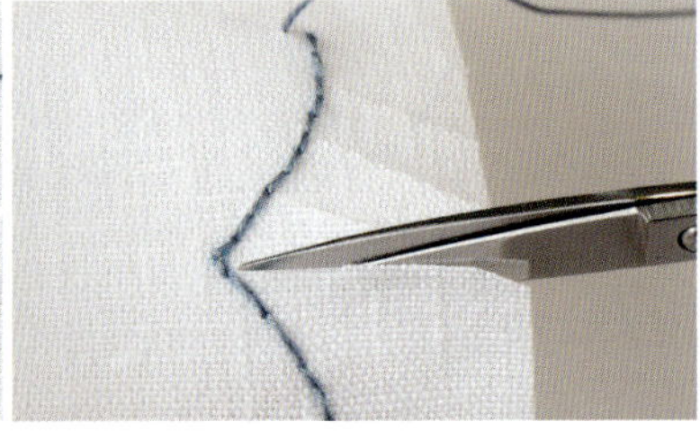

2 윤곽보다 위쪽에 있는 천을, 스티치를 경계로 안쪽으로 접는다. 곡선은 곡선에 대해 직각이 되도록, 조금씩 가위집을 넣은 뒤 접는다.

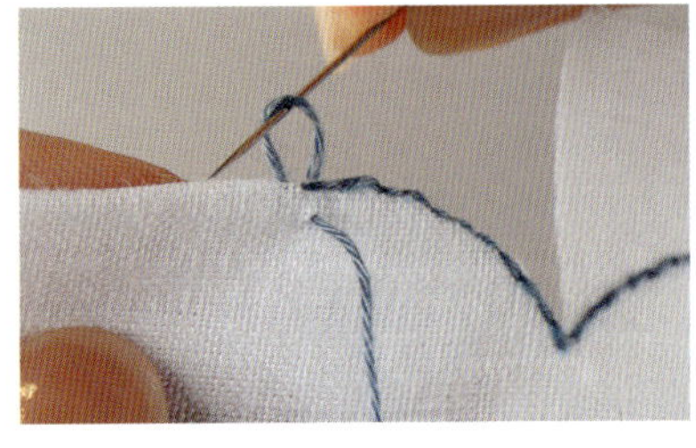

3 더블 러닝 스티치에서 0.2~0.3㎝ 아래로, 뒤에서 앞으로 바늘을 빼낸다. 실을 끝까지 당기지 말고 고리를 만든 다음, 고리의 뒤에서 앞으로 바늘을 통과시킨다.

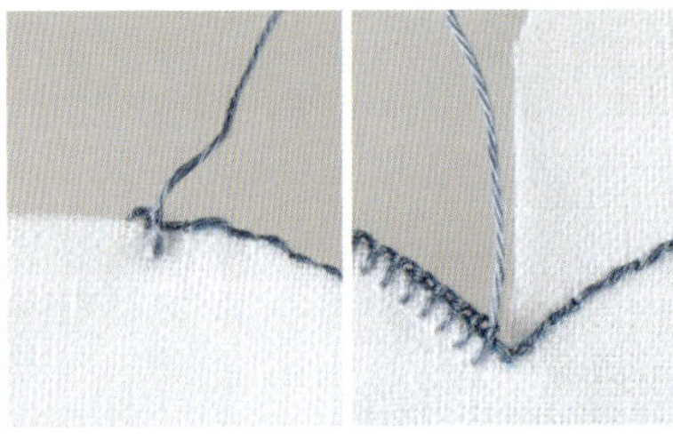

4 실을 당겨서 고리를 조인다. 헤데보 버튼홀 스티치 1개 완성. 윤곽을 따라 반복하고, 움푹한 모서리 앞에서 멈춘다.

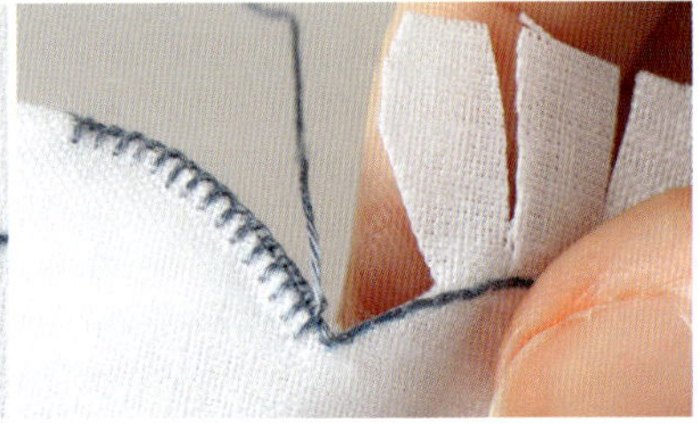

5 다음 변도 같은 방법으로 가위집을 넣은 뒤, 안쪽으로 접는다.

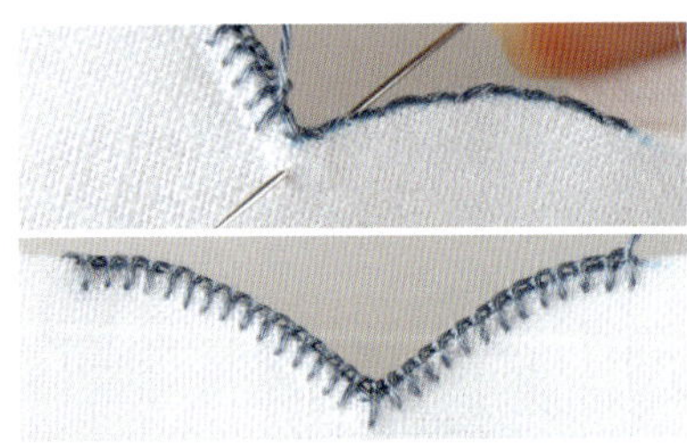

6 움푹한 모서리는, 모서리에 바늘을 넣어 헤데보 버튼홀 스티치 1땀을 수놓는다. 스티치를 반복하여 끝까지 수놓는다.

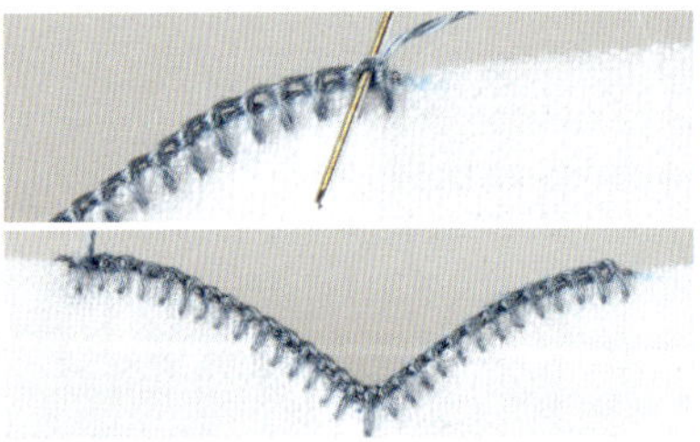

7 끝까지 수를 놓은 뒤, 버튼홀 스티치의 윗부분을 뜨면서 되돌아간다. 스티치 윗부분을 뒤에서 앞으로 떠서 실을 휘감는다.

8 곡선이기 때문에, 안쪽에서 보면 가위집을 넣은 부분이 겹쳐 있다.

무늬를 수놓는다 : 사이를 연결한다

1 끝이 둥근 바늘을 사용하여 수놓을 위치로 바늘을 빼낸 뒤, 반대쪽에 뒤에서 앞으로 바늘을 통과시켜 실을 걸친다. 처음 위치로 돌아가, 뒤에서 앞으로 바늘을 통과시킨다.

2 p.95를 참조하여 걸쳐놓은 실 2가닥을 심지로, 헤데보 버튼홀 스티치를 한다.

3 이 작업을 반복하여 끝까지 스티치를 한다. 테두리에 뒤에서 앞으로 바늘을 통과시킨 뒤, 스티치 윗부분에 뒤에서 앞으로 바늘을 통과시킨다.

4 스티치 윗부분 뜨기를 반복하여 처음 시작 위치까지 되돌아가면, 1번째 줄이 완성된다. 테두리에 앞에서 뒤로 바늘을 넣어, 스티치 2개 앞으로 바늘을 빼낸다.

5 1번째 줄에 뒤에서 앞으로 바늘을 통과시켜 고리를 만든 다음, 고리에 뒤에서 앞으로 바늘을 통과시켜 실을 당긴다. 실을 끝까지 당기지 말고, 스티치 2개 높이만큼 남긴다. 이 작업을 반복하여 끝까지 수를 놓는다.

6 스티치의 윗부분에 뒤에서 앞으로 바늘을 통과시켜, 1개씩 실을 휘감으면서 되돌아 간다.

7 끝까지 되돌아가 1개 위쪽의 테두리에 뒤에서 앞으로 바늘을 통과시킨 다음, 스티치 윗부분에 뒤에서 앞으로 바늘을 통과시켜 고리를 만든다. 고리에 뒤에서 앞으로 바늘을 통과키고, 실을 당겨서 조인다.

8 이 버튼홀 스티치를 끝까지 반복하면 완성이다. 실을 심지로 한 버튼홀 스티치, 래더 스티치, 촘촘히 버튼홀 스티치 순서다.

: 피코_ 매듭 피코

1 테두리에 헤데보 버튼홀 스캘럽을 만든다. 심지의 1/2까지 버튼홀 스티치를 한 뒤, 사진처럼 심지 위에 바늘을 올린다. 바늘에 실을 2번 감고 바늘을 뺀다.

2 중심에 매듭이 생겼다. 매듭 피코 아래의 버튼홀 스티치에, 앞에서 뒤로 바늘을 통과시킨다.

3 나머지 1/2의 심지에 버튼홀 스캘럽을 수놓는다. 매듭 피코가 있는 버튼홀 스캘럽 완성.

: 피코_ 리크랙 피코

1 테두리에 헤데보 버튼홀 스캘럽을 만든다. 버튼홀 스티치를 심지의 1/2보다 1개 더 수놓고, 1개 이전으로 돌아가 뒤에서 앞으로 바늘을 통과시킨다.

2 실을 끝까지 당기지 말고 고리를 만들어, 고리의 뒤에서 앞으로 바늘을 통과시킨다. 실을 당겨서 조인다. 1단 리크랙이 생겼다.

3 리크랙 옆에 바늘을 통과시켜서 감치고, 나머지 1/2의 심지에 버튼홀 스캘럽을 수놓는다. 리크랙 피코가 있는 버튼홀 스캘럽 완성.

I 2개의 리크랙 사이를 연결하여 3단 장식을 만든다. 2번째 리크랙의 실을 자르지 않고, 1번째 리크랙 꼭대기에 바늘을 통과시켜 실을 걸친다. 2개의 리크랙 사이에 실을 3가닥 걸친다.

2 p.95를 참조하여 걸쳐놓은 실 3가닥을 심지로, 헤데보 버튼홀 스티치를 한다. 리크랙 옆쪽에 실을 휘감으면서 아래로 되돌아간다.

3 1개 옆쪽의 테두리에 뒤에서 앞으로 바늘을 넣어, 같은 리크랙을 만든다.

4 3번째 리크랙 완성.

5 같은 방법으로 2번째와 3번째 리크랙에 실을 걸치고, 버튼홀 스티치를 한다.

6 심지의 1/2까지 수를 놓은 뒤 멈춘다.

7 1번째 버튼홀 스캘럽의 중심에, 뒤에서 앞으로 바늘을 통과시킨다.

8 심지를 3가닥 만들어서, 버튼홀 스티치를 한다.

9 끝까지 수를 놓은 뒤, 2번째 단의 나머지 심지에 버튼홀 스티치를 한다.

IO 3번째 리크랙의 옆쪽을 순서대로 아래까지 감친다.

II 완성.

: 헤데보 링

1 헤데보 스틱에 실을 4번 감는다.

2 실과 스틱 사이에 바늘을 넣어 통과시킨다. 실을 끝까지 당기지 말고 고리를 만들어, 고리에 뒤에서 앞으로 바늘을 통과시킨다.

3 실을 당겨서 조이고, 스틱에서 실을 빼낸다. 헤데보 버튼홀 스티치가 1개가 생긴 상태.

4 이어서 실을 심지로, 시계 방향으로 버튼홀 스티치를 해서 심지를 감싼다.

5 마지막 3개 정도의 버튼홀 스티치는, 처음 시작 부분의 실을 뒤쪽에 놓고 함께 버튼홀 스티치로 감싼다.

6 1바퀴 감싼 뒤, 처음 스티치의 윗부분에 뒤에서 앞으로 바늘을 통과시킨다. 처음 시작 부분의 나머지 실은 자른다.

: 헤데보 링 연결

 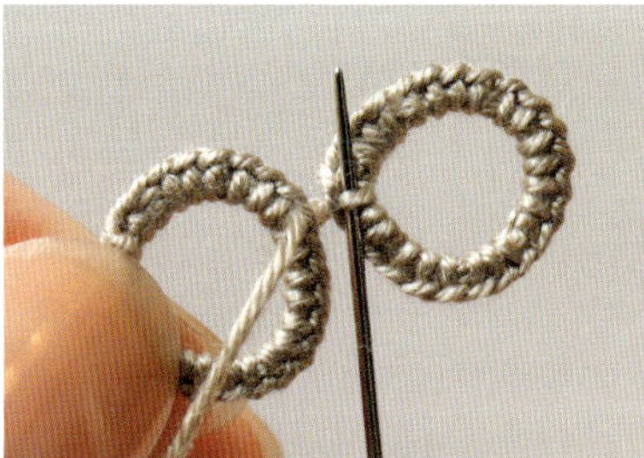 

1 실을 자르지 않고 남겨서, 연결할 링의 윗부분에 바늘을 통과시킨다.

2 처음 링으로 되돌아가서, 심지를 감싸고 있는 아랫부분에 바늘을 통과시킨다.

3 테두리에 링을 달 때는, 테두리쪽에 버튼홀 스티치를 한 뒤 스티치의 윗부분을 뜨는 중간에 링에 바늘을 통과시켜서 연결한다.

4 링의 윗부분을 뜬 뒤, 테두리의 윗부분으로 되돌아가 실을 당겨서 조인다.

5 링 1개당 2곳을 고정하고, 테두리의 윗부분을 뜨면서 다음 링까지 이동한다. 다음 링도 같은 방법으로 2곳을 떠서 고정한다.

6 완성.

헤데보 소품

먼저 만들기 쉽고 실용적인 소품부터 시작해 보자. 도안을 바꾸거나 응용해도 좋다.

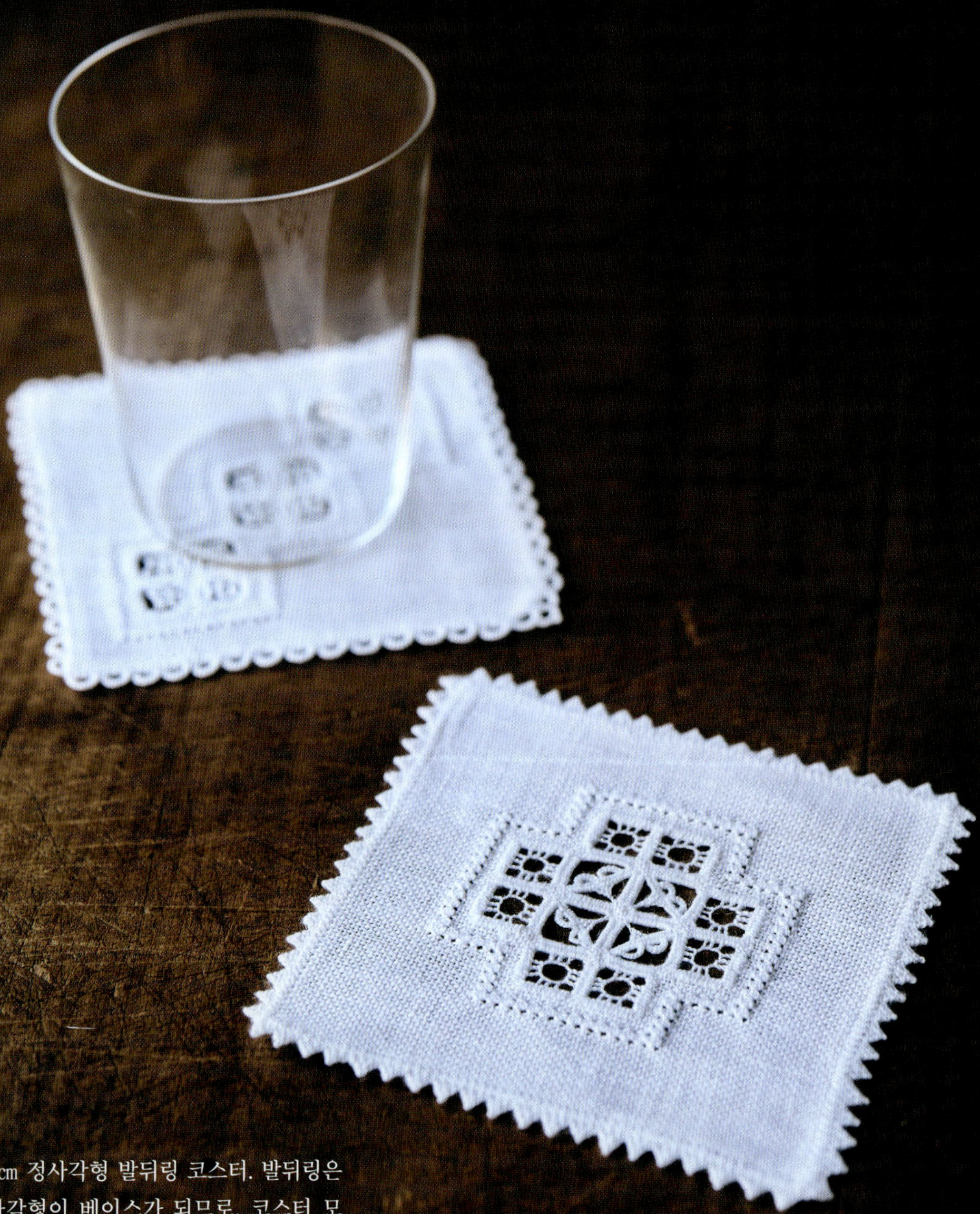

9㎝ 정사각형 발뒤링 코스터. 발뒤링은 사각형이 베이스가 되므로, 코스터 모양도 정사각형으로 만들어서, 규칙적인 아름다움을 표현하였다.

How to make >> P.162

발뒤링 클로스. p.148의 코스터와 세
트로 사용할 수 있다. 중심의 십자
모양은 스티치 수가 많아 작업하기
힘들지만, 꼭 한번 도전해 보자.
How to make >> P.164

헤데보 핀 쿠션 2종. 비침무늬이므
로 안에 천을 1장 넣고, 그 위에 헤
데보 자수를 덮는다. 실제로도 사
용할 수 있지만, 장식용 핀 쿠션으
로 추천한다.
How to make >> P.166

테두리만 장식한 심플한 주머니.
천을 층층이 접어서, 3군데에 테
두리 장식을 했다. 실이나 헤데
보 스틱 등의 도구를 담아 보자.
How to make >> P.168

헤데보 자수로 만든 탈부착 칼라는
사용하기 편한 심플한 디자인에, 2단
테두리 장식을 곁들였다. 지나치게
여성스럽지 않고, 단정하면서도 귀여
운 느낌을 준다.
How to make >> P.170

비드쉼 디자인의 책갈피. 책갈피
끈도 헤데보 링으로 만든다. 책
이나 노트를 펼칠 때마다 흐뭇해
지는 소품이다.
How to make >> P.172

시판되는 손수건에 수를 놓으면 특별한 소품이 된다. 모티브
하나만 더해도 느낌이 완전히 달라므로, 먼저 작은 원형 디자
인부터 시작해 보자. 주위에 테두리 장식을 해도 좋다.
How to make >> P.173

How to make

소품 만드는 방법

- p.148~160의 소품을 만드는 방법과, p.68~73의 나머지 알파벳 도안을 실었다.
- 도안은 실물 크기이지만, 탈부착 칼라는 축소해서 실었으므로 도안에 지정한 대로 확대하여 사용한다.
- 자수실은 DMC의 어브로더 실 또는 보켄스의 리넨 실을 사용하였다. 어느 쪽을 사용해도 관계없다.
- 도안 속 숫자의 단위는 ㎝.
- 구성도와 도안의 치수에는, 따로 표시하지 않는 한 시접이 포함되지 않는다. 1㎝를 기준으로 시접을 두고 작업한다. 「시접 없이 재단」이라고 표시된 경우, 시접을 두지 않고 천을 재단한다.
- 천 등의 치수에는 조금씩 여유를 두었다. 자수용 천은 수틀에 끼울 수 있는 크기로 준비한다.
- 소품의 완성 치수는 도안의 치수와 조금 달라질 수 있다.

※ 재료

(공통)

자수용 천(14올/㎝ 리넨, 흰색) 15×15㎝

리넨 실(보켄스) 4/4-bl　40/2, 50/2, 60/2,
　90/2(천에서 뽑은 실을 누르는 데 사용, 25번 자수
　실 BLANC도 가능)

※ 포인트

• 발뒤링은 p.124, 테두리 장식은 p.95, 144 참조.

※ 만드는 방법

① 자수용 천 내부에 수를 놓는다.

② 주위를 테두리 장식을 할 때처럼 안으로 접고, 버튼홀 스티치를
　한다.

③ 테두리 장식을 한다.

A

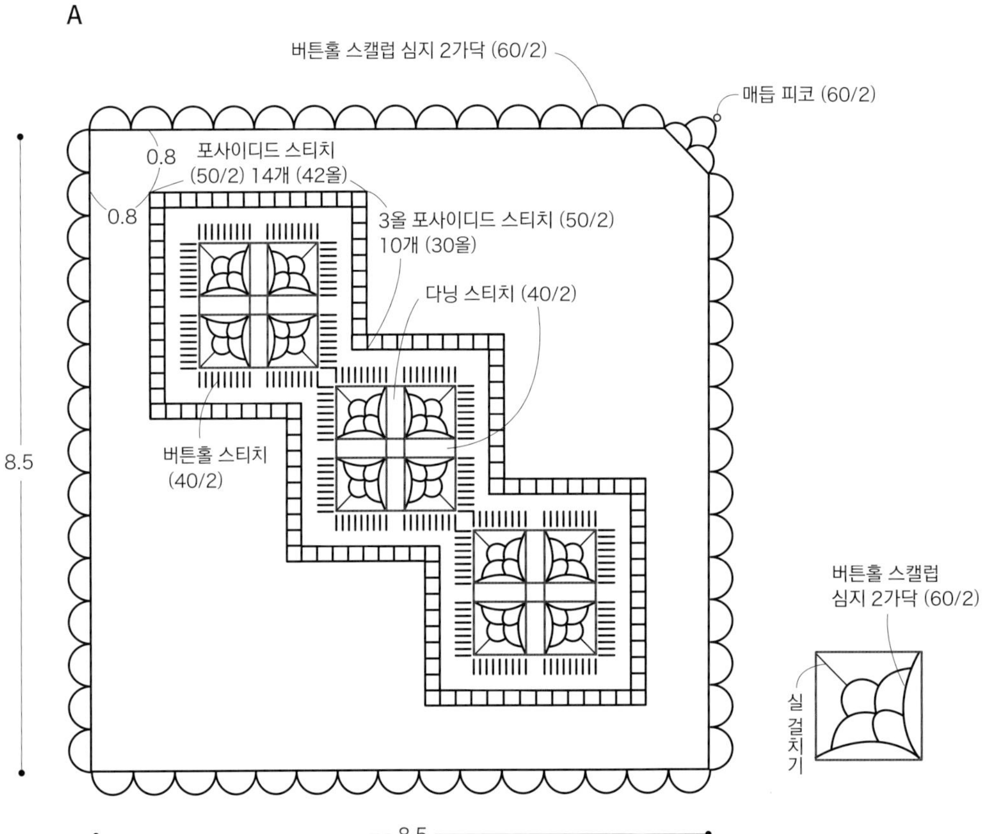

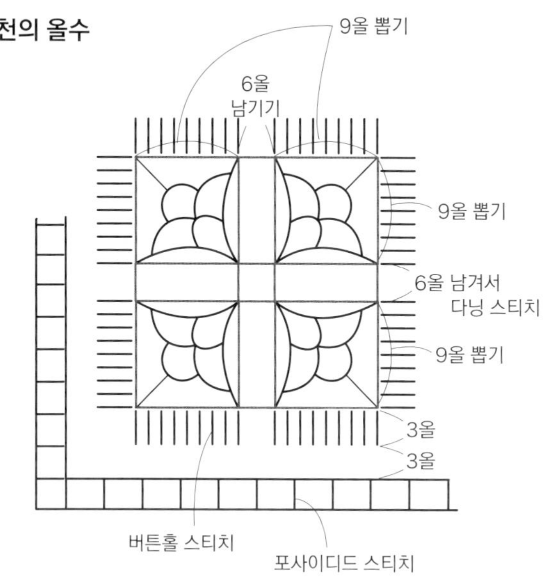

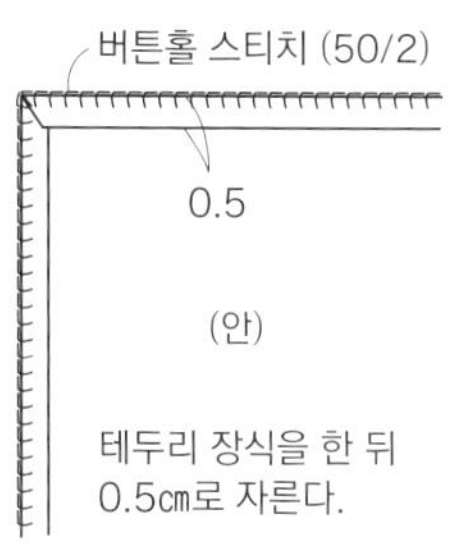

B

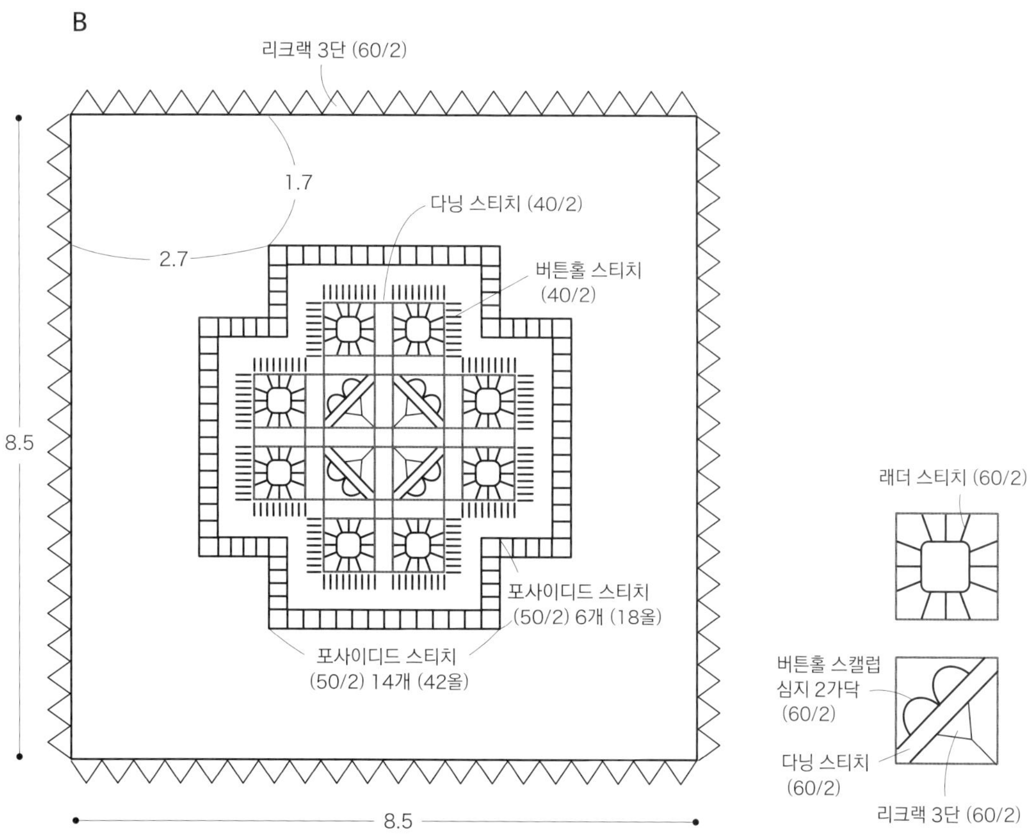

p.150 클로스

※ 재료

자수용 천(14올/㎝ 리넨, 흰색) 35×35㎝

리넨 실(보켄스) 4/4-bl 40/2, 50/2, 60/2,
  90/2(천에서 뽑은 실을 누르는 데 사용, 25번 자수
  실 BLANC도 가능)

※ 포인트

• 발뒤링은 p.124, 테두리 장식은 p.96, 144 참조.

※ 만드는 방법

① 자수용 천 내부에 수를 놓는다.

② 주위를 테두리 장식을 할 때처럼 안으로 접고, 버튼홀 스티치를
  한다.

③ 테두리 장식을 한다.

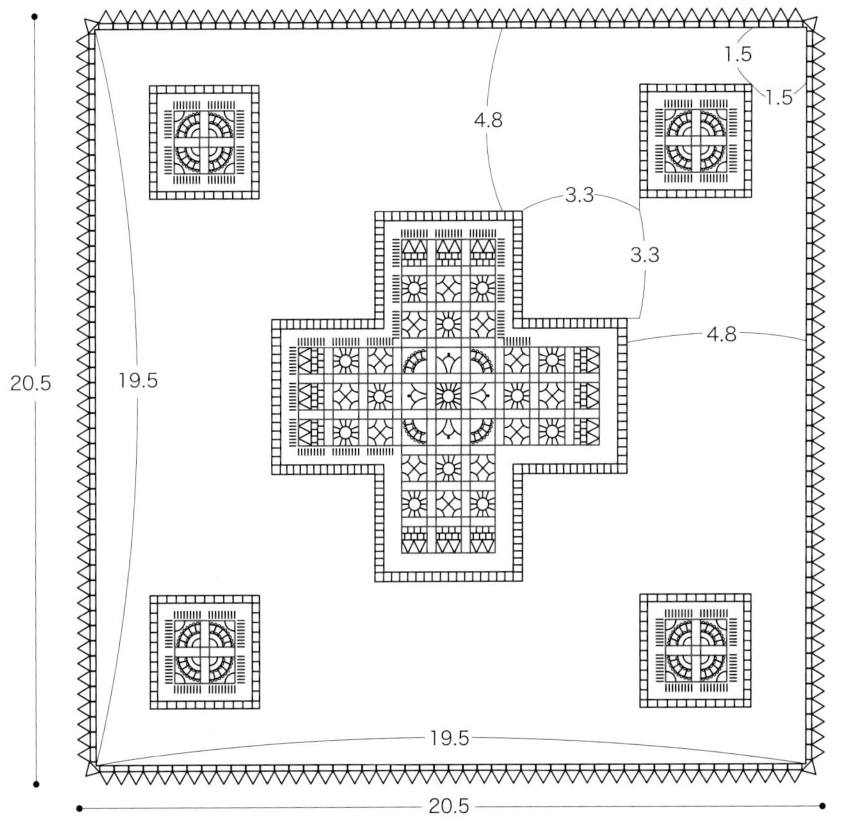

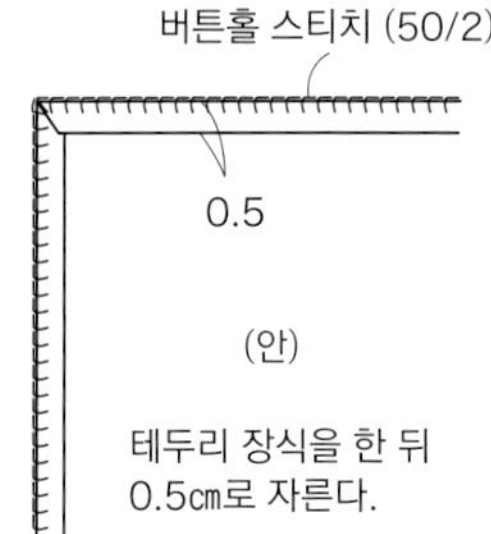

주위를 정리하는 방법

테두리 장식을 한 뒤
0.5㎝로 자른다.

촘촘히
버튼홀 스티치
(60/2)
버튼홀 스캘럽
심지 2가닥
(60/2)
래더 스티치 (60/2)
리크랙 4단
(60/2)
래더 스티치 2단 (60/2)
버튼홀 스캘럽
심지 4가닥
(60/2)
실 걸치기
촘촘히
버튼홀 스티치
(60/2)
래더 스티치 (60/2)
래더 스티치 (60/2)
버튼홀 스캘럽
심지 2가닥 (60/2)
매듭 피코

실물 크기 도안

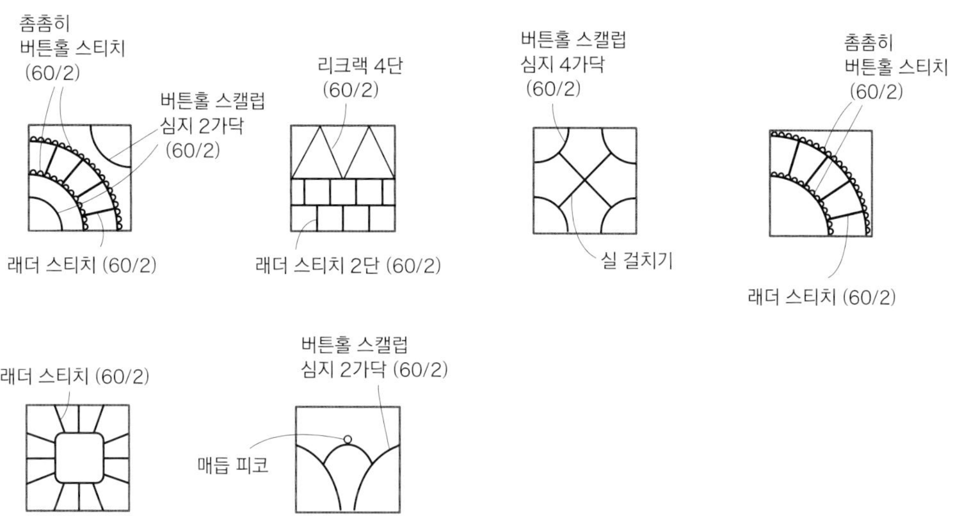

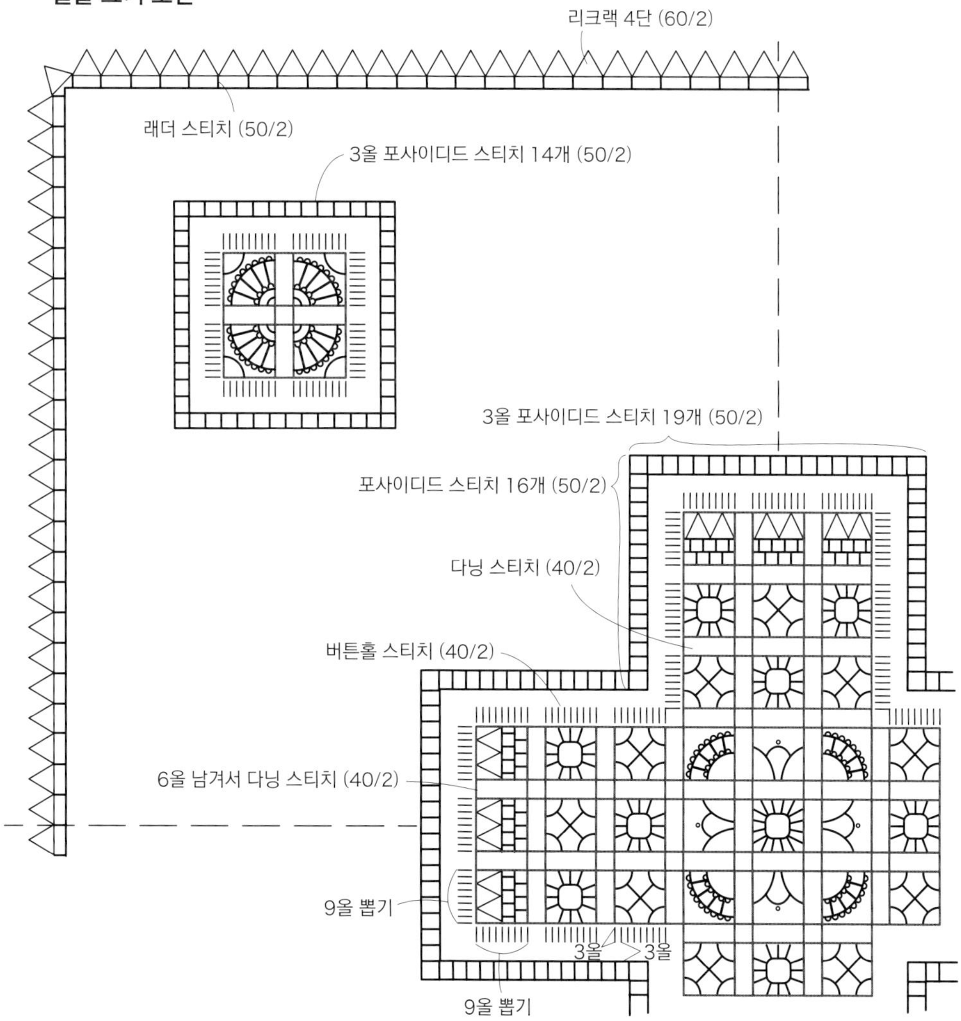
리크랙 4단 (60/2)
래더 스티치 (50/2)
3올 포사이디드 스티치 14개 (50/2)
3올 포사이디드 스티치 19개 (50/2)
포사이디드 스티치 16개 (50/2)
다닝 스티치 (40/2)
버튼홀 스티치 (40/2)
6올 남겨서 다닝 스티치 (40/2)
9올 뽑기
3올
3올
9올 뽑기

※ 재료

(공통)

자수용 천(올이 촘촘한 리넨, 흰색) 15×15cm

안감(속통)용 천 A 10×10cm, B 15×15cm

리넨 실(보켄스) 1/2-bl　50/2, 60/2

수예용 솜 적당량

에그 스탠드 1개

※ 포인트

- 컷워크 헤데보는 p.92, 테두리 장식은 p.144 참조.
- 윤곽의 더블 러닝 스티치와 헤데보 버튼홀 스티치는
  50/2 실을 사용한다.

※ 만드는 방법

A

① 자수용 천 내부에 수를 놓는다.

② 자수 주위에 버튼홀 스캘럽을 만들고, 여분의 천을 자른다.

③ 자수용 천에 안감용 천을 겹치고 주위에 홈질을 한다. 솜을
  채우고 실을 당겨서 조인다.

④ 에그 스탠드에 넣는다.

B

① 자수용 천 내부에 수를 놓는다.

② 속통을 만든다.

③ 자수 주위에 테두리 장식을 한다.

④ 속통에 자수를 겹친 뒤 몇 군데 꿰매서 고정한다.

A　자수용 천, 안감용 천 각 1장

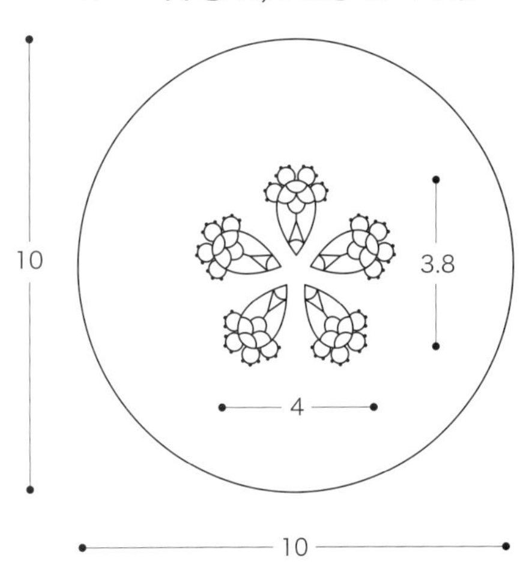

만드는 방법

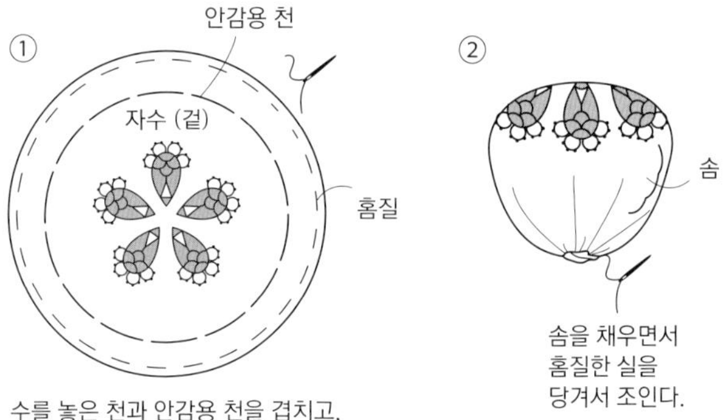

실물 크기 도안

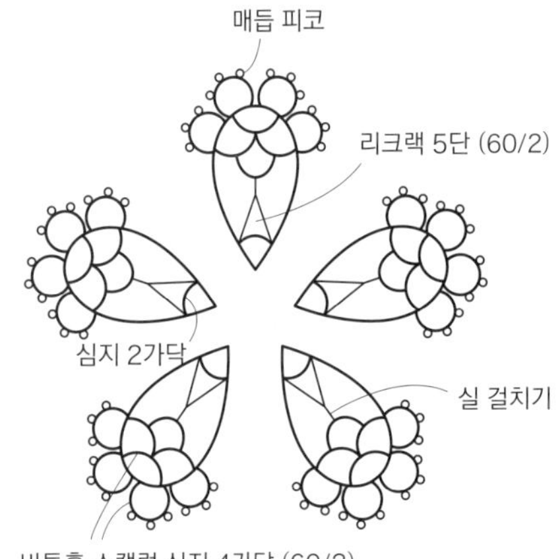

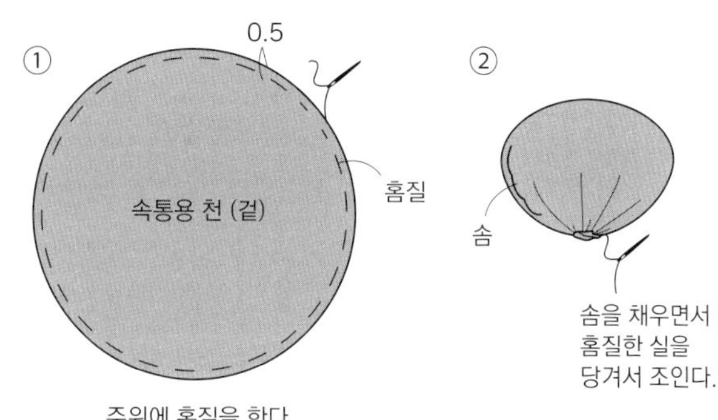

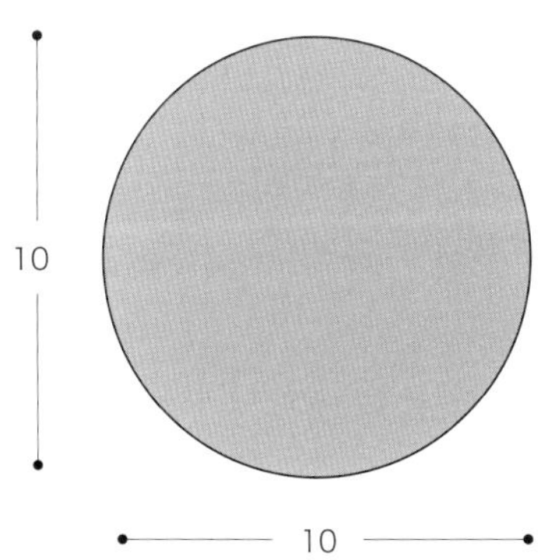

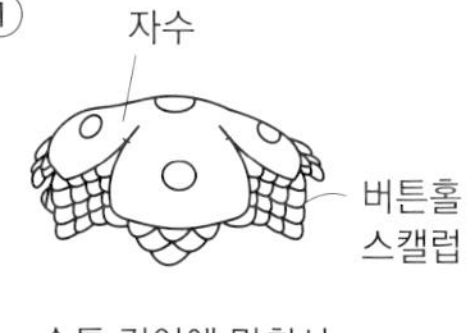

B   자수 1장
속통 만드는 방법
5.5
5.5
① 0.5
속통용 천 (겉)
홈질
주위에 홈질을 한다.
② 솜
솜을 채우면서
홈질한 실을
당겨서 조인다.

속통용 천 1장
10
10

만드는 방법
① 자수
버튼홀
스캘럽
속통 길이에 맞춰서
버튼홀 스캘럽을 만든다.
② 꿰매서 고정한다.
속통에 자수를 겹친 뒤,
몇 군데 꿰매서 고정한다.
③
에그 스탠드 안에 넣는다.

리크랙 피코
버튼홀 스캘럽 심지 2가닥
(60/2)
래더 스티치 (60/2)

실물 크기 도안

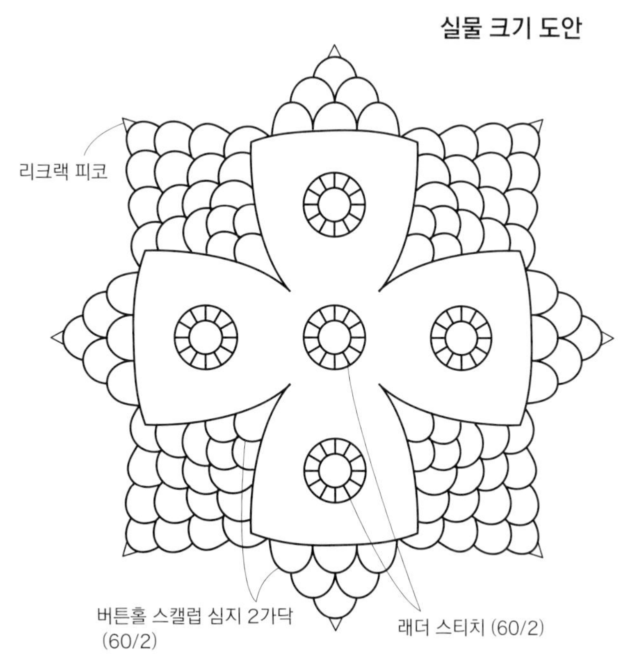

※ 재료

폭 16㎝ 리넨 테이프 40㎝

리넨 실(보켄스) 1/2-bl　40/2, 50/2, 90/2(25
번 자수 실 BLANC도 가능)

※ 포인트

• 테두리 장식은 p.95, 144 참조.
• 양옆의 포사이디드 스티치는 리넨 테이프의 식서
안쪽에 하고, 스티치와 식서 사이를 홈질로 꿰맨다.

※ 만드는 방법

① 덮개 부분을 접어서 다리미로 다린다.
② 접은 부분의 끝쪽 A~C에는 버튼홀 스캘럽을, 옆쪽에는 포사이
디드 스티치를 한다.
③ 덮개 끝부분의 시접을 공그르기하고, 접은 부분의 양옆을 홈질
로 꿰맨다.
④ 주머니 입구의 시접을 접어서 공그르기하고, 포사이디드 스티
치를 한다.
⑤ 바닥선을 따라 안쪽 면끼리 맞대어 접고, 양옆을 홈질로 꿰매서
주머니를 완성한다.

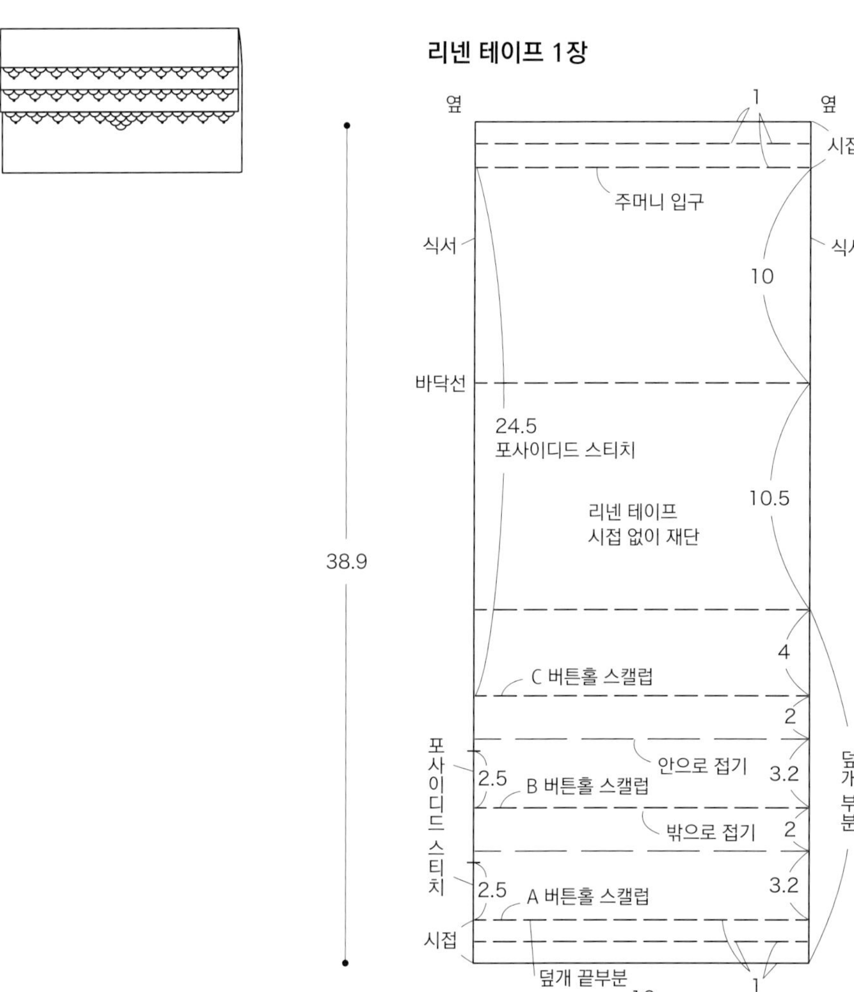

리넨 테이프 1장

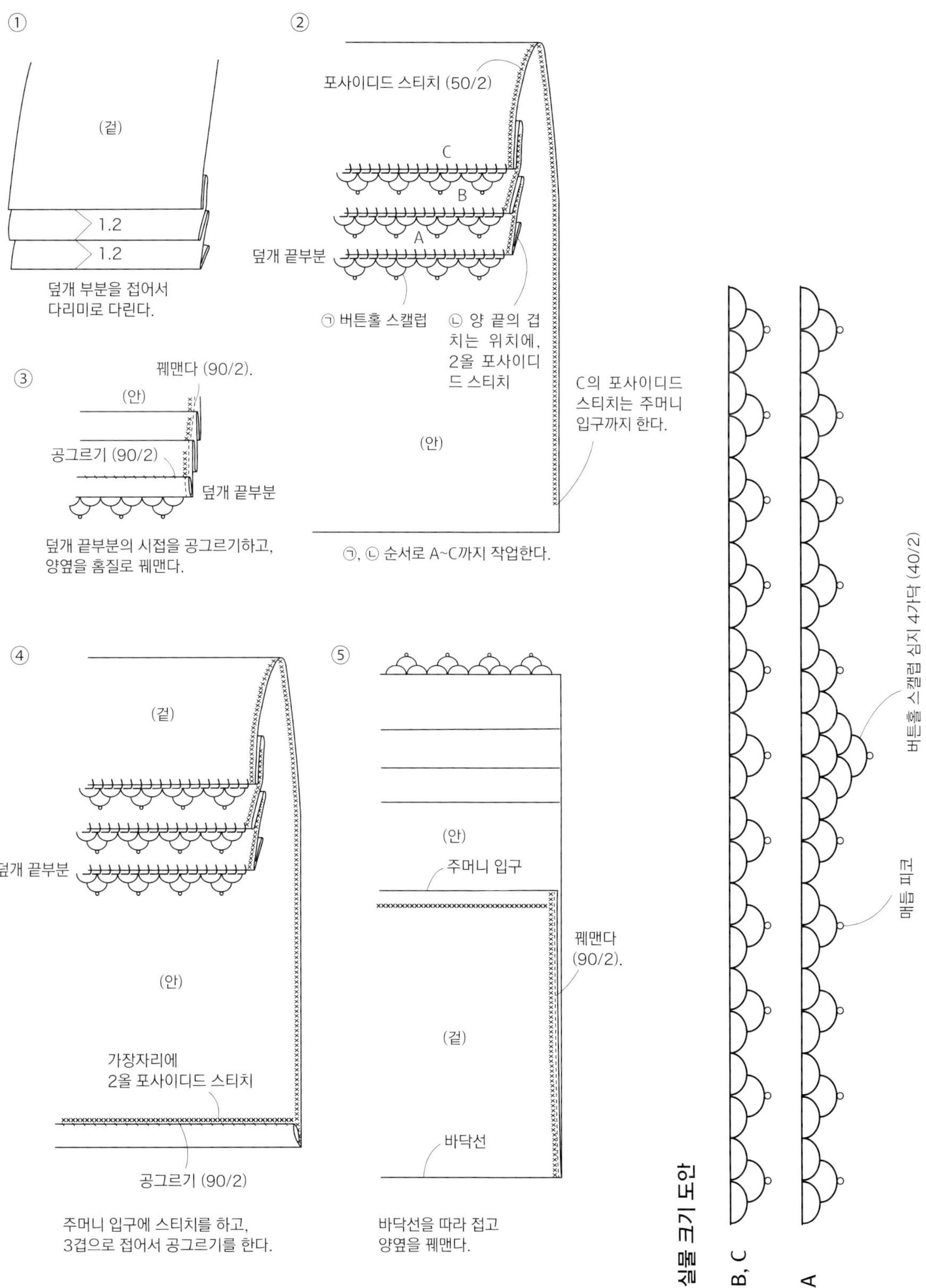

만드는 방법

①
(겉)
1.2
1.2
덮개 부분을 접어서
다리미로 다린다.

②
포사이디드 스티치 (50/2)
C
B
A
덮개 끝부분
(안)
㉠ 버튼홀 스캘럽
㉡ 양 끝의 겹치는 위치에, 2올 포사이디드 스티치
C의 포사이디드 스티치는 주머니 입구까지 한다.
㉠, ㉡ 순서로 A~C까지 작업한다.

③
꿰맨다 (90/2).
(안)
공그르기 (90/2)
덮개 끝부분
덮개 끝부분의 시접을 공그르기하고, 양옆을 홈질로 꿰맨다.

④
(겉)
덮개 끝부분
(안)
가장자리에 2올 포사이디드 스티치
공그르기 (90/2)
주머니 입구에 스티치를 하고, 3겹으로 접어서 공그르기를 한다.

⑤
(안)
주머니 입구
꿰맨다 (90/2).
(겉)
바닥선
바닥선을 따라 접고 양옆을 꿰맨다.

실물 크기 도안
B, C
A
버튼홀 스캘럽 실자 4가닥 (40/2)
시침 따기

※ 재료

자수용 천(올이 촘촘한 리넨, 흰색) 40 × 40㎝
리넨 실(보켄스) 4/4-bl 50/2, 90/2
　1/2-bl 50/2, 60/2
지름 1㎝ 기둥 단추 1개

※ 포인트

- 컷워크 헤데보는 p.92, 테두리 장식은 p144 참조.
- 윤곽의 더블 러닝 스티치와 헤데보 버튼홀 스티치는 4/4-bl 50/2 실을 사용한다.
- 시접은 1㎝.

※ 만드는 방법

① A의 내부에 수를 놓는다.
② A, B 모두 주위에 시접을 1㎝ 두고 재단한다.
③ A의 a변에 리크랙으로 테두리 장식을 한다.
④ B의 b변 시접을 겉으로 접어 버튼홀 스티치를 한 뒤, 접은 부분의 여분을 자른다.
⑤ B에 A를 겹쳐서 꿰맨다.
⑥ B의 c변에 버튼홀 스티치를 하면서 피코를 만든다.
⑦ 나머지 바깥 둘레에 버튼홀 스티치를 한다.
⑧ 고리를 만들고 단추를 단다.

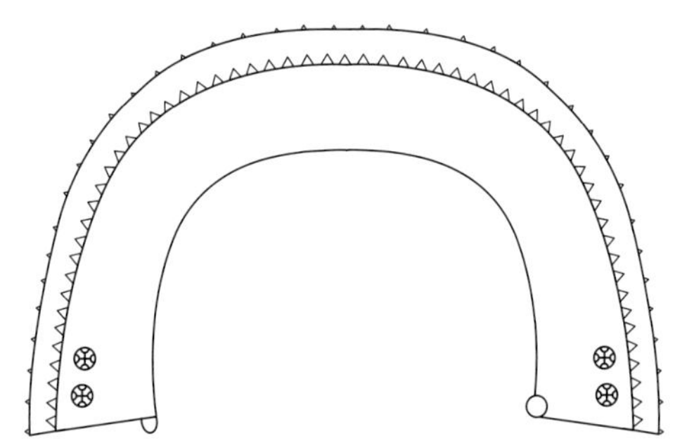

만드는 방법

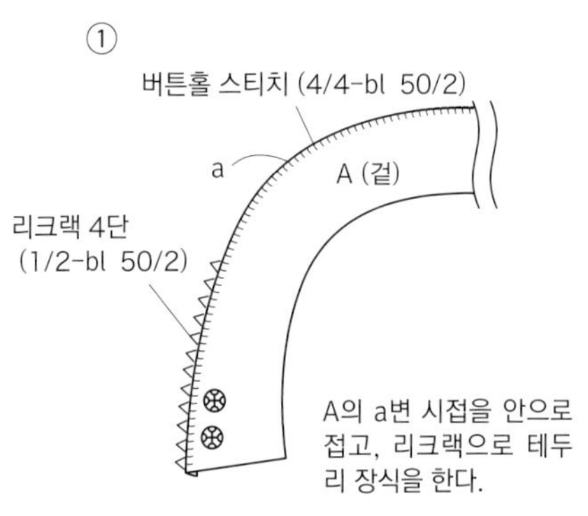

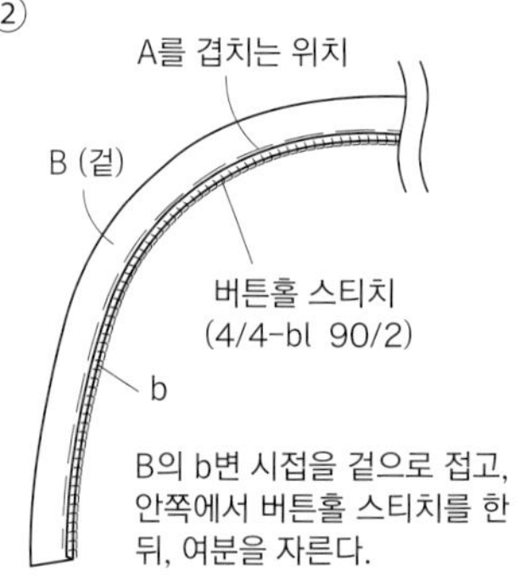

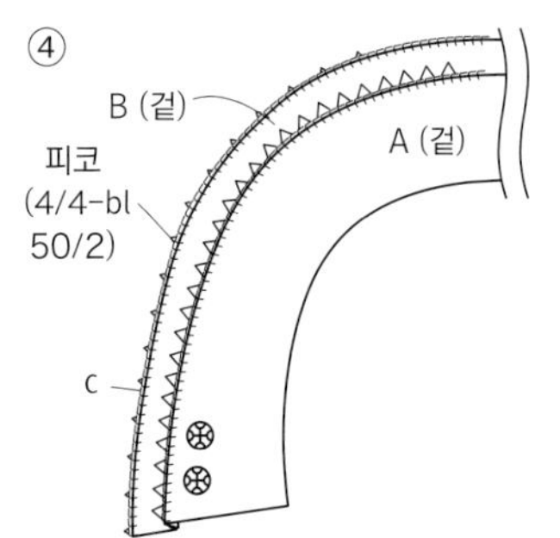

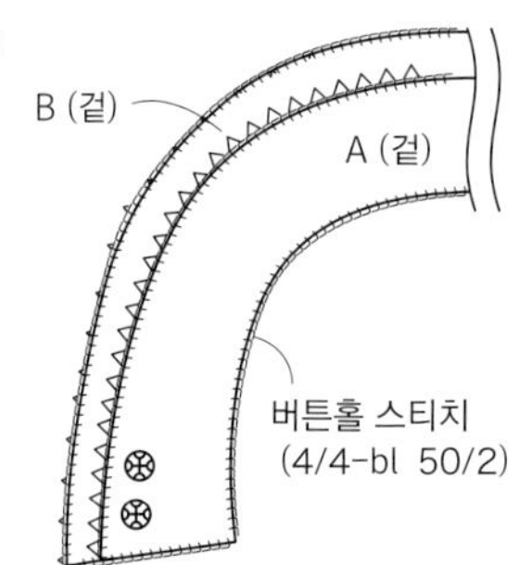

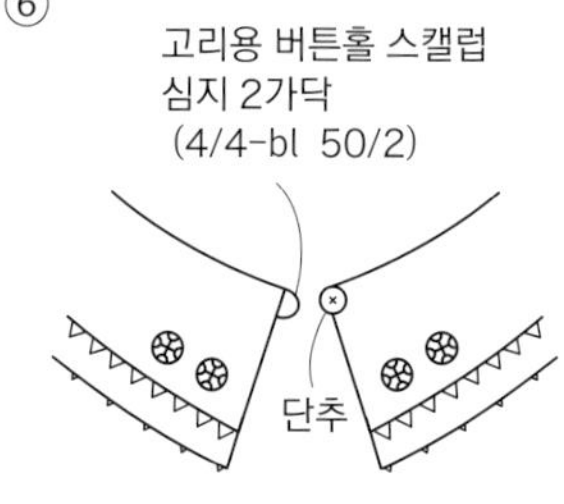

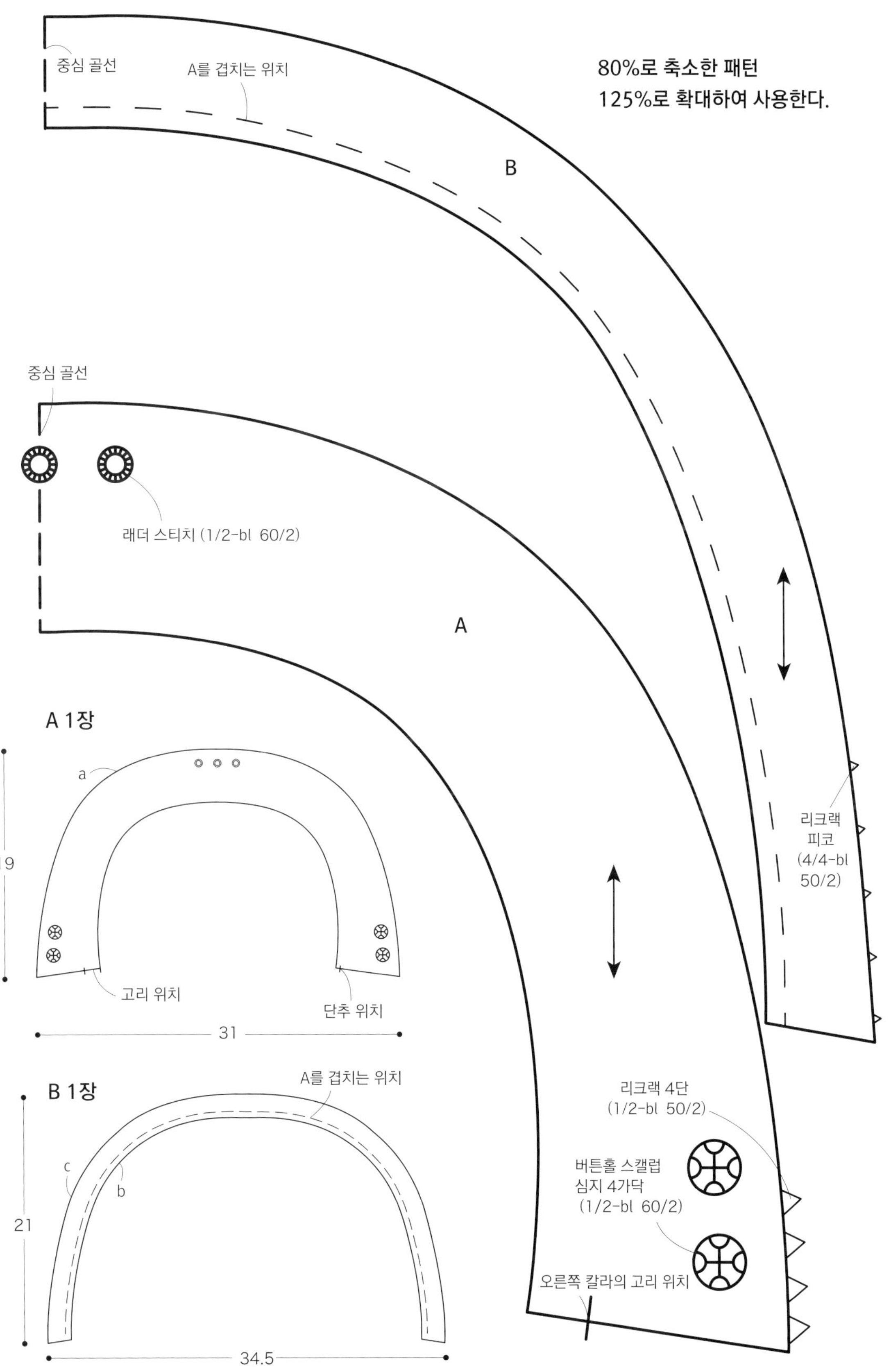

중심 골선
A를 겹치는 위치
80%로 축소한 패턴
125%로 확대하여 사용한다.
B
중심 골선
래더 스티치 (1/2-bl 60/2)
A
리크랙
피코
(4/4-bl
50/2)
A 1장
a
19
고리 위치
단추 위치
31
B 1장
A를 겹치는 위치
c
b
21
34.5
리크랙 4단
(1/2-bl 50/2)
버튼홀 스캘럽
심지 4가닥
(1/2-bl 60/2)
오른쪽 칼라의 고리 위치

※ 재료

자수용 천(14올/㎝ 리넨, 흰색) 15×15㎝
리넨 실(보켄스) 1/2-bl 40/2, 50/2, 60/2

※ 포인트

- 비드쇰은 p.128, 테두리 장식은 p.140,
  144, 책갈피 끈은 p.143 참조.

※ 만드는 방법

① 자수용 천 내부에 수를 놓는다.
② 주위를 테두리 장식을 할 때처럼 안으로 접고, 버튼홀 스티치를 한다.
③ 헤데보 링을 만들어 아래쪽 중심에 꿰매서 고정한 뒤, 테두리 장식을
  한다.
④ 책갈피 끈을 만들고, 위쪽 중심에 꿰매서 고정한다.

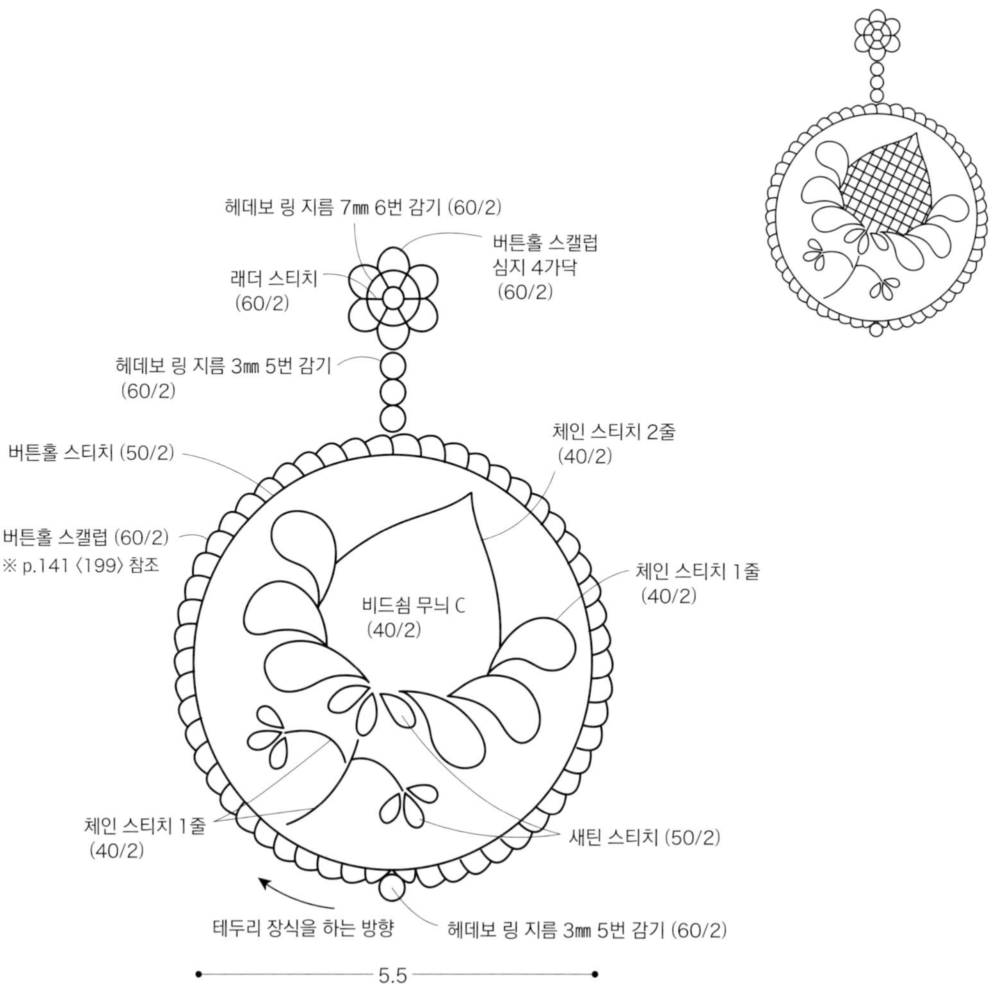

※ 재료

손수건(올이 촘촘한 리넨, 흰색) 1장
리넨 실(보켄스) 4/4-bl 50/2, 60/2

※ 만드는 방법

① 손수건에 수를 놓는다.

※ 포인트

- 컷워크 헤데보는 p.92 참조.
- 윤곽의 더블 러닝 스티치와 헤데보 버튼홀 스티치는
  50/2 실을 사용한다.

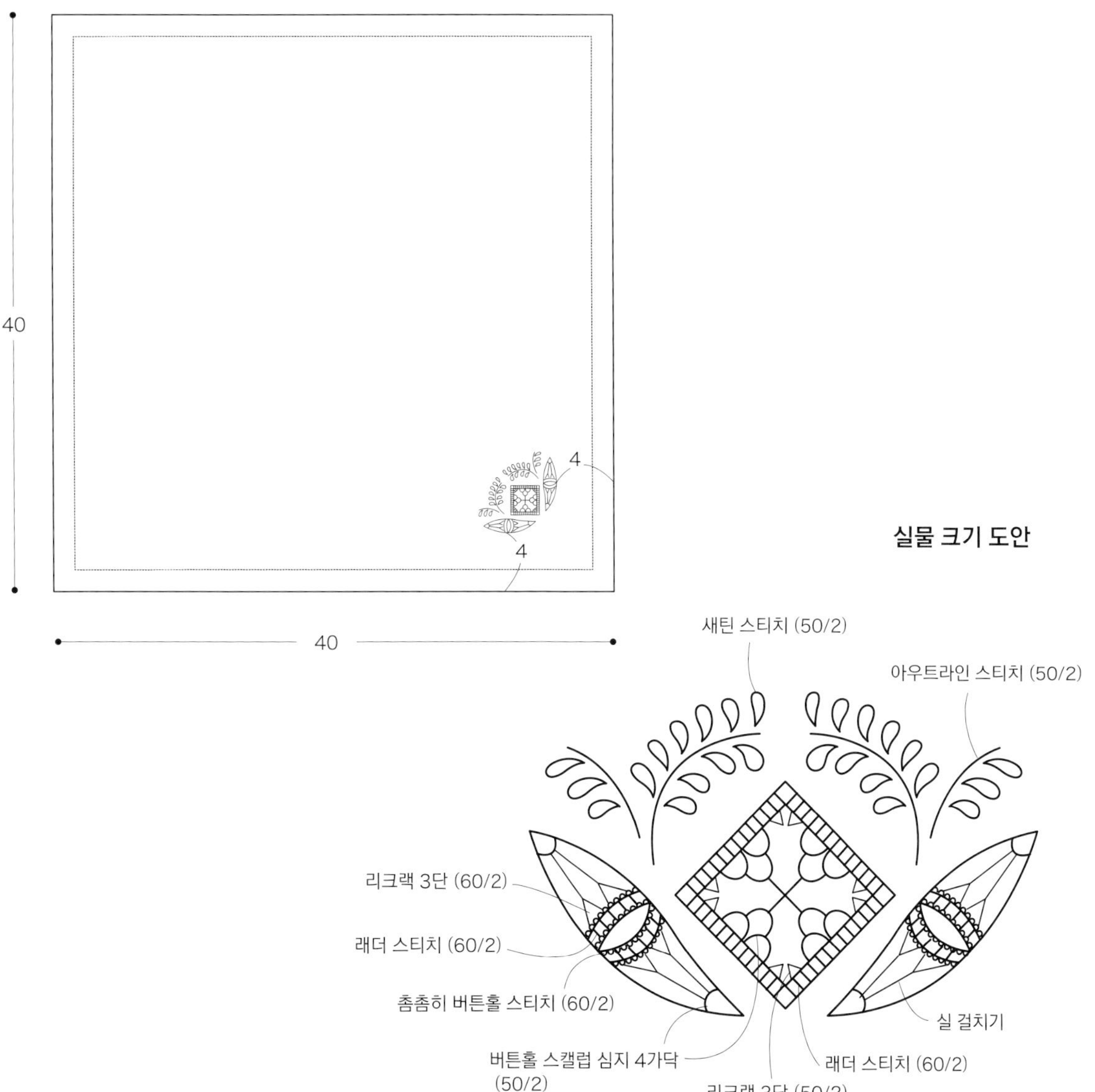

p.68 에 이어서 알파벳 N~Q, U~Z

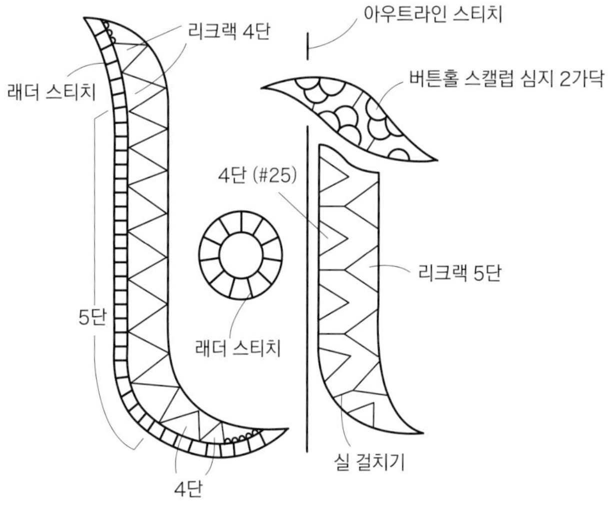

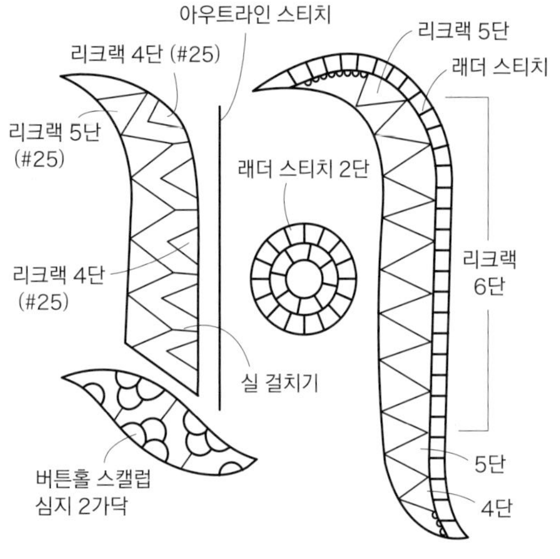

아우트라인 스티치
리크랙 4단 (#25)
리크랙 5단
래더 스티치
리크랙 5단 (#25)
래더 스티치 2단
리크랙 6단
리크랙 4단 (#25)
실 걸치기
5단
버튼홀 스캘럽 심지 2가닥
4단

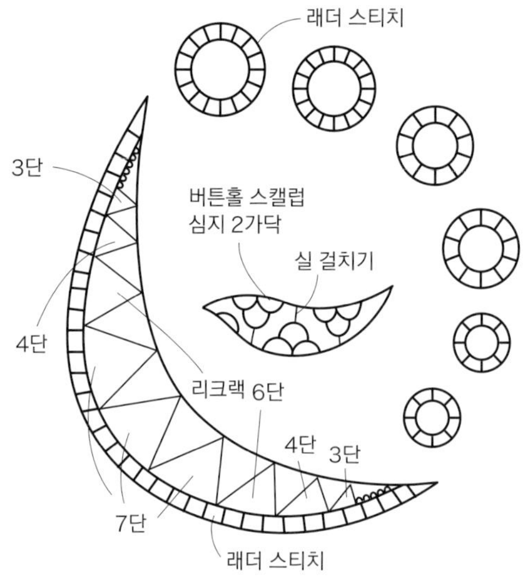

래더 스티치
3단
버튼홀 스캘럽 심지 2가닥
실 걸치기
4단
리크랙 6단
4단
3단
7단
래더 스티치

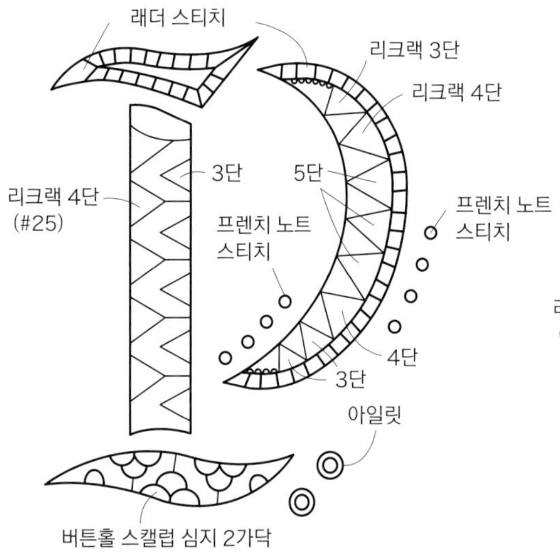

래더 스티치
리크랙 3단
리크랙 4단
3단
5단
리크랙 4단 (#25)
프렌치 노트 스티치
프렌치 노트 스티치
4단
3단
아일릿
버튼홀 스캘럽 심지 2가닥

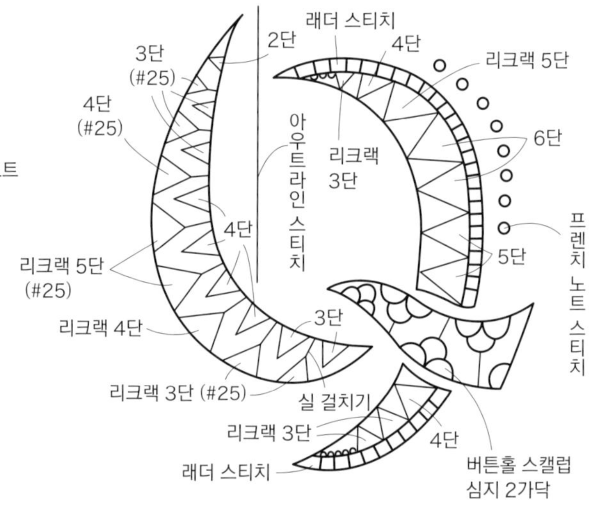

래더 스티치
2단
4단
3단 (#25)
리크랙 5단
4단 (#25)
아우트라인 스티치
리크랙 3단
6단
4단
5단
프렌치 노트 스티치
리크랙 5단 (#25)
3단
리크랙 4단
리크랙 3단 (#25)
실 걸치기
리크랙 3단
4단
래더 스티치
버튼홀 스캘럽 심지 2가닥

리크랙 4단
아우트라인 스티치
래더 스티치
버튼홀 스캘럽 심지 2가닥
4단 (#25)
리크랙 5단
5단
래더 스티치
실 걸치기
4단

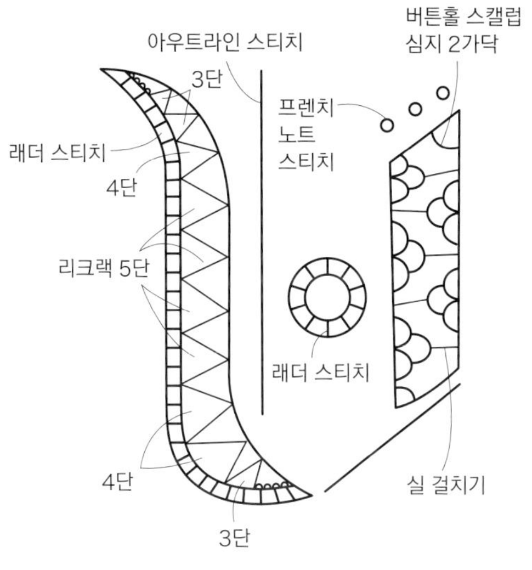

아우트라인 스티치
버튼홀 스캘럽 심지 2가닥
3단
프렌치 노트 스티치
래더 스티치
4단
리크랙 5단
래더 스티치
4단
3단
실 걸치기

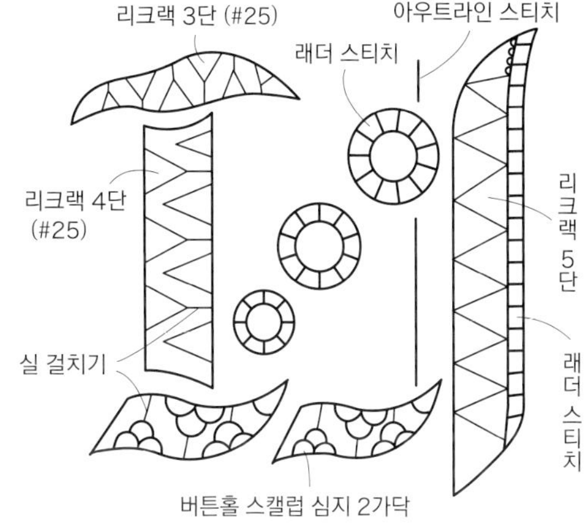

리크랙 3단 (#25)
래더 스티치
아우트라인 스티치
리크랙 4단 (#25)
실 걸치기
리크랙 5단
래더 스티치
버튼홀 스캘럽 심지 2가닥

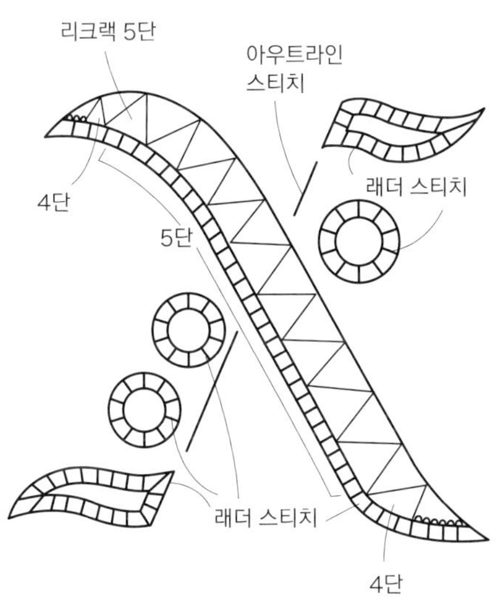

리크랙 5단
아우트라인 스티치
4단
래더 스티치
5단
래더 스티치
4단

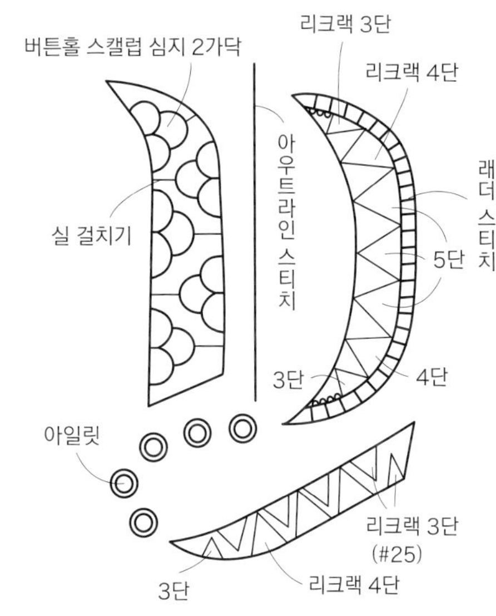

버튼홀 스캘럽 심지 2가닥
리크랙 3단
리크랙 4단
아우트라인 스티치
실 걸치기
래더 스티치
5단
3단
4단
아일릿
리크랙 3단 (#25)
3단
리크랙 4단

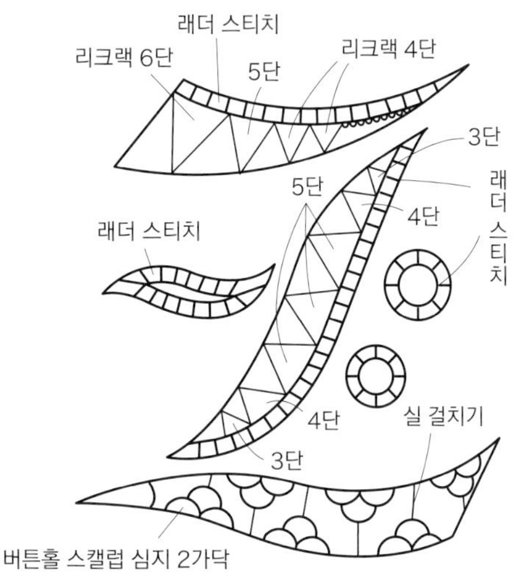

래더 스티치
리크랙 6단
5단
리크랙 4단
3단
래더 스티치
래더 스티치
5단
4단
4단
실 걸치기
3단
버튼홀 스캘럽 심지 2가닥

지은이_ warau-embroidery 나카노 세이코

자수 작가, 도쿄에서 흰실 자수 교실을 운영하고 있다. 작품전 개최, 출판, 기업 카탈로그와 수예 잡지에 작품 제공 등 다양한 방법으로 흰실 자수를 소개하고 있다. 자수 교실의 모토는 초보자도 이해하기 쉬운, 웃음이 넘치는 교실이다. 저서로 『흰 실 자수』 등이 있다.

https://www.warau-embroidery.com   Instagram: warau_embroidery

옮긴이_ 배혜영

성신여자대학교 일어일문학과 졸업. 출판사 편집자로 일하고, 일본 어학연수 후 바른번역 아카데미의 일본어 번역가 과정 수료. 지금은 출판번역 회사·바른번역의 회원으로 활동하고 있다. 옮긴 책으로 『쉽게 배우는 손바느질의 기초』, 『히구치 유미고의 즐거운 울 자수』, 『북유럽 자수 노트』 등이 있다.

기초부터 소품 만들기까지,
덴마크 전통 흰실 자수의 모든 것

HEDEBO
도안 & 견본집 211

펴낸이 유재영 | **펴낸곳** 그린홈 | **지은이** 나카노 세이코 | **옮긴이** 배혜영
편 집 박선희 | **디자인** 임수미

1 판 1 쇄 2026 년 1 월 10 일
출판등록 1987 년 11 월 27 일 제 10-149
주소 04083 서울 마포구 토정로 53 (합정동)
전화 324-6130, 6131 **팩스** 324-6135

E 메일 dhsbook@hanmail.net
홈페이지 www.donghaksa.co.kr · www.green-home.co.kr
페이스북 www.facebook.com / greenhomecook
인스타그램 www.instagram.com/__greencook/

ISBN 978-89-7190-923-2 13630

- 잘못된 책은 구매처에서 교환하시고, 출판사 교환이 필요할 경우에는 사유를 적어 도서와 함께 위의 주소로 보내주세요.

HEDEBO ZUAN & MIHONSHU 211
©2024 warau-embroidery Seiko Nakano
©2024 Graphic-sha Publishing Co., Ltd.
This book was first designed and published in Japan in 2024 by Graphic-sha Publishing Co., Ltd.
This Korean edition was published in 2026 by Donghak Publishing Co., Ltd.
Korean translation rights arranged with Graphic-sha Publishing Co., Ltd. through Japan UNI Agency, Inc., Tokyo and EntersKorea Co., Ltd., Seoul
Korean translation rights ⓒ 2026 by Donghak Publishing Co. Ltd.

ORIGINAL EDITION CREATIVE STAFF
Photo : Kiyoko Eto, Kazumasa Yamamoto ╱ Design : Motoko Kitsukawa ╱ Patterns : Miyuki Oshima ╱
Planning and editing : Ayako Enaka (Graphic-sha Publishing Co., Ltd.)

SPECIAL THANKS
UTUWA

MATERIAL OFFERED BY
Echizen-ya CO. LTD. https://www.echizen-ya.net ╱ DMC [Dollfus Mieg & Cie, S.A.] https://www.dmc.com ╱ KAMESHIMA CO. LTD. https://kameshima.jp